交大精睿

高职高专全息化经济管理类系列教材

省级精品课程

市场营销策划理论与实务

主　编　张建华　王春兰

副主编　尹　蕾　华晓龙

上海交通大學出版社

内容提要

本书以经济学、管理学的基本原理为依据，以营销策划实务为研究对象，从国内外营销策划发展的实际出发，根据社会主义市场经济的需要，结合我国经济体制改革的具体情况，探索营销策划的基本原理，研究营销策划的实务动作，形成市场营销策划的总体构架和学科体系。

本书是专门面向高职高专院校学生使用的专业核心课程教材之一，其特色是较好地体现了"传授学生'零距离上岗'职业知识和'无缝对接'职业技能"的编写原则。本书也可作为营销策划人员业务培训的参考用书，还可作为商贸企业领导及各级经营管理人员的参阅读本。

图书在版编目(CIP)数据

市场营销策划理论与实务/张建华，王春兰主编. —上海：上海交通大学出版社，2011

ISBN 978-7-313-07521-5

Ⅰ. 市… Ⅱ. ①张… ②王… Ⅲ. 营销策划—高等职业教育—教材 Ⅳ. F713.50

中国版本图书馆 CIP 数据核字(2011)第 114589 号

市场营销策划理论与实务

张建华 王春兰 **主编**

上海交通大学出版社出版发行

(上海市番禺路 951 号 邮政编码 200030)

电话:64071208 出版人:韩建民

上海交大印务有限公司 印刷 全国新华书店经销

开本:787mm×1092mm 1/16 印张:13 字数:318 千字

2011 年 8 月第 1 版 2011 年 8 月第 1 次印刷

ISBN 978-7-313-07521-5/F 定价:28.00 元

前 言

随着我国生产力水平的不断提高，企业间的竞争日益激烈，传统的营销方式越来越不能满足经济发展的需要。而现实中很多企业的市场竞争手段实际上还处于初级阶段，营销策划也不被企业，特别是一些中小企业所认同，他们往往把营销策划认为是金点子和灵机一动的产物，不会把大量精力投到营销策划上。

然而，营销策划的发展和创新是社会经济发展的必然，可以说是事事有策划，时时有策划，处处有策划，人人有策划。掌握一点营销策划的理论与方法，无论是寻职就业还是做人做事，无论是自主创业还是安邦治国都将受益无穷。这是因为，几乎每一个成功故事的背后，都有意无意地做了大量的营销工作，都或多或少有过精心的策划。身处 21 世纪，我们每一个对祖国、对社会、对人民、对自己负有责任心，想要有所作为的人都应该谨记：除了“天时、地利、人和”，还需要一点营销策划，才能成功。基于此，我们才想到要编写《市场营销策划理论与实务》这本书。

《市场营销策划理论与实务》一书由专职从事市场营销高等职业教育，具有深厚理论修养和丰富实践技能的“双师型”教师以及拥有丰厚实际工作经验的专家联合编写而成，是专门面向高职高专院校学生使用的专业核心课程教材之一，其特色是较好地体现了“传授学生‘零距离上岗’职业知识和‘无缝对接’职业技能”的编写原则。本书也可作为营销策划人员业务培训的参考用书，还可作为商贸企业领导及各级经营管理人员的参阅读本。

本书以经济学、管理学的基本原理为依据，以营销策划实务为研究对象，从国内外营销策划发展的实际出发，根据社会主义市场经济的需要，结合我国经济体制改革的具体情况，探索营销策划的基本原理，研究营销策划的实务运作，形成市场营销策划的总体构架和学科体系。

本书在结构上力求有所突破，重点突出策划分析、策划思路、策划程序，力求为高职高专院校学生提供实用的营销策划技能。全书结构上按照学习目标、驱动任务、案例引读、知识讲解、经典案例赏析、相关术语与概念复习的思路分别进行阐述；沿着任务、理论、方法，按由浅入深、由简入繁的顺序进行，希望能为读者提供比较清晰的策划思路与方法。本书不求完整完备，但求具有经典意义和实用价值，尽可能为读者提供具体的策划思路、程序和方法，以期对实战有所帮助。

本书注重理论与实践相统一，国内与国际相衔接，历史与现实相交融，当前与长远相结合，内容丰富，结构严谨，信息量大，操作性强。本书重策划轻营销，重实践轻说理，重技法轻理念，重实训轻知识，具有“特色鲜明、内容实用”的优点，明显不同于市场营销学以及一般的营销策划类教材。

课程内容设计与建议课时：

模块名称	项目名称	建议学时
模块一 营销策划基础理论	项目一 营销策划导论	6
	项目二 营销策划创意	4
	项目三 营销策划组织与策划人	4
	项目四 营销策划的调查研究与环境分析	6
模块二 企业入市与成长策划	项目五 企业入市策划	4
	项目六 企业营销定位策划	6
	项目七 品牌策划	8
	项目八 企业形象策划	8
模块三 新营销手段运用策划	项目九 整合营销策划	6
	项目十 关系营销策划	6
	项目十一 网络营销策划	6
合计		64

参加本书编写的同志有苏州经贸职业技术学院的张建华、王春兰、尹蕾和华晓龙。其中张建华编写项目一与项目五；王春兰编写项目三、项目四、项目六、项目八；尹蕾编写项目七、项目九、项目十、项目十一；华晓龙编写项目二。本书是全体参编人员从事多年营销策划研究、营销策划教学和实际策划工作的心得之作，在编写过程中参阅了大量国内已出版的相关著作和教材，以及相关网站，在此特作说明，并向相关作者表示感谢。

由于作者水平有限，加之时间仓促，缺点、疏漏之处，敬请广大读者多提宝贵意见，以便修订完善。

目　录

策划人员通过深入的分析,找到了问题的症结:在美国家庭主妇的观念里,制作咖啡的繁琐过程被视为勤劳的表现,是一个勤快的家庭主妇的标志,而购买速溶咖啡则有悖于这一观念,是懒惰的家庭主妇的表现,所以速溶咖啡不能被家庭主妇们接受。

风筝一般在白天放飞,晚上能否也来个亮相呢?一位南京的老人敢想敢做,制作了别具一格的"夜风筝"并获得了专利。产品进入市场后,客户纷至沓来。就"夜风筝"而言,只不过添置了一个光电管,制作成本也就可想而知。但别具一格的创意所带来的新的附加值确实令人刮目相看,不仅使其原有的市场得到进一步拓展,从而成为消费市场新的热点和卖点,还为市民特别是孩子节假日的夜晚增添了新的活动内容。

自从1932年洛杉矶奥运会以来,奥运会越办越大,越办越豪华。这样就使每一个举办奥运会的城市面临一场财政上的"灾难"。1976年蒙特利尔奥运会亏损高达10亿美元。1980年莫斯科奥运会更是耗资90亿美元。

1984年的洛杉矶奥运会却出现了重大转机,它不仅没有亏损,而且盈利2.5亿美元。这一奇迹是怎样创造的呢?这是因为,这届奥运会找到了一位天才的策划大师尤伯罗斯,他一反过去的清规戒律,采用了一种新的策划思路:经营洛杉矶奥运会。

然而,新可口可乐配方并不是每个人都能接受的,而不接受的原因往往并非因为口味原因,而是这种变化受到了原可口可乐消费者的排斥。

开始,可口可乐公司已为可能的抵制活动做好了应付准备,但不料顾客的愤怒情绪犹如火山爆发般难以控制。

顾客之所以愤怒是认为99年秘不示人的可口可乐配方代表了一种传统的美国精神，而热爱传统配方的可口可乐就是美国精神的体现，放弃传统配方的可口可乐意味着一种背叛。

金龙鱼第二代调和油上市，并以“1+1+1”的概念推向市场。如何将这个抽象的概念转化为消费者能够接受、容易理解的方式，电视广告？平面广告？媒体活动？其他？最终金龙鱼选择了软文的方式。

至此，尘埃落定。首先明确红色王老吉是在“饮料”行业中竞争，其竞争对手应是其他饮料；品牌定位——预防上火的饮料，其独特的价值在于——喝红色王老吉能预防上火，让消费者无忧地尽情享受生活：煎炸、香辣美食、烧烤、通宵达旦看足球……

KOOGI是“韩服”中的一个知名品牌。它之所以成为知名品牌，并不是因为“KOOGI”这5个字母与“5、0、0、1”这4个数字紧密相连以暗示消费者：其服装非常前卫，即使时间跨越到5001年，也不过时的理念，而是它能够合理地运用市场细分的组合手段，将市场定位于当代具有活泼、躁动甚至有些叛逆心理，渴望前卫、新潮又强烈突出自我，无时不散发着青春气息的15～30岁间的青少年群体上，将品牌定位于极端的前卫与另类上。

耐克的视觉识别系统主要由其商标图形、商标名称和标准字构成。“NIKE”品牌名称的左下角有一个“√”，这个勾像一艘船一样载着“NIKE”这几个字母，虽然当初只支付了35美元即购买到该商标图形，但现在它却无处不在：耐克的产品上、办公用品上以及各种宣传资料上。

作为业界谈论行销传播趋势的主流话题，整合营销传播被描绘成企业出击市场的一枚核武器。然而整合营销毕竟是一种决胜超高技术含量的武功境界，对于执行者而言往往难以圆满，常常出现“想得美却做不好”的尴尬局面。

《今日管理》(Management Today)的总编罗伯特·海勒(Robert Hellen)曾评论说:"从没有企业能像马狮百货那样,令顾客供应商及竞争对手都心悦诚服。在英国和美国都难找到一种商品牌子像'圣米高'如此家喻户晓,备受推崇。"这句话正是对马狮在关系营销上取得成功的一个生动写照。

从1999年上半年开始,美国通用电气公司在其原先的"全球化"、"服务"和"6个西格玛"三大发展战略之上又加上了"电子商务",使之成为这家百年辉煌的公司在新世纪持续高速发展的一个新的同时也是最重要的动力。这一变化在整个西方企业界都产生了巨大的影响。美国通用电气公司之所以做这样的改变,原因很简单:美国通用电气公司董事长杰克·韦尔奇皈依电子商务了。

赠送课件说明:

充实教学内容、丰富教学资源、改进教学方法是高校教师提高教学质量的基本思路,也是我们编写教材的宗旨。为方便教师教学,我们配套制作了本教材的教学课件,免费提供给使用本教材的教师。为保证教师获得课件,请授课教师填写开课情况证明,同时注明联系方式,并邮寄(或传真)至下列地址,我们将在48小时内寄出课件,或向教师提供用户名和密码,在本社网站(www.jiaodapress.com.cn)上下载课件。

联系人:王华祖

地址:上海交通大学出版社职教事业部　上海市番禺路951号

邮编:200030

电话:(021)61675235,(021)64073126(fax)

Email:jimshua@hotmail.com

项目一 营销策划导论

本项目内容结构图

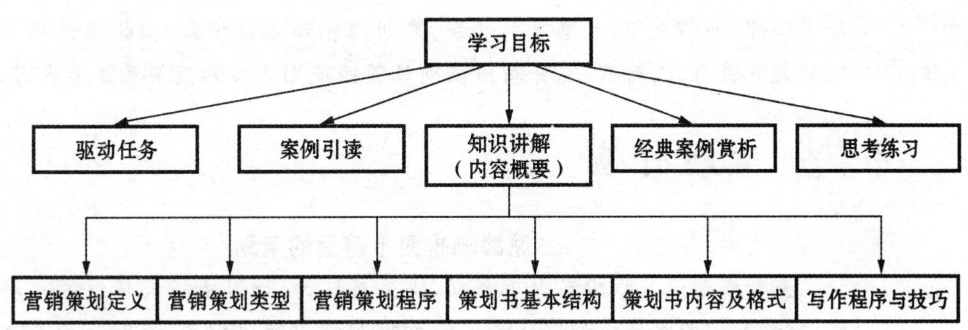

学习目标

- **知识目标**

1. 理解市场营销策划的含义。
2. 掌握营销策划的程序与内容。
3. 掌握营销策划书的格式。

- **能力目标**

1. 认识营销策划，树立正确的营销策划观念，为具备营销策划能力打下良好基础。
2. 能写出某一项目营销策划方案的框架及简单内容。

驱动任务

任务内容：阅读下面资料，完成相应的策划任务。

世界各地的基本消费需求，如诱人的肤色、清爽的婴儿，或者牙齿防蛀等，很少会有不同。但是消费者认知的独特性与当地市场的特殊性，将会左右不同的营销策略。宝洁在美国以外的市场推销其产品失败的一些教训便是一种很好的说明。第二次世界大战之后，宝洁不顾当地消费者的习惯与口味，采取直接引进产品的做法，迅速向国际市场扩张。例如，宝洁在英国引进一种香料油味道的牙膏，但并不受欢迎，因为英国人很讨厌香料油的味道。香料油在当地被用做药膏，而不用于食物或牙膏。宝洁在英国推出“杜恩”洗发精后的冬天，使用者开始接连不断地抱怨在洗发精中发现结晶的现象。宝洁忽略了英国家庭的浴室温度通常低于结晶温度。数年后，宝洁进入日本市场，但却将过去的教训抛在脑后。“起儿”洗衣剂是宝洁打入日本市场的第一个产品，这个产品直接从美国进口。它拥有一项产品优势，即可依据各种洗涤温度，如热洗、温洗或冷洗等来清洗衣物。但是日本妇女一向用自来水洗涤衣物，三种温度的洗衣方法对于她们来说毫无意义。因此，该产品销售量不佳。

讨论分析：宝洁在英国和日本失败的原因是什么？进行市场调查，分析目前宝洁在中国的战略战术，你认为宝洁接受了其以前失败的教训吗？

策划任务：做一份饮食行业的推广策划。

任务要求：在老师指导下，分组展开资料搜集，讨论分析；策划小组成员之间分工合理、合作默契；构思策划过程、策划内容和实施步骤，描绘出该项目营销策划的大概流程、逻辑程序，并写出该项目营销策划方案的框架及简单内容。

案例引读

速溶咖啡面市前后的策划

麦斯威尔速溶咖啡在上市之初，决策层认为，速溶咖啡与传统的手磨咖啡相比，能让美国的家庭主妇们从繁琐的咖啡制作中解脱出来，省时省力。在产品推出后，市场反应平平，可以说，当初的策划是失败的。

策划人员通过深入的分析，找到了问题的症结：在美国家庭主妇的观念里，制作咖啡的繁琐过程被视为勤劳的表现，是一个勤快的家庭主妇的标志，而购买速溶咖啡则有悖于这一观念，是懒惰的家庭主妇的表现，所以速溶咖啡不能被家庭主妇们接受。

了解到这一微妙的消费心理之后，麦斯威尔速溶咖啡决策层重新调整了策划方案，转而诉求速溶咖啡的醇香美味，并邀请当时的总统罗斯福为之做广告，在罗斯福总统的那句“滴滴香浓，意犹未尽”的感召下，美国的家庭主妇争相品尝速溶咖啡的醇香美味，从此速溶咖啡进入美国的千家万户，麦斯威尔也成为美国最具竞争力的咖啡品牌。

讨论：分析该案例成功的原因，它体现了哪些营销策划的原则？学完本节内容后查找相关资料，例举一相似案例。

知识讲解

一、营销策划概述

(一) 营销策划概念

1. 营销策划的定义

营销策划是企业对将要发生的营销行为进行超前规划和设计，以提供一套系统的有关企业营销的未来方案。这套方案是围绕企业实现某一营销目标或解决营销活动的具体行动措施。这种策划以对市场环境的分析和充分占有市场竞争的信息为基础，综合考虑外界的机会与威胁，自身的资源条件及优劣势，竞争对手的谋略和市场变化趋势等因素，编制出规范化、程序化的行动方案。

2. 营销策划的内涵

(1) 营销策划的对象是未来的营销活动。营销策划是针对未来将要开展的营销活动进行的一种超前的谋划活动。它是在对未来营销环境变化作出前瞻性的判断和预测的基础上，为将要开展的营销工作所做的安排。

(2) 营销策划的根本任务是促进商品交换。营销的本质是商品交换，营销策划的根本任务是通过对营销活动的策划，促使企业与客户之间顺利实现商品交换。通俗地说，营销策划就是为企业出谋划策，促进企业通过满足客户需要赚取利润来实现营销目标。

(3) 营销策划的依据是信息。策划的依据是指策划者必须具有的信息和知识，既包括策划者的知识储备或信息积累，这是进行有效策划的基本依据，又包括有关策划对象的专业信息，如企业内部条件、客户情况、竞争对手情况等。显然，这些信息是营销策划的重要依据。因此，全面准确掌握企业营销活动及其所有影响因素的信息是营销策划活动得以开展的先决条件，是营销策划活动能否成功的关键所在。

(4) 营销策划的灵魂是创意。在营销活动过程中，不断推出新的创意将是企业营销活动制胜的关键。策划并无定法，打破常规、出奇制胜是策划活动的魅力所在，也是策划的制胜法宝。实践证明，只有构思独特、有所创新的营销活动，才能产生巨大的市场冲击力与震撼力，才能给企业带来持久的生命力与竞争力。

(5) 营销策划的成果是营销活动方案。营销策划的成果是形成一套切实可行的营销活动方案。营销策划经过一系列的规划活动，最终要形成一套切实可行的营销活动执行方案，并以书面的形式反映在营销策划书中，供客户(或决策者)评价与分析，以决定是否可行。

(6) 营销策划方案成功实施的保证是不断调试。任何策划方案都不会是最完善的，所以在实施过程中，要根据营销活动所要实现的目标与外部营销环境变化所提出的要求，进行不断调整和逐步完善，只有这样才能保证营销策划方案顺利实施并取得预期效果。

(二) 营销策划的原则

企业在开展营销活动中会遇到诸多矛盾、诸多问题，必须处理好方方面面的关系。在处理这些问题、矛盾、关系时必须遵循一定的原则。有效开展营销策划活动应该遵循的原则主要有以下几个方面。

1. 统筹规划

营销活动中企业会遇到很多的新问题与新矛盾，如营销各环节的分工协作关系、近期投资与远期投资收益的关系、局部利益与整体利益的关系等。因此，营销策划必须遵循统筹规划的原则，顾全大局地安排部署企业的营销工作，策划时要从整体上考虑和解决问题，既要注重整体效应，又要抓住主要矛盾。

2. 技艺融合

营销策划不仅强调构思独到、思维创新,更主要的是必须考虑策划方案在技术上的先进性和可操作性。这是因为,策划活动既是一门科学,又是一种技术,同时也是一门艺术。它既有任何策划活动都应遵循的一般规律、大体程序和通过方法,又体现一定的艺术性,还要有一种特定问题特定分析、灵活策划的不断创新的熟练性。技术相对于艺术来说较易掌握,而艺术则是一种厚积薄发、长期训练所形成的熟练的创新能力。通俗地说,营销策划不只是"出点子"、"开处方",而要真正"能去病"、"会健身"。

3. 动态调试

任何策划方案都不能是一成不变的,而应该是具有一定的弹性、灵活机动、因地制宜和能够不断调试的。这种调试表现在两个方面:一是在策划之初,就要考虑未来环境的变化趋势,让方案能随时适应变化的环境;二是任何方案都不可能是僵化不变的,在方案执行过程中,要根据项目所追求的目标及环境的变化,对方案进行不断调节控制,修正完善。

4. 超前创新

营销策划的对象是未来的某项营销工作,因此,营销策划必须具有相对的前瞻性与超前性。营销策划人必须具有"与时俱进"的意识与"先知先觉"的本领。同时,营销策划过程还必须不断推陈出新,通过奇妙的构思、别致的手法、周密的计划和精心的安排,达到出其不意的效果。

5. 切实高效

它是指策划的营销方案要切合实际、可以实施,并能取得良好的效果。策划的营销方案是要由企业付诸实施的,是要帮助企业提高市场占有率、增强核心竞争力、给企业带来丰厚回报的,因而方案的策划不能闭门造车、纸上谈兵,要充分考虑外部环境的接受能力和企业内部条件的承受能力,没有必要片面追求创意的新奇独特或艺术上的高度完美。

二、营销策划的类型

营销策划的类型如表 1-1 所示。

表 1-1 营销策划的类型

划分依据	类型	描 述
根据策划活动承担者划分	内部自行策划	企业内部的营销策划专家或有经验的专业人员、管理人员自行承担的策划活动 优点:内部人员比较熟悉主体内部的情况,针对性强、保密性好、灵活方便、节省费用 缺点:受企业内部可控人财物状况、掌握信息的充分程度、可利用技术水平的高低等因素的影响与制约,策划思维会有一定的局限性

（续表）

划分依据	类型	描　述
根据策划活动承担者划分	委托外部策划	借助“外脑”，由外部专业的咨询策划人员或机构进行策划 优点：策划者经验丰富、见多识广，专业化水平高，策划方案科学性强，能为方案实施提供指导与帮助 缺点：费用较高，保密性差，需要很长的时间进行摸底调查
	内外协作策划	以企业内部策划为主，但因技术上或其他方面的原因，又从外部高等院校、科研院所、专业策划机构聘请一些专家学者进行指导或联合策划 兼顾了以上两种策划途径的一些优点，弥补了一些缺点，但存在着保密性差、内外协作困难等方面的问题
根据所策划活动是否以营利为直接目的划分	营利性策划	营销活动是企业的经营活动，营利是其最主要的目的，这种营利是通过策划出具有良好社会效益的营销活动来实现，应是取之有道的营利
	非营利性策划	在企业的营销活动中，也有许多活动并非以直接的营利为目的。如赞助活动、社会公益活动、庆典活动、竞赛活动等
按策划活动涉及营销活动范围划分	综合策划	也称总策划。是对所策划营销项目的总体规划，是对所策划营销项目的全过程、各环节进行的整体性策划
	项目策划	也称单环节策划。它是对所策划项目的某一部分、某一具体环节所做的策划
按策划项目所处的层次划分	导入现代营销观念的策划	市场营销是企业全员的活动，因此营销策划首先要把这种现代的营销观念通过一系列专门的教育活动、有意识的影响活动传递给企业的高层决策者、中层管理者和基层运作者
	战略性策划	它是对关系到企业战略目标实现，具有全局性、长远性、纲领性、方向性营销问题所进行的总体策划。其内容包括：企业总体经营战略中的营销战略规划部分，即站在企业层面的高度考虑营销问题，主要包括企业发展战略、生存战略与竞争战略等内容，营销策划实践中，一般习惯称其为营销战略规划；目标市场营销战略规划部分，即站在营销职能部门、某一品牌或某一业务的角度考虑营销问题，包括市场细分战略、目标市场选择战略、市场定位战略、营销组合策略规划等内容，营销策划实践中，一般习惯称其为营销策略规划
	策略性策划	即所谓的“4P 策略策划”，企业为了保证顺利实现营销战略目标，在服务于营销战略的前提下，按照战略规划所确定的大政方针，对所策划营销项目某一时间段或某项具体工作所做的短期性策划。其特点是时间跨度较小、涉及内容宽泛，但比战略性策划具体，而且有着较强的操作性
	随机性策划	在营销活动运行过程中，随着环境变化而萌发或产生某种机遇时，随机进行的策划。其特点是机动灵活、应变性强
按策划的对象划分	企业策划	以企业生产经营活动为对象的策划活动，包括财务策划、组织策划、管理制度设计、公关策划、CI 策划等内容
	产品策划	对产品有形或无形部分的策略性设计与产品的销售推广策划，包括产品实体设计、包装设计、品牌策划、产品名称策划、产品销售策划、产品广告策划等

（续表）

划分依据	类型	描　述
按策划的对象划分	服务策划	对企业营销活动中，服务提供的内容、时间、地点、对象、程序、价格、场所，服务规范标准、服务的推广介绍、宣传销售等所做的运筹谋划
	活动策划	对一些非经营性活动的策划，如企业为树立企业形象而开展的体育活动、比赛活动、文艺活动、娱乐活动、宣传活动、庆典活动、赞助活动、社会公益活动等所做的策划
按策划者的身份划分	个人策划	基本上由个人独自完成的策划活动。对于一些小型项目或者复杂程度较低的项目可以委托某个具有咨询策划能力与经验的策划人完成
	组织策划	主要由两人或两人以上的咨询策划小组完成的策划活动。这个策划团队可以是松散的咨询策划小组，也可以是依法设立、主营咨询策划服务业务的法人机构

三、营销策划的程序

营销策划的程序是指企业营销策划工作必须经过的基本步骤，一般包括七大环节，如图 1-1 所示。

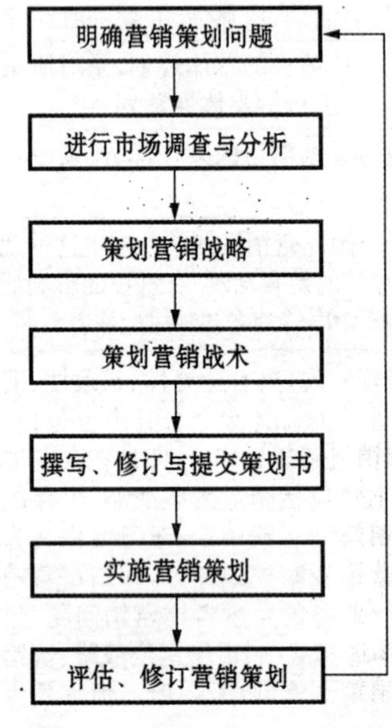

图 1-1　市场营销策划流程图

(一) 明确营销策划问题

营销策划是目的性很强的思维活动，任何一个营销策划方案的产生，都是针对企业的某个经营问题或是针对某个特定的目标。因此，开始策划作业前，必须明确策划主题。通常要经过**挖掘、过滤、选择和确定**这 4 个阶段。

1. 挖掘主题

虽然策划者不会将所有可能的策划主题都纳入策划作业中，但是从企业的营销问题中挖掘出的策划主题却是越多越好，这有利于策划者全面地认识企业的营销问题，抓住企业迫切要解决的问题进行重点策划。

2. 过滤主题

在策划作业前，要尽可能明确有关这个策划对象的各种问题。比如为什么某一对象被选为策划主题，解决这一策划问题有什么意义，它是企业面临的主要问题吗，问题的根源是什么，等等。通过了解这些问题，策划者将过滤掉一些相对不重要的策划主题，专注于解决那些重要的问题。

3. 选择主题

策划者可以根据实际情况和委托人的意见，制订选择策划主题的工作程序及标准。实际工作中，策划主题要经过策划者与委托者的充分沟通与交流才能得出。

4. 确定主题

为了确保策划主题与策划动机相吻合，与上级领导或委托者意图相吻合，策划者在选定策划主题以后，一定要征求上级领导或委托者的意见，只有双方达成共识以后，才能进行下一步的工作。策划主题描述得越细越好，必要时可将时间、地区、营业额等细节做具体说明。

（二）进行市场调查与分析

进行市场调查与分析的目的在于了解企业的营销环境，为企业的营销策划提供真实可靠的信息。主要内容包括：

1. 企业营销的外部环境分析

企业营销的外部环境分为两个层次：宏观环境和微观环境。宏观环境一般分为政治环境、经济环境、社会文化环境、技术环境和自然环境。这些环境因素及其变化会直接或间接地影响企业的营销活动，因此是企业进行营销策划时必须分析与考虑的。

微观环境是指与企业紧密相连、直接影响企业营销能力的各种参与者。主要包括企业本身、供应商、种类中间商、竞争者和公众。在进行营销策划时企业必须充分地考虑各个微观环境的变化和影响。

2. 企业营销的内部环境分析

企业营销的内部环境，指企业内部所有对营销活动会产生直接与间接影响的因素，比如公司资源（优势资源与劣势资源）、公司任务、公司目标、公司总体战略、公司组织结构、公司权力结构、营销部门在公司的地位、公司文化、各 SBU（战略业务单位）的竞争战略等。企业营销一方面要为企业的总体战略服务，另一方面需要各部门甚至每一个人的配合才能取得良好的效果。因此，营销策划不能只注重理论正确，更重要的是符合实际，能够得到企业内各方面的支持。而做到符合实际，就必须对企业内部各种影响因素进行调查与分析，其中的重点是公司的优劣势和公司的总体战略。

3. SWOT 分析

通过将企业内部的优势和劣势与企业外部的机会和威胁相匹配，SWOT 分析帮助企业认清形势，指导企业制定出符合自身条件的发展战略、竞争战略和营销战略。企业战略是否合理，主要取决于企业战略使企业的优势和劣势适应环境机会与环境威胁的程度。实际上，SWOT 分析还可以被看成是以上对企业内外部环境分析要点的一个归纳总结。采用 SWOT 的逻辑框架，企业内外部环境分析被条理化了，这使营销策划变得比较容易。

相关链接

SWOT 是 Strength（优势）、Weakness（弱点）、Opportunity（机会）与 Threat（威胁）的缩写。SWOT 分析是指企业系统地考虑其内部条件与外部环境，并确定企业可行性方案后的逻辑框架，是企业进行战略分析的一个非常有用的工具。

(三) 策划营销战略

营销战略的内容

企业营销战略策划主要包括营销目标设定和目标市场策划两部分。

1. 设定营销目标

营销目标就是营销策划要实现的期望值。例如降低销售成本5万元、缩短流通时间10%等。目标不明确,策划对象就会很模糊,就不易产生策划构想。

2. 目标市场策划

目标市场策划,就是在市场调查与分析的基础上,根据企业的实际情况,对企业的市场进行细分,确定企业的目标市场,为企业或产品确定市场地位。

(四) 策划营销战术

企业营销战术策划是指企业根据已经确定的营销目标和市场定位,对于企业可以采用的各种各样的营销手段进行综合考虑和整体优化,以求达到理想的效果。具体内容主要包括产品策划、价格策划、分销策划、促销策划等。

第一,不能把企业的可控因素教条化。不同的企业,或同企业在不同的环境下,可以利用的可控因素是不同的。在进行企业营销战术策划时,策划者可以产品、价格、分销、促销为基础,进行适当拓展。

第二,企业的营销战略和战术策划可以是全面的。一个企业整体的营销策划也可以是单项的,比如一个企业的品牌策划或一次会展策划。不管是全面策划还是项目策划,策划的思路是基本相同的,需要考虑的战术要素也是相似的。

(五) 撰写营销策划书

营销策划书是表现和传送营销策划内容的载体,一方面是营销策划活动的主要要成果,另一方面也是企业进行营销活动的行动计划。它的作用包括:

(1) 帮助营销策划人员整理信息,全面、系统地思考企业面临的营销问题。

(2) 帮助营销策划人员根据企业内外部环境和企业营销问题,为企业提出解决方法及其依据。

(3) 帮助营销策划人员与企业决策者进行沟通。

(4) 帮助企业决策者判断营销方案的可行性。

(5) 帮助企业营销管理者更有效地实施营销管理活动。

(六) 实施营销策划

企业的营销策划完成以后,要通过企业的营销管理部门组织策划的实施。**营销策划实施**,指的就是营销策划方案在实施过程中的组织、指挥、控制与协调活动,是把营销策划方案转化为具体行动的过程。为此,企业营销管理部门必须根据策划的要求,分配企业的人、财、物等各种营销资源,处理好企业内外的各种关系,加强领导与激励,提高执行力,把营销策划的内容落到实处。营销策划方案的实施可以分为两个阶段:模拟布局阶段和分工实施阶段。

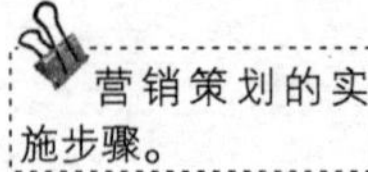
营销策划的实施步骤。

1. 模拟布局阶段

营销策划方案在正式实施之前,需要进行演练——模拟布局。此时,营销策划者必须根据已经拟妥的预算表与进度表,运用“图像思考法”,模拟出营销策划实施的布局与进度。所谓"图像思考法",就是将未来可能的发展,一幕一幕仔细地在脑海中呈现出来,事先在脑子里进行预演。模拟布局可能预测营销策划方案实施的过程及进度,也可预测其实施后的效果。

2. 分工实施阶段

进入分工实施阶段,营销策划才真正从"构思"过渡到"动手"。在这一阶段,营销管理者一方面要把各部门的任务详加分配、分头实施;另一方面,要根据修正妥当的预算表与进度表,严密控制营销策划书的预算及进度。营销管理者要运用组织力量,组织、指挥与协调企业的各种力量,尽最大的努力达到和完成策划书规定的营销目标和营销任务。

(七) 营销策划的评估与修正

营销策划的评估与修正,主要包括项目考评、阶段考评、最终考评和反馈改进等内容。

营销策划评估与修正的内容。

1. 项目考评

营销策划的实施一般是分项目一步步进行的。因此,每一个项目完成以后都要对项目的整个营销策划方案进行回顾,以判断项目的完成情况,及时发现和解决问题。当项目完成不理想时,营销策划者与营销管理者先要找出原因,然后提出解决问题的对策。必要时,还要对整个营销方案做出调整。

2. 阶段考评

阶段考评一般在标志性的项目完成以后进行。比如一个企业分 3 个阶段进行营销渠道网建设:第一,在本省布点;第二,在周边省区布点;第三,在全国各大区布点。其中,又分了很多小的项目。当本省布点完成以后(标志着第一阶段工作完成),营销策划者与营销管理者需要对第一阶段的工作进行回顾和总结。这样做,可以防止营销策划在实施过程中出现大的偏差。当然,阶段考评也可以按年度进行。一个财政年度结束时,对这一年度的营销工作进行评估、总结。

3. 最终考评

最终考评就是对营销策划实施的结果进行分析,看营销策划的期望值与实际结果是否有差异。若发现较大的差异,必须做一些重点研究,比如分析差异产生的原因,找出实施过程中的问题和改进点,总结出对下次营销策划立项及实施时的教训、启示和创意等。一般而言,营销策划者应将营销策划实施结果的研究和分析做成营销策划结案报告书,提交给上级或委托方,其中的要点是预测与实施结果的差异分析。

4. 反馈改进

对于营销策划人员来说,营销策划方案经实施得到结果后并不表明策划的结束。结果出来时,营销策划者还必须对营销策划的结果和经过进行充分的分析和检讨,从中找出经验、问题和教训来,并将其有效地反映在下一次营销策划中。

四、营销策划书

(一) 营销策划书的基本结构

1. 策划基础部分

主要是对营销背景和市场环境进行分析。具体视内容而异，具有共性的内容有以下几方面：

(1) 宏观环境分析。包括政治法律环境分析、经济环境分析、科学技术环境分析、社会文化环境分析、自然环境分析等。

(2) 微观环境分析。包括竞争对手营销战略及状态分析，企业优势劣势分析等。

(3) 企业状况分析。包括企业的历史情况、目前的产品生产销售现状分析，目标市场需求状况分析，企业的影响力、知名度以及顾客满意度分析等。

2. 行动方案部分

主要是对企业营销活动的范围、目标、战略、策略、步骤、实施程序和安排等进行设计，具体包括以下两个方面的内容：

(1) 确定目标市场。包括进行市场细分、选择目标市场并进行市场定位。

(2) 制定营销组合。包括制定产品策略、价格策略、分销渠道策略和促销策略。

营销策划方案构成的这两个部分是相辅相成、前因后果的关系。基础部分为行动方案做铺垫，行动方案的内容不能脱离基础部分提供的前提。

(二) 营销策划书的内容及格式

由于企业营销策划的目标、内容与对象不同，营销策划书无固定的内容与格式，一般情况下，营销策划书的结构与构成要素保持一致。但是，从营销策划活动的一般规律来看，营销策划书中的有些要素是共同质，结构框架比较合理的营销策划书的一般构成如表1-2所示。

营销策划书的构成。

表1-2 营销策划书的结构与内容

结构	内容
1. 封面	策划书及客户名称、策划机构或策划人名称、策划完成时间、策划适用时间段、密级及编号、页数
2. 前言	委托情况、策划原因、策划目的、策划及策划书特色
3. 目录	策划内容标题及页码
4. 摘要	策划内容要点
5. 环境分析	宏观环境、微观环境
6. SWOT分析	对外部环境的机会与威胁、内部环境的优势与劣势进行分析
7. 营销目标	财务目标、销售目标等

（续表）

结构	内容
8. 营销战略	市场细分、目标市场选择、市场定位
9. 营销组合策略	产品策略、价格策略、分销策略、促销策略
10. 行动方案	组织机构、营销活动程序安排、营销预算等
11. 策划方案控制	营销控制方法
12. 结束语	突出策划内容要点
13. 附录	数据资料、问卷样本及分析、座谈记录

1. 封面

封面一般由策划书名称及客户名称、策划机构或策划人名称、策划完成时间、策划适用时间段、密级及编号、页数等内容组成。封面是一份策划书的“脸面”，绝不能小视，尤其是策划书名称，必须注意简单明确、立意新颖、画龙点睛、富有魅力。

2. 前言

前言一方面是对策划内容的高度概括性表述，另一方面在于引起阅读者的注意和兴趣。前言篇幅较短，字数控制在1 000字以内，以不超过一页为宜。前言的信息密度大，因此要字斟句酌，语言精练准确，做到简明扼要。前言的具体内容包括：

(1) 简单交代接受营销策划委托的情况。如A营销策划公司接受B公司的委托，承担××年度营销策划工作。

(2) 进行策划的原因。即把这个营销策划的重要性和必要性表达清楚，以便吸引阅读者进一步去阅读正文。

(3) 策划的目的以及策划实施后要达到的理想状态。

(4) 策划及策划书的特色，策划过程的概括介绍，参加人员的情况，致谢等。

3. 目录

目录是策划书各部分标题的清单，是为了方便阅读者阅读营销策划书，通过目录能够使阅读者很快了解全书概貌和方便地查找相关内容。一般来说，营销策划书的目录必须要有，但如果营销策划书的内容篇幅较少的话，目录可以和前言同列。

4. 摘要

摘要是对营销策划项目所做的一个简单而概括的说明。要说明的是该策划的性质、策划要解决的问题、策划的主要结论。通过摘要，阅读者可以大致理解策划内容的要点。

5. 环境分析

环境分析的内容包括市场状况、竞争状况、销售状况、宏观环境状况等。

6. SWOT 分析

SWOT 分析即对企业的优势、劣势、外部环境的机会与威胁进行全面的分析评估，通过分析确定企业经营中必须注意的主要问题。

7. 营销目标

营销目标通常包括利润率、销售增长率、市场份额提高、分销网点增加、风险分散、产品创新等。在确定营销目标时必须注意以下几点：

第一，目标必须逐层确定。

第二，在可能的条件下，目标应该数量化。

第三，目标必须切实可行。

第四，各项营销目标之间应该协调一致。

8. 营销战略

营销目标说明企业在营销方面的发展方向，营销战略则说明如何达到营销目标。营销战略包括目标市场战略、产品开发战略、竞争战略、国际营销战略等。

9. 营销组合策略

营销组合策略是企业的综合营销方案，即企业根据自己的营销目标与资源状况，针对目标市场的需要，对自己可控制的各种营销因素进行优化组合和合理的综合运用。

10. 行动方案

要实施营销策划，各项营销策略还要转化成具体的活动程序。为此必须设计详细的策略行动方案。主要包括以下内容：

(1) 组织机构。在此应列出实施策划的组织机构及其相应的职责。对于专项的营销活动，企业一般要建立临时的专门机构来实施营销方案，临时机构的人员由在企业的正式组织中抽调的相关人员组成。对于常规的营销活动，一般不建立临时的专门机构，而是指定组织相关部门的人员负责专项活动。

(2) 营销行动程序安排。对于常规的营销活动，一般把行动的程序、负责人、预算及行动方案评估和控制方法等内容集中在一起，用图表列出。

(3) 营销预算。营销预算最常用的是“作业项目估计法”，即按策划确定的作业项目列出细目，计算出所需经费。这种办法计划性强，开支项目清晰。在预算营销费用时，最好用表格列出总目和分目的支出内容，并计算出费用总额，如表 1-3 所示。这样既方便核算，又便于以后查对。

表 1-3 营销预算表

预算 项目	1月	2月	3月	4月	5月	6月	7月	8月	9月	10月	11月	12月	合计
项目 A													
项目 B													
项目 C													

（续表）

项目 \ 预算	1月	2月	3月	4月	5月	6月	7月	8月	9月	10月	11月	12月	合计
……													
机动													
合计													

11. 策划方案控制

这里阐述策划方案控制的通常做法和应急计划，即一般程序和例外管理两个方面的工作。

(1) 通常做法。①每月或每季度详细检查目标的达到程度；②高层管理者要对目标进行重新分析，找出未达到目标的项目和原因；③实施营销效果的具体评价方案有经营理念、整体组织、信息流通渠道的畅通情况、战略导向和工作效率。

(2) 应急计划。在这里列出可能发生的所有特殊事件及发生这些特殊事件时的对策。

12. 结束语

结束语一般对整个策划的要点进行归纳总结，一方面突出策划要点，另一方面与前言相呼应。

13. 附录

附录的作用是对策划中所采用的调查与分析技术做一些必要的说明以及提供策划客观性的证明。因此，凡是技术性较强、会引起人们阅读策划书兴趣的内容，以及有助于阅读者对策划内容理解和信任的资料都可以列入附录中，比如问卷、分析模型、较为复杂的分析过程、座谈会原始照片、图像资料等。需要注意的是，可列可不列的资料还是以不列为宜，这样可以更加突出重点。附录也要标明顺序，以便阅读者查找。

(三) 营销策划书的写作程序

第一步，列出大纲；

第二步，细化大纲，列出大纲中各部分具体内容的范围；

第三步，检查大纲框架结构及各部分具体内容是否合理得当；

第四步，调整、确定各部分内容；

第五步，拟定 SWOT 分析，列出分析结果；

第六步，依据分析结果，从构思要点出发，写出策划核心部分的个别策划，即营销目标、战略和策略的策划；

第七步，写出策划书的摘要提示，从而决定策划书的整体构成；

第八步，写策划的实施计划，策划方案控制措施；

第九步，补足其他部分；

第十步，统撰全篇，润色定稿。

(四) 营销策划书的写作技巧

营销策划书和一般的散文、报告文学有所不同，它对可信性和可操作性要求极高;也和市场调查报告书不同,因为它还要具备极强的说服力。

1. 寻找一定的理论依据

需要注意的是,适当的以及有对应关系的理论依据可以提高可信度,而纯粹的理论堆砌不仅不能提高可信性,反而会给人脱离实际的感觉。

2. 适当举例

可以通过正反两方面的例子来证明自己的观点,但是不宜着笔过多变成案例分析。适当的成功与失败的企业真实案例,既能起调整结构的作用,又能增强说服力。

3. 利用数据和图表说明问题

数据是最好的依据。在报告书中尽量多利用各种绝对数和相对数来说明问题,可以增加可信度。同样,运用图表进行比较分析、概括归纳、辅助说明,具有强烈的直观效果,有利于阅读者对策划书的深刻理解。

4. 注意细节,合理安排版面

对完成的策划书要反复检查,尤其关注文中企业的名称、专业术语等,注意细节,避免出现差错。此外,策划书版面效果的优劣在一定程度上影响着策划效果的发挥。有效利用版面安排也是撰写策划书的技巧之一。版面安排包括打印的字体、字号大小、字与字的间距、行与行的间隔设置、黑体字的采用以及插图和颜色等。版面安排的原则是重点突出、层次分明、严谨而不失活泼。

经典案例赏析

讨论:品析案例,分析相关营销策划知识点在案例中的体现。

中国普洱茶市场营销策划方案

一、公司简介

西双版纳昌泰茶行有限责任公司于1998年正式成立,其前身为成立于民国年间的“易武三合茶社”。下属有3个分公司:易武分公司、大渡岗双岗茶场和景谷恒丰源茶行。公司设有粗制茶车间、精致茶车间、普洱茶车间、小包装车间、手工名茶车间等。公司现有管理人员20多名,职工200多名,已经建立了完善的管理体制,始终坚持“人无我有,人有我精”的经营理念。

西双版纳昌泰茶行有限责任公司注册商标为“易昌号”。“易昌号”普洱茶吸取了前人的传统普洱茶的制茶经验,完全以生长于“六大古茶山”原始森林中的古茶树的肥大、粗壮芽叶为原料加工而成。“易昌号”共有普洱茶和绿茶系列50多个品种。目前,“易昌号”茶叶已经销往东南亚、韩国和日本、中国香港、台湾、深圳、广东等地。

二、策划目的

在市场经济的观念指导下,昌泰茶行的市场营销根据普洱茶的定位和消费群体状况,运用市场营销组合,采取各种策略和手段,去占据目标市场,让广大消费者及早品尝到普洱茶的风味,力争将市场知名度提高到**100%,美誉度和信任度达到90%**,年销售量翻一番。

三、市场存在的问题

(1) 茶园生产力低。一是无性良种少;二是高山优质茶产区茶园少;三是现有茶园分散、老化等现象严重。

(2) 茶厂生产力低。因茶厂规模小、设备差,自动化、信息化程度低,竞争实力弱。奇怪的是,茶厂规模仍有缩小之势。

(3) 市场建设不足。由于产品没有市场信息指导,没有畅通无阻的渠道销售,盲目种植、盲目生产,导致销售困难。

(4) 产品竞争乏力。品牌多,名牌少,没有像"立顿"这样的世界级品牌;产品质量差,原料差,感观品质差;以次充好,以假充真,卫生指标不合格,农残超标。

(5) 管理水平不高。由于体制等多方面的原因,整个行业对科学管理重视不够,管理人员基本上没有受过专业培训,现有企业潜力发挥不出来。

(6) 行业管理无序。当前茶业市场好似纯粹的自由市场经济,放任自流。

(7) 人才严重短缺。由于茶叶全行业亏损,专业人员纷纷改行下岗。在岗的或者在相关政府机关,或者在效益较好的大企业,或者自立门户经商卖茶,而种植业、市场一线人才严重短缺。

(8) 市场开拓不力。东方人把茶当艺术,而西方人只将茶当商品。中国茶文化丰富,而对茶行销不力。

四、产品市场定位

随着社会的不断进步,人民生活水平的不断提高,人们的消费观也在不断地转变,而西双版纳昌泰茶行公司推出的普洱茶系列属高品质茶品,其产品定位主要针对品茶爱好者、机关企事业单位人员、知识分子等有一定消费能力的广大群体。从普洱茶的消费来说,其消费场所主要是高档茶楼、茶铺、各大商场、专卖店、酒店、中高档娱乐场所,消费形式主要是会议为主的集团性消费。

五、销售目标

在全国各地大中城市都设立分销点,部分产品会销住国外,在全国乃至全球形成广泛的销售网络。预计销售额为1000万人民币。

六、销售方案

(1) 营销思路。首先对业务员进行茶叶及营销知识方面的培训。在营销计划中,将营销思路分为两个部分,一方面以中高档产品为主打方向,强化"普洱茶"这一品牌意识,通过品牌战略吸引中高端消费者;另一方面针对大众档次的低档茶以非品牌战略面向普通消费者,通过部分批发渠道或直接进入低档茶铺、茶馆。

(2) 实施手段。根据普洱茶的产品定位和消费群体,将业务员分成若干个业务小组,到各个领域去开发市场。按消费行业及场所分类或按区域划分组建以下业务组:

① 中高档茶楼业务组;

② 大中型商场超市业务组;

③ 企事业单位、会议(集团消费)业务组人;

④ 宾馆、酒店、高档娱乐场所业务组;

⑤ 有实力的干杂店、批发零售商业务组；

⑥ 省市茶叶公司及批发商、大众茶铺组。

以上六大业务组力争在3个月时间内全面拓展业务，迅速占领市场，同时配合以各种促销手段和广告宣传。

七、推广策划方案

(1) 宣传普洱茶文化。普洱茶从最古老的传统手工制作工艺，到现代先进的科学制茶工艺；从古代“八色贡茶”、“金瓜茶”、“金瓜贡茶”到现在的“南糯白毫”、“女儿茶”，经过了漫长的历史岁月。

(2) 注重品牌包装。茶叶包装上无论是文字广告还是图画广告，都应言简意赅，重点突出，文字图画不宜过多。文字的多少和图画的排列应视包装物外表面的面积大小和形状特征而定，同时还要十分注意文字与图画的协调性。一般说来，茶叶商品包装上的文字广告内容有以下几个主要方面：

① 茶叶商标与名称；

② 茶叶产地；

③ 简要介绍该茶的品质特征；

④ 茶叶的净重。有的包装表面还附有简明扼要的茶叶保健作用说明。

(3)加强品牌推广。茶叶推广在具体实施过程中，要讲究实效。

思考：结合所学知识，评价本策划方案，并加以完善。

裁切线

思考与练习

姓名________ 班级________ 学号________

1. 名词解释

营销策划

战略性策划

策略性策划

随机性策划

2. 单项选择

(1) 营销策划的灵魂是(　　)。

A. 点子　B. 创意　C. 计划　D. 建议

(2) 营销策划的根本任务是(　　)。

A. 促进商品交换　B. 设计方案　C. 创意　D. 执行方案

(3) 在开始策作业前,必须要(　　)。

A. 进行市场调查　B. 制定营销战略　C. 明确策划主题　D. 选择营销战术

3. 多项选择

(1) 按照策划活动涉及营销活动的范围划分,策划可分为(　　)。

A. 综合策划　B. 项目策划　C. 产品策划　D. 市场策划

(2) 营销策划书的摘要所要说明的是(　　)。

A. 策划的性质　B. 策划要解决的问题

C. 进行策划的原因　D. 策划的主要结论

(3) 按照所策划营销项目在企业战略目标实现中所处的层次划分,策划可分为(　　)。

A. 导入现代营销观念的策划　B. 战略性策划

C. 策略性策划　D. 随机性策划

(4) 有效开展营销策划活动应该遵循的原则有(　　)。

A. 统筹规划　B. 技艺融合　C. 动态调试　D. 超前创新

E. 切实高效

4. 填空题

(1) 营销策划的实质是(　　　　　　),对象是(　　　　　　),根本任务是(　　　　　　),目的是(　　　　　　),依据是(　　　　　　),核心是(　　　　　　),灵魂是(　　　　　　),成果是(　　　　　　),保证是(　　　　　　)。

（2）根据所策划营销活动是否以直接营利为目的可分为（　　　　　　）与（　　　　　　）两类。

（3）明确营销策划主题通常要经过（　　　　　）、（　　　　　）、（　　　　　）和（　　　　　）四个阶段。

（4）营销策划方案在正式实施这前，需要进行（　　　　　）。

（5）营销策划书的基础部分主要是对（　　　　　）和（　　　　　）进行分析。

5. 简答题

（1）简述营销策划的原则。

（2）营销策划的程序有哪些？你是如何理解的。

（3）在写营销策划书时应注意哪些问题？

6. 实训题

召开一次家乡旅游资源推介会，要求每位同学撰写出家乡旅游资源推介演讲稿，并在会上演讲，营销目标为激励尽量多的受众去你家乡旅游。老师可根据每位同学的旅游资源推介演讲与全班同学举手表达的旅游欲望人数多少评定成绩。

训练目标：归纳营销主题能力、提炼营销创意（卖点）能力、资源组合运作能力以及文字组织、口头表达能力。

裁切线

项目二 营销策划创意

本项目内容结构图

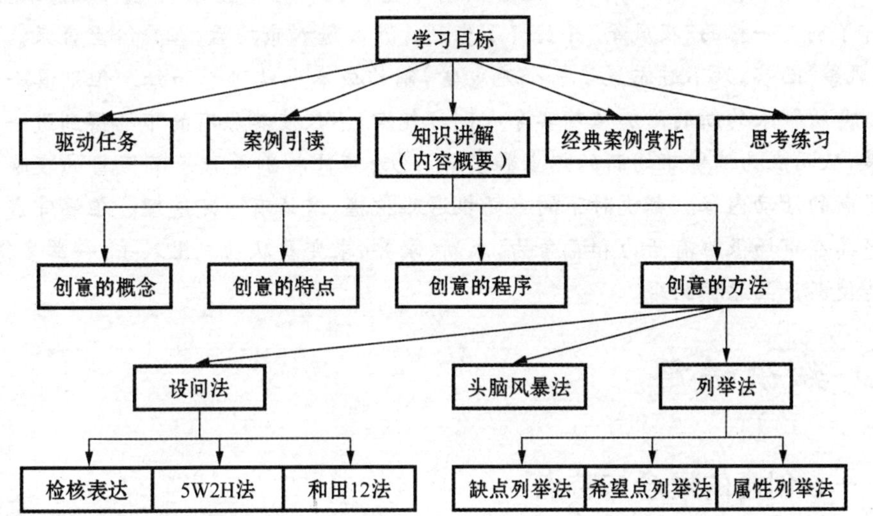

学习目标

- 知识目标

1. 了解营销策划创意的概念；掌握营销策划创意的特点与过程。
2. 了解营销策划创意的一般方法。

- 能力目标

1. 熟练掌握发现问题、形成创意的各种方法。
2. 能为营销策划方案提出合适的创意。

驱动任务

任务内容：策划创意案例演讲赛

请学生们收集企业某一项或某一方面的营销策划案例，如企业市场调研策划、市场定位策划、市场竞争策划、企业形象策划、客户满意策划、产品策划、品牌策划、价格策划、分销策划、促销策划、知识营销策划、关系营销策划、网络营销策划、整合营销策划等，并改写成演讲稿，有叙有议，有点评，以演讲的形式发言。

任务要求：将学生按一定标准分组，各组自报选题，收集资料；各小组评出两名学生参加全班决赛。要求每位学生完成“策划创意案例讲演稿”，小组交流，全班评比。

案例引读

“夜风筝”的启示

风筝一般在白天放飞，晚上能否也来个亮相呢？一位南京的老人敢想敢做，制作了别具一格的“夜风筝”并获得了专利。产品进入市场后，客户纷至沓来。就“夜风筝”而言，只不过添置了一个光电管，制作成本也就可想而知。但别具一格的创意所带来的新的附加值确实令人刮目相看，不仅使其原有的市场得到进一步拓展，从而成为消费市场新的热点和卖点，还为市民特别是孩子节假日的夜晚增添了新的活动内容。都说时下的市场机遇难把握，这话有一定道理。但墨守成规的产品在市场很难有活力和竞争力，求新、求异、求变要从功能上入手，一举多得，才能使新产品站稳脚跟。

请同学们开动脑筋，选择一样日常用品，为其添加新的功能。

知识讲解

一、创意的概念与特点

(一) 创意的概念

所谓创意有两种理解，当名词讲时，是指一种独创的或意想不到的解决某一问题的方法，俗称点子；当做动词来讲时，则是指人们通过一系列的创造性思维活动，在已有认识、经验的基础上，形成解决某一问题的新主意、新办法的过程。

策划方案是策划工作的核心，而形成创意则是形成策划方案的核心，可以说创意是策划活动的灵魂。在英语中有 3 个词含有创意的意思，被翻译为创意。其一是 creative，其英文原意是创造性的、有创造力的，现在常被人们译为创意，如 creative strategy 一词常被译为创意策略；其二是 creativity，其英文原意为创造力，有时也被人们译为创意；其三是 idea，其原意是思想、概念、主意、念头、计划、打算等，这是创意最普遍、最有代表性的英文词汇。其实，最能表达中文创意内涵的英语词组是 creative idea。

营销策划创意是在营销策划策略指导下，围绕营销策划目标，凭借直觉力和策划技能，利用所获取的各种创造元素进行筛选、提炼、组合、转化并加以原创性表现的过程。

(二) 创意的特点

(1) 有形性。创意是一种解决营销实际问题的主张、概念、意见或方案，而不只是一种思维活动。

(2) 独创性。独创性是指创意这种解决营销实际问题的主张或主意是前所未有的，是他人没有的。创新性是其主要特征，一个好的创意应该是既在情理之中又在意料之外的。

(3) 现实性。创意这种主张或意见是现实可行的，并非是异想天开、没有实用价值的。

(4) 建设性。它是指创意在营销活动中，可以促进事物向好的方面转化。它从大讲可改变世界、改变历史，从小讲可塑造人生、成就事业；它能推动历史前进，也可改善人的处境。当然坏主意、馊点子也大量存在，且具有很大的破坏性，不属于我们所研究的范畴。

(5) 劝诱性。一个好的营销策划创意，特别是广告创意、促销创意，必须具有较大的劝说诱导功能与说服能力，必须有较强的震撼力、穿透力与影响力。

在创意的五大特点中，你认为哪一个是最重要的，为什么？

(三) 创意产生的条件

创意是一个复杂的脑力劳动的过程，它的产生需要策划人的知识、能力、心理和方法几方面的条件。其中，知识是基础；能力特别是智力，是创造的核心；心理包括目的、信念、坚韧性、思想品质等心理素质，是创意产生的条件；方法是指思维技能，是创造得以实现的途径。心理学家从多方面进行研究，指出了有利于创意形成的条件：广开言路，类比推理，远距离联想，多中心注意，防止紧张等。

二、创意的程序

创意是营销策划程序的重要组成部分，它的自身运作是程序化的。创意是从针对问题而灵机一动的突发念头开始，经过确立目标和轮廓构想到方案设计和论证的全过程，是按创意的科学运作程序行进的。从一般意义上说，人们解决某种问题总有一定的思维顺序，包括发现问题、提出问题、分析研究问题、提出假设、检验假设等几个方面，它们构成了解决问题的全过程。根据英国心理学家瓦拉斯(G. Wallas)1926 年提出的关于创造性解决问题的理论，作为创造性劳动的创意的产生过程一般包括准备期、酝酿期、豁朗期和验证期 4 个阶段。

(一) 准备期

1. 准备期的概念

营销策划人在接受策划任务之后，在创意之前，往往有一个充分准备的过程。在这个准备期，策划人往往围绕策划主题，根据相关度由远及近、由粗及细，大量收集浏览相关的知识和资料，收集并分析研究同类问题创意的经验与教训，以寻求激发灵感，产生创意。

2. 准备期需要注意的问题

(1) 信息储备多多益善。此时的信息收集也可能是漫无目的的，但这种大范围的浏览和阅读文献资料，全面细致地向客户了解基本情况是很有必要的。因为没有足够的信息，大脑对策划主题的认识只能是空白的或狭隘的，只有掌握了足够多的信息，头脑中对策划主题的看法，才能有一个比较清晰的轮廓和总体的认识。

(2) 寻求答案不要急于求成。策划人在最初艰苦的信息收集过程中,往往会"一筹莫展"、"不知所措"、"大脑死机",思路没有任何进展,此时,谨记不要放弃。可以适当进行休整,放松紧绷的神经,然后回来继续收集信息。因为策划本来就是一种非程序性的心智劳动,创意的产生并无明确的思路可循,只能逐步围剿、逐步分化,以寻求答案。

(3) 出现灵感及时记录。在收集资料的过程中,策划人往往会受某一信息点的刺激,不时冒出各种思维的火花,也可能会在某一阶段、受某一因素的刺激,突然兴奋,迸发灵感,也可能因为随着掌握信息的逐渐增多,不时形成解决问题的某种思路。没有经验的策划人往往是一冒出思维火花,马上欣喜若狂,终止信息收集工作,拿起笔来开始拟订策划案。其实,此时由于收集信息并不透彻,对问题的认识还很不全面,往往在拟订方案过程中就会"卡壳",遇到意想不到的困境。明智的做法是随时把这些灵感尽可能详细地记录下来。

(二) 酝酿期

1. 酝酿期的含义

在充分收集了大量相关资料信息后,策划人大脑中已经储备了大量的创意素材,对策划主题也有了一个比较全面的认识,此时,就可以进入创意的第二个阶段——酝酿期了。酝酿期对所要解决的问题进行周密的、多角度的、反复的思考。

这一阶段,就可以把上一阶段记录的那些零星的思维火花,进行逐个分析。这些思维的火花有的可能是谬误,有的可能是不现实的,有的在解决问题方面可能实际价值不大。因此,策划人往往要经过较长的酝酿期。在这一时期可能需要花费相当大的劳动,但仍然百思不得其解,处于停滞状态。酝酿期,人们的思维在探索、多方寻找解决问题的新思路,苏联心理学家巴甫洛夫把这种现象称为"相互诱导"。

2. 酝酿期需要注意的问题

(1) 详细记录聚会理由。需要强调的是,在分析各个思维火花的过程中,最好拿一张如表 2-1 所示的表格,将分析取舍各个创意的理由和过程尽可能详细地记录下来。过一段时间后,用一张新表对这些原始创意再进行一次分析,然后拿两张表对比,分析两次取舍是否一致,汇总后拿出新的取舍意见表。可能的话,也可以将这些源创意和空白表拿给其他人分析取舍,看对形成创意有没有启发。如此,循环反复多次,形成好创意的可能性就会大大增加。

表 2-1 原始创意分析取舍表

创意编号	可行性分析				总体效果估计(指标值)	决策:取/舍	改进创意
	优势(S)	劣势(W)	机会(O)	威胁(T)			
1							
2							
……							

(2) 改进原始创意产生新创意。在对这些原始创意进行分析的过程中,一般

人会受到启发提出一些新的想法，有人会说"如果这个创新这样改进一下效果会更好"，你一定要及时详细记录下来，然后按照前面所述的办法循环反复，很可能就会产生理想的创意。

(三) 豁朗期

在经过长时间的充分酝酿后，营销策划人员就策划主题重新进行全面思考或审视，或者暂把它停下来进行别的活动以期受到某种刺激，创意突然产生，使人眼前一亮、豁然开朗、令人振奋，百思不得其解的问题一举突破。豁朗期的到来，也可以说是一种科学意义的灵感和直觉作用的结果。

(四) 验证期

1. 验证期的含义

验证期是对豁朗期所提出的创意进行验证补充和修正完善，使之趋于合理可行。验证的方法有两种：一种是直接验证，即通过实践来验证，看这种创意是否有效。例如，新产品的小范围试销，促销效果的小范围尝试等；另一种是间接验证，即通过推论来检验。直接验证虽然可靠，但局限性很大，有些创意不可能或不允许进行直接验证。间接验证一般是在策划人头脑中用推论的方式进行的，通过推论，淘汰错误的成分，保留合理的部分，形成最合理的创意。

2. 验证期需要注意的问题

(1) 尽可能形成创意链。有过创意经历的人常常会有这样的体会，一旦打破思维的藩篱，可能就会产生前后关联的一系列好主意。策划创意初步形成后，还需要"乘胜追击"，扩大成果，将创造性火花加以进一步挖掘展开、加工扬弃、发展提高，进而形成比较完整的创意说明，交给策划文案写作人员，为下一步策划工作奠定良好的基础。

(2) 推论尽可能周密。由创意到策划案，由策划案到营销活动，要受到许多约束条件的限制，而策划人员不一定是各方面的专家。某种创意尽管从理论上分析可能十分独特，但从技术、资金、法律、政策及其他环境因素考虑却不一定十分可行，这就需要策划人员进行尽可能周密细致的分析推论。可以谦虚地向有关专家进行必要的咨询与考证，以确保创意的切实可行。因为一旦创意形成方案被执行，有可能会适得其反、弄巧成拙或事倍功半。

三、营销策划创意的方法

(一) 设问法

设问法是通过多角度提出问题，从问题中寻找思路，进而做出选择并深入开发创造性设想的一种创意方法。它的主要类型有检核表法、5W2H 法、和田 12 法等。

1. 检核表法

检核表法也叫奥斯本检核表法，是美国创造工程之父奥斯本在总结自己和他人的创造活动，特别是新产品开发经验的基础上，概括出来的 9 种问题模式，并把这 9 种问题归纳成一张全方位的检核表。

奥斯本检核表法就是通过专门列表提问的办法，强制性地对自己已经熟悉的事物设定问题，然后再逐一检查核对，看是否找到了有价值的问题。如果找到了有价值的问题，则意味着找到了一个策划的新起点。这种强制性的设定问题的思考方式，可以有效地突破人们"固有的、已成熟的事物不可改变"这一习惯思维的束缚，所以很受策划人欢迎。在营销策划活动中，不论遇到什么项目，都可以依照这9种问题一一检核设问，提出创新问题或寻找创意思路。奥斯本检核表如表2-2所示。

请同学们运用奥斯本检核表法来思考，我们日常使用的水笔还能有哪些变化？

表 2-2 奥斯本检核表

序号	问题	创意
1	能否改变用途	是否还有其他用途，能否用于其他场所，能否改造后另做他用……
2	能否模仿	能否在当前策划中引用别人的创意，该创意能否引申出新的创意……
3	能否改变	能否在原设计基础上改变形态、颜色、声音、味道、制造方法……
4	能否缩小或舍去	能否缩小体积、减轻重量，微型化，省略或消除或分割某些部分……
5	能否扩大或增加	能否增大体积、增加重量，延长寿命，增加功能，扩大面积……
6	能否替代	能否材料替代，工艺替代，方法替代，动力替代……
7	能否重组	能否改变结构，改变布局，改变成分，改变顺序……
8	能否颠倒	颠倒方向，调换正负，里外翻转，时间倒计，上下颠倒，功能颠倒……
9	能否组合	将产品功能组合到其他产品上，将其他功能组合到该产品上……

2. 5W2H 法

5W2H法是用5个以W开头的英语单词和2个以H开头的英语单词进行设问，发现解决问题的线索，寻找发明思路，产生保险单，进行设计构思，从而搞出新的发明项目的方法。

(1) 为什么(Why)。为什么不能有响声？为什么停用？为什么变成红色？

(2) 做什么(What)。我想你给我的是什么？哪一部分工作要做？目的是什么？重点是什么？

(3) 谁(Who)。谁来办最方便？谁会生产？谁可以办？谁是客户？谁被忽略了？

(4) 何时(When)。何时要完成？何时安装？何时销售？何时是最佳营业时间？

(5) 何地(Where)。何地最适宜某物生长？何处生产最经济？从何处买？

(6) 怎样(How to)。怎样做省力？怎样做最快？怎样做效率最高？怎样改进？

(7) 多少(How much)。成本为多少？输出功率为多少？效率有多高？尺寸为多少？重量为多少？

如果现行的做法或产品经过以上7个问题的审核已无懈可击，便可认为这一做法或产品可取。如果7个问题中有一个答复不能令人满意，则表示这方面有改进余地。如果哪方面的答复有独创的优点，则可以扩大产品在这方面的效用。

3. 和田 12 法

上海市和田路小学在对小学生进行创造性教育实践中，在奥斯本设问法的基础上,进一步制定了适合儿童记忆和运用的12种法则,也称"和田12法"或"和田技法",如图2-1所示。这12种方法对于营销策划人员发现问题,激发创意也同样适用。

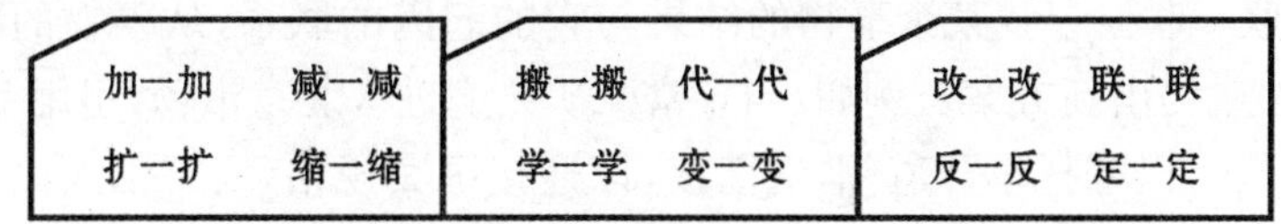

图2-1 和田12法内容图

(1) 加一加。从添加、增加、加长、加宽、附加、组合等角度考虑。例如:①MP3加上收音机的功能,手机加上照相的功能;②TCL手机加宝石;③人没法长高,鞋底就内加高。

(2) 减一减。对原事物从删除、减少、减小、减轻、拆散、去掉等角度考虑,使之出现新事物。例如:移动硬盘是越小越方便携带;②目前市面上有很多功能的数码照相机,却发现90%的功能不会用。减去一些功能,就意味着成本的降低,也相当于进入一个新的竞争领域,满足一部分经济型客户的需求。

(3) 扩一扩。考虑将策划对象的体积、面积、长度、宽度、空间等有所扩大。例如:①电子产品内存越扩越大;②有一个中学生雨天与人合用一把雨伞,结果两人都淋湿了一个肩膀。他想到了"扩一扩",就设计出了一把"情侣伞"——将伞面积扩大,并呈椭圆形,结果这种伞在市场上很畅销;另外把伞再加大一点,成为海滨游泳场的晴雨两用伞。

(4) 缩一缩。从压缩、缩短、缩小等角度考虑。例如:①曾经流行的大块头"大哥大"移动电话,体积缩小到今天所见的小型手机;②掌中宝电脑、折叠自行车、压缩饼干、口袋书、袖珍词典等都是采用缩的创意。

(5) 搬一搬。把一个事物搬到别的地方,将新事物移到别的领域,从而产生新创意的办法。例如,①21寸彩电在城里没有销路了,就向边远农村转一转;②舒蕾刚开始投放市场时,宝洁柜台在哪它就搬到哪,和第一拉近距离,不就是第二吗?

(6) 代一代。用一事物(或材料、技术、零件、功能等)代替另一事物。例如:①铁制门窗代替木材门窗,铝合金门窗代替铁制门窗,塑钢门窗代替铝合金门窗;②空心环保砖代替实心砖等。

(7) 学一学。学一学动物、植物的做法,模仿现有事物的形状、结构、原理等。例如:松下不做技术的创新者,只做后来的改进者。学而改优,令其产品快速跟进领先,为日本模仿加创新的企业形象增添了砝码。模仿蛇的嘴巴能张得大大超过它自己头的结构特征,发明蛇口形晒衣夹,将衣物搭在横竹竿后,用这种衣夹可从上往下连竹竿一起夹住,解决了普通夹子不能夹竹竿的缺点。

(8) 变一变。从改变形状、颜色、音效、包装、结构、层次、味道、顺序等角度考虑。例如:①立邦漆颜色多变,才能处处放光彩;②将气球的形状由球状改为圆饼形、米老鼠形或唐老鸭形。

(9) 改一改。针对现有的做法提出意见、建议进行修改,消除缺点,使它更方便、更合理、更新颖(带有被动性,常常是在事物缺点暴露出来后,才用通过消除这种缺点的方式来进行创造)。例如,海尔冰箱将上面改成了电脑桌,深受美国学生的欢迎。

(10) 联一联。寻找某个事物的结果与它的起因的联系,从事物的联系中找到解决办法或提出新方案。例如,当年富豪矿泉壶进入北京市场,租用10辆豪华凯迪拉克轿车,以摩托车开道,浩浩荡荡,以迎接国宾规格,向首都人民推出了富豪矿泉壶,车队载着"富豪"字样,拉着各大商店的销售人员,神气活现地出现在中国第一街——长安街上,然后,又绕到二环路上,有模有样地转了几圈。将富豪矿泉壶与凯迪拉克放在一起,使人们联想到富豪矿泉壶的品质应该是高档的,增加了关注度。结果富豪借凯迪拉克发动凌厉攻势,一下子轰动北京,成为北京一大新闻,知名度陡涨,当然占得北京市场一席。

(11) 反一反。从事物的正反、上下、左右、前后、横竖、运动方向等相反的方向来分析问题。例如,发射炮弹一般用于打飞机,往往是向上打的,可前苏联有人用它打入地下,为石油钻井服务,效果颇佳。

(12) 定一定。对新产品或事物定出新的标准、顺序,或者为改进某种东西以及提高工作效率和防止不良后果做出的一些新规定,从而实现创新。例如:①民航都有会员卡,积分达到某一值能够享受特殊优待,相当于它给你订了标准必须搭乘它的飞机,以此产生忠诚度;②营销从某种意义来说就是定位,农夫山泉有点甜;宝洁产品各显神通——海飞丝去头屑,飘柔柔顺,潘婷护发,沙宣专业。时下流行的各路名师各有各的定位,各有各的绝活。

> 试比较奥斯本检核表法与和田12法之间的异同。

(二) 列举法

列举法是一种借助对某一具体事物的特定对象(如特点、优缺点等),从逻辑上进行分析并将其本质内容全面地一一罗列出来的手段,用以启发创意设想,找到发明创意主题的创造技法。

1. 缺点列举法

(1) 缺点列举法的涵义。缺点列举法是一种通过发散思维,发现和挖掘事物的缺点,并把它的缺点一个一个列举出来,然后再通过分析,找出其主要缺点,据此提出克服缺点的课题或方案的创造性思维。这种方法使用简便,且用途广泛。其简便性在于,只要确定了认识对象,列举其当前存在的缺点,就可以直接将这些缺点作为内容,运用有关问题的语言表述形式加以表述,直接提出问题。

(2) 缺点列举法的程序。通过列举缺点提出问题一般都比较直观,只要找到产生缺点的原因,采取相应措施克服缺点,一项更为先进的创意方案就会产生。其实施过程和操作模式如下图2-2所示,包括如下几个阶段:

图2-2 缺点列举法程序图

① 确定对象。在营销策划中,对象的来源可以是内部营销活动的某一方面或

某一环节,策划人根据客户期望的营销目标,根据"抓住主要矛盾"和"解决关键问题"的原则,选择问题对象;对象的来源也可以是企业外部,如一套与客户营销问题相同的解决方案,策划人可以将些方案作为对象,进行缺点列举,并进行改进提高。

② 列举缺点。运用发散性思维,站在不同的角度,根据不同消费者的需要,运用不同的方法,分析对象的现状,列举其目前存在的主要缺点。

③ 分析原因。分析这些缺点的性质、内容、产生的原因,以及各缺点之间的相互关系。然后,把可以通过一个问题的解决而同时被消除的缺点归纳为一个缺点集。

④ 寻找措施。将列举出的缺点及其原因进行综合分析,选择其中某一缺点或缺点集作为创意的对象;然后集思广益,形成消除这些缺点的方案措施,并用一定的语言形式描述克服这些缺点和改进该对象的措施。

⑤ 形成创意。将改正缺点的各项措施具体化,并加以匹配和优化,最终形成比原有对象新颖、先进、实用且营销效果良好的创意。

(3) 缺点列举法应用。缺点列举法通常的做法是:召开一次缺点列举会,会议由 5～10 人参加,会前先由主持人或策划人针对选定的对象,选择一个需要变革的主题,在会上发动参加者围绕这一主题列举尽可能多的缺点;指定专人将提出的缺点逐一编号,并记录在一张小卡片上,然后从中选定主要的缺点,根据这些缺点制定出改进的方案。会议一般控制在两个小时以内,讨论的主题一般宜小不宜大,如果是大的课题,则应设法分解成若干个小的课题,分组解决,这样缺点就不会被遗漏。

2. 希望点列举法

(1) 希望点列举法的涵义。古往今来,许多发明创造往往寓于希望之中,从人们的需要和愿望出发来提出构想,从而促使产生发明创造,这是一种有效的创造创意技法,叫希望点列举法。例如,有了电影后,人们希望在家也能看电影,于是就产生了黑白电视机,后来产生彩色电视机,进而又产生了高清晰的立体声电视机等,这都是不断满足人们要求或希望的过程,促使产品不断更新换代的过程。希望点列举法的原则是"如果能这样该多好"。

希望点列举法适用范围十分广泛,是一种直接提出创新问题的有效方法。这种方法的主要特点是,提出的问题一般能够满足新颖性的要求,这是因为关于某一对象的希望,一般都是基于对现状的不满。需要注意的是,所提出的希望应该具有比较广泛的代表性,能够形成足够的市场规模。

希望点列举法与缺点列举法在实际应用中你更倾向于哪一种,为什么?

(2) 希望点列举法的程序。希望点列举法如图 2-3 所示,包括如下 5 个阶段。

图 2-3 希望点列举法程序图

① 确定对象。选择企业营销活动中的某一方面作为改进对象,或者以消费者对企业营销活动最为关注的某一方面作为对象。需要注意的是,选择对象既要考虑

市场的需要，还要考虑企业的内部条件，也要考虑策划人自己的知识与技能优势。

② 列举希望点。针对确定的对象，通过二手资料查询、走访用户、咨询专家等营销调研方法与手段获取尽可能多的希望信息。

③ 分析希望点。针对从各方面收集来的希望点，结合需要满足的缺乏性、理论上的可靠性、技术上的可行性、实施效果的优良性等因素对各个希望点进行综合分析。对可以通过同一途径满足的希望归纳为希望点集。

④ 寻找措施。经过对希望点的分析，初步选定某一希望点或某一希望点集作为创意对象，提出如何满足这些希望点的措施或方案。

⑤ 形成创意。经过系统分析，将满足某一希望点的措施进一步具体化、方案化，并用创意说明书进行详细的说明与描述。

3. 属性列举法

(1) 属性列举法的涵义。所谓属性列举法，就是将事物的属性分解为不同的部分或方面，并全部列举出来，然后以某一部分或方面的属性为置换内容，提出对该问题的创新构思。

属性列举法是美国内布拉斯加大学克劳福德教授发明的一种提出问题和分析问题的方法。这一方法依据的原理是：任何事物，不论某种技术原理、设备、工艺、产品，还是某种组织管理形式，都有其属性，而所谓创造，在一定意义上说，就是掌握呈现在自己眼前的事物属性，并将其放置到其他事物上，或者用其他形式来置换，从而实现对该事物的创新。

(2) 属性列举法的程序。属性列举法程序如图 2-4 所示，包括如下 5 个阶段。

图 2-4 属性列举法程序图

① 确定对象。对象的确定原则上具有任意性，但在营销策划中，应该根据市场发展前景以及与营销目标的关联性确定对象。

② 列举属性。所谓事物属性，包括外部特征、内部结构、整体形态、功能、性能、运动方式、操作方式等方面。这些属性可以分成三大类，即名词属性、动词属性和形容词属性。根据具体情况，列举属性可以是列举出对象的全部属性，也可以只列举出关键属性。

例如，打火机产品营销策划中的属性列举法(见表 2-3)

表 2-3 打火机属性列表

名词属性	动词属性	形容词属性
全体——打火机 部分——燃料桶、打火装置、外壳 材料——金属、塑料、其他 燃料——液化气、汽油、煤油、酒精、其他	功能——打火、装饰 操作方式——推、按、碾	性质——轻型、重型、大的、小的、高档次、低档次、持久性、一次性 状态——圆柱体、长方体、多棱体、有焰、无焰(防风)等 色彩——黑色、白色、金黄色、透明无色等

③ 提出问题。将属性列举出来以后，借助缺点列举法或希望点列举法，针对某一属性或某些属性提出创新问题。

例如，针对列举出的打火机属性，可以提出如下创新问题：

- 对打火机转换用途，可以提出打火灯、打火炉、打火香烟的产品设计问题；
- 针对现有打火机的有焰、无焰属性，可以提出“有焰无焰两用打火机”的设计问题；
- 针对现有打火机的形体属性，可以提出设计多样仿生体打火机的产品创新问题；
- 针对现有打火机的操作方式，可以提出触摸式、甩手式打火机新品设计问题；

……

④ 属性置换。属性列举法解决问题的措施就是属性互换，因此，针对各属性所引发出来的问题或希望点进行分析后，就需要针对这些缺点或希望点，按照属性置换或移用的原理找出解决问题的方案或措施。

属性互换或移用可以是把该对象的某些属性置换或移用于其他事物上面，也可以是将其他事物的某项属性置换或移用到该对象上。

⑤ 形成创意。同样把形成的解决问题的方案具体化、方案化成创意，并用创意说明书进行描述与说明。

(三) 头脑风暴法

头脑风暴法是美国 BBDO 广告公司的阿列克斯·奥斯本创造的创意方法。简单地说，头脑风暴法是在会议中运用集思广益的方法，以收集众人的构想的一种方法。

> 在完成本项目的驱动任务与习题中的实训题过程中运用头脑风暴法，感受该方法的优势所在。

运用头脑风暴法的程序如下。

1. 选定项目

确定所面临的问题或所需要解决的问题，并由此确定有关会议的主题。

2. 头脑风暴

召集会议集思广益，召集会议的注意事项如下：

(1) 选出 5～7 名会议参加者。人数过多将会减少每个人发言的机会并增加管理难度，会议参加者应尽可能来自不同领域。

(2) 确定会议主持者。

(3) 召开会议前，给参加会议者最低程度的预备和知识等相关资料。但有时为了避免先入为主，也可以不提供资料。

(4) 会议的时间安排在 90min 左右较为适宜。

另外，会议中还应遵循以下基本原则。

(1) 禁止批评他人意见。

(2) 充分自由发挥，荒唐无稽都可以。

(3) 注重数量不注重质量，其目的是提出尽可能多的想法。

(4) 可自由组合、改善、追加他人的想法。

在会议中除了遵循以上原则外，还可以灵活使用奥斯本核对表，以引出更多的创意。

3. 选择与评估

头脑风暴引出的创意是否有效，还需要针对目的及目标进行选择与评价，并考虑其实现的难度及障碍。

经典案例赏析

"碧桂园"房产的创意策划

一、案例背景

碧桂园，以位于广东顺德市陈村水道的碧江之畔、桂山之侧而得名。但因其坐落在顺德与番禺的交界处，前不着村，后不靠镇，受地理位置因素影响，其先天条件并不是十分优越。另外，在 1993 年 6 月，碧桂园开始破土动工的时候，中国的房地市场就已经开始大势转弱，向低谷发展，因此，碧桂园房产想要在竞争中脱颖而出，其阻力是相当大的。

为了生存和发展，碧桂园的经营者们可谓是绞尽了脑汁。一方面，开发商们广泛宣传，反复强调此地为"金三角的交汇地"；另一方面，又借助名人效应，邀请颇得民心的广东省前省长叶选平为其题写园名。尽管如此，前来看楼买房的人仍是零星可数。

在经历了无数次的挫折与失败之后，碧桂园的决策者们似乎觉察到了什么。他们逐渐开始意识到"就房地产搞地产没法火，要跳出房地产才能开发房地产。"由此，碧桂园开始了其对新的发展思路与经营模式的探索。

二、兴办碧桂园学校

兴办碧桂园学校的设想，来源于碧桂园老板一次偶然的遭遇。1993 年 8 月的某一天，当碧桂园老板在给他的孩子看学校时，突然有了灵感。他所见到的那所学校，地处"穷乡僻壤"，建在水田鱼塘之上，虽然每个学生要交教育储备金 15 万，但却有众多"大款"争先恐后地把子女往那里送。

为什么不在自己的楼盘也建一所学校？别墅区本来就要教育配套，虽然惯例是先建房再办学，可是能不能"先办学，再建房"呢？逆向思考使碧桂园的老板找到了一条新的发展思路——山路不通走水路，楼盘不活办学带。

有了这种想法之后，碧桂园成立了一个筹办学校的小组，专门负责办学事宜。为了使碧桂园学校有一流的教学质量和办学水平，碧桂园积极与北京景山学校合作，共同创建办学新模式。由此，北京景山学校在北京以外的第一所分校——碧桂园学校在广东顺德市北窖镇诞生了。同时，碧桂园还以兴办碧桂园学校为切入点，策划了一系列新闻炒作，从而使碧桂园声名大振。

> 请同学们收集资料，说明目前中国老百姓所居住的社区普遍还缺乏哪些配套设施？

1994 年 10 月中旬，事隔一年的碧桂园大变了样，广东碧桂园学校已经开学月余，首批 1300 多名学生已经入校就读，给碧桂园带来了无限生机。尤其是碧桂园学校开学的那一天，校门口车水马龙，人流涌动，从公路边蜿蜒而入的两公里内，排列着“奔驰”、“宝马”、“丰田”、“凌志”等各种名车上千辆，简直成了世界名车大展。而此时，碧桂园几百幢别墅也已经竣工，碧桂园会所正在兴起，一个大型的高档社区呼之欲出。

三、倡导“碧桂园生活新方式”

随着碧桂园的发展，碧桂园的决策者们越来越感到以往的经营理念定位和品牌形象已经不能适应碧桂园的发展需求，而只有通过开发和利用能够反映全新生活品味的概念与方式来引导消费者，碧桂园后期的营运效益才会有所保障。

碧桂园的决策者与公司的顾问们在经过了数次思想火花的碰撞以后，深刻地得出了这样一个结论：今天的社会以“激烈化”、“多样化”、“专精化”三轴为中心，不断实现突变，人们的思维方式和生活要求也有了很大改变。过去，国家建房、单位分房，能分到一套房子就是一种满足，这种“温饱型”的生活方式着实在那个年代起到了它特有的作用；改革开放后，中国经济高速发展，房地产开发形成全新的市场，成片生活社区的出现，布局统一，周边生活设施综合配套，讲求实用与舒适的结合，将人们的居住由“温饱型”推向了“小康型”。但是，无论是“温饱型”还是“小康型”，都只是传统概念的延续，都只是注重人的基本生活需求，而忽略了现代人对生活品位和质量的更高要求。尤其是那些先富裕起来的人们，他们期盼着“理想型”的现代居家方式。

正如著名的策划人王志刚所说：“碧桂园的策划，一定要跳出房地产概念，加大文化内涵，上升到‘全新的生活方式’的高度，才能令人耳目一新。”碧桂园，就是要与新时代的节奏合拍，要体现人们对现代理想生活方式的追求。它绝不单单是一个屋村、一个俱乐部、一个学校的建设，而应该是一个实现现代生活方式的系统工程，一种文化存在，一项高品位的创造性实践。

碧桂园的策划者们，在认识到这一切之后，开始将现代CI理论及实践经验进行巧妙结合，将社区形象与理想生活方式的概念统合起来，把创造“高尚型”和“理想型”的中国一流社区，推广全新的生活方式，提高中国人的生活质量，完善人生的价值和生存观念，锁定于碧桂园物业发展有限公司的经营理念，并提出了规划和方案。

四、“给您一个五星级的家”

“给您一个五星级的家”，这是碧桂园的定位和承诺。碧桂园所倡导的全新的生活方式与概念，在“给您一个五星级的家”的理念和创意方案中得到了充分的体现。

若论管理的水平、管理的层次，毫无疑问，“五星级”管理当属第一。那么，怎样才能把传统上用于旅游业酒店称谓的星级管理引申到这块1 000多亩有几百幢别墅的土地上来呢？人的生活方式是构筑在自己的家庭基础之上的，建立属于自己的理想的家是人类一直以来共同追求的理想。“在外千日好，不如在家一日亲”，五星级的酒店虽好，但那毕竟不是自己的家。于是，策划者们把碧桂园的定位锁定在“五星级”与“家”上。

1. 碧桂园学校是孩子们“五星级的家”

来自珠江三角洲各地，甚至更远地方的孩子，离开自己充满亲情、充满爱的家，来到碧桂园学校，在那里接受科学文化教育。要让这些孩子们认识、熟悉和适应这个陌生的环境，习惯"离家"的独立生活，好好学习，成长为社会未来的栋梁，碧桂园学校就必须给孩子们营造出"家"的感觉，而且要比他们自己的家更具吸引力，只有这样，才能让孩子们安心，让家长们放心。

2. 碧桂园会所是商旅者"五星级的家"

商海搏击，犹如战场上的厮杀，胜利的喜悦，失败的创伤，都令商界精英略感疲惫。他们需要有一块属于自己的理想净土，一片港湾。在碧桂园会所，商旅们可以舒展自己的心情，或者计划未来，运筹帷幄；或者邀朋唤友，分享果实的甘甜；或者彰显彪炳的成就，显示王者的尊贵。传统意义上的"家"的概念在这里得到了升华，获得了心灵满足和小憩的商旅们，将能够以更加充足的自信和精力去开创他们美好的明天。

3. 碧桂园别墅是业主们"五星级的家"

"日求二餐，夜求一宿"是多少年来中国百姓苦苦追求的人生目标。国家的富民政策使更多的人终于实现了拥有属于自己的家的梦想，走出狭隘的古老空间，开辟自由自在的生活天地。碧桂园，不仅为业主们提供了设计一流的住房，而且也为业主们提供了一流的物业服务。在碧桂园购置楼宇，业主们将会感受到五星级客人般的自尊，感受到一种全新的理想生活方式——高效、便捷、舒适、自然。家在这里，是何等的乐事。

五、案例小结

1. 你认为碧桂园房产的策划创意的创新点和独到之处在哪里?
2. 通过对本案例的阅读，你能得到哪些启示?

碧桂园在创意规划基础确认后，便开始了具体的运作与宣传。值得一提的是，在碧桂园宣传的过程中，实景拍摄的手法被引入并得到了广泛的应用。碧桂园别墅、俱乐部、学校的实景被制作成照片，同时，企业的形象定位也被注入到设计中来。这样的宣传，既增强了消费者的信心，为碧桂园房地产的销售带来了极大的效益；同时，也开创了在售楼书上标注实景拍摄的销售策略先河。

通过这些极富创造性和开拓性的策划与创意，碧桂园不但实现了起死回生，还获得了快速的发展和极大的效益。当碧桂园通过全新的形象取得楼盘旺销战绩的时候，一位房地产大亨颇为感慨地说："此次大胜，关键在于启动定位，'给您一个五星级的家'这句话，是无价之宝，起码值 2 000 万元!"(现在碧桂园的无形资产价值已经远远地超过了这个数字)

思考与练习

姓名________ 班级________ 学号________

1. 名词解释

创意

检核表法

缺点列举法

希望点列举法

属性列举法

头脑风暴法

2. 单项选择

(1) 一个好的营销策划创意,特别是广告创意、促销创意,必须具有较大的(　　),必须有较强的震撼力、穿透力与影响力。

A. 有形性　　B. 独创性　　C. 劝诱性　　D. 建设性

(2) 策划人员在营销策划的(　　)对所要解决的问题进行周密的、多角度的、反复的思考。(　　)。

A. 准备期　　B. 酝酿期　　C. 豁朗期　　D. 验证期

(3) (　　)可以有效地突破人们固有的、已成熟的事物不可改变这一习惯思维的束缚,很受策划人的欢迎。

A. 检核表法　　B. 和田 12 法　　C. 缺点列举法　　D. 希望点列举法

3. 多项选择

(1) 营销策划创意中设问法主要包括(　　)。

A. 检核表法　　B. 5W2H 法　　C. 和田 12 法　　D. 属性列举法

(2) 头脑风暴法中应遵循的基本原则主要有(　　)。

A. 不批评他人意见B. 自由发挥　　C. 注重数量　　D. 可追加他人想法

(3) 5W2H 法中 5W 是指(　　)。

A. 谁　　B. 何时　　C. 何地　　D. 做什么

E. 为什么　　F. 怎样做

4. 填空题

(1) 创意是一个复杂的脑力劳动的过程,其中(　　　　　　)是基础;(　　　　)是创意的核心;(　　　　　　)是创意产生的条件;(　　　　　　)是创造得以实现的途径。

(2) 作为创造性劳动的创意的产生过程一般包括(　　　　　　)、(　　　　　　)、(　　　　)和(　　　　　　)4 个阶段。

(3) 缺点列举法是一种通过(　　　　　　),发现和挖掘事物的特点,并把它的缺点一个一个列举出来,然后再通过分析,找出其主要缺点,据此提出克服缺点的课题或方案的创造性思维。

(4) 希望点列举法一般包括(　　　　　　)、(　　　　　　)、(　　　　　　)、(　　　　)、形成创意这样 5 个阶段。

(5) 召集会议集思广益,一般选择(　　　　　　)名会议参加者。

5. 简答题

(1) 创意有哪些特点?创意与策划有何关系?

(2) 创意产生的过程有哪几个阶段?

(3) 营销策划的方法有哪些?

6. 实训题

用铁丝、头发丝、豆腐丝造句;用红唇、创可贴、展览造句;用砖头、红绣球、相当造句。

训练目标:联想性思维、组合思维与逻辑性思维训练。

项目三 营销策划组织与策划人

本项目内容结构图

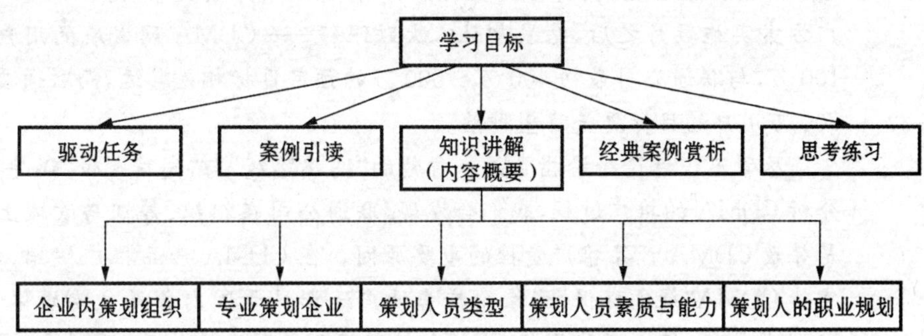

学习目标

- **知识目标**

1. 了解营销策划组织的类型。
2. 了解策划人员的分类。
3. 理解营销策划人员应该具备的素质。

- **能力目标**

1. 能够分析不同策划组织类型的优缺点，为现有的营销策划组织提出改进意见。
2. 明确合格的营销策划人员应该具备的各项素质，使自己成为一名合格的策划人员。

驱动任务

任务内容：成立营销策划公司

假设你的朋友想要成立一家营销策划公司，请你帮忙起一个既富有创意又能体现其业务性质的公司名称，为公司设计一个合适的组织结构，并招聘相应的策划人员。

任务要求：将学生按一定标准分组，讨论决定公司名称；各小组分别为公司制定组织结构，小组间交流，评出最合适的组织结构；各小组拟定一份营销策划人员的职位说明书，拟写一份该职位的招聘文案。

案例引读

一场失败的营销策划

2001年，中国联通公司以200万美元的费用邀请世界著名的麦肯锡管理咨询公司为其CDMA产品进行了一场市场推广策划。在这场市场推广策划过程中，麦肯锡公司将CDMA的技术优势作为主要的竞争卖点，提出所谓的“三高”战略，即“高技术含量、高价格、高端用户”，并计划一年内发展用户700万。然而，推广方案实施数月之后，结果却让人大跌眼镜——CDMA网发展的用户只有将近100万，与联通公司最初400万～500万的预定目标相差甚远，而联通要实现年底700万用户的目标更是希望渺茫。

尽管不少评论纷纷指责是麦肯锡的“高端路线”与“高端定位”误导了联通，但分析CDMA的推广过程，我们会发现，联通公司在组织、筹划与管理上的失误也是导致CDMA产品推广受挫的重要原因。在CDMA产品推广伊始，各种塑造、宣传CDMA“绿色环保”形象的广告便广泛彰显于国内各类主要媒体。然而，在5～6月份，一场由媒体质疑CDMA辐射问题所引发的关于GSM和CDMA辐射高低的争论，却使得联通CDMA“绿色环保”卖点的宣传效果大不如前。另外，联通关于CDMA产品的其他一些不太合实际的宣传，也对其推广产生了不利的负面影响。如果品牌宣传上的问题还只是小失误的话，那么服务与配套设施建设上的滞后则为CDMA产品的推广造成了巨大的障碍。一方面，CDMA网络覆盖范围小，且通话稳定性极差；另一方面，窄带CDMA在数据业务上也无法与GPRS相比。而终端CDMA制式手机数量上的匮乏，又极大地束缚了CDMA的推广和发展。虽然联通亲自上阵，将自己采购的手机投放市场，但成效并不如预期。CDMA开张半年，发展的用户也不过区区100多万，这其中，还有50万是原长城网的转网用户。

透过这场失败的推广策划案，或许您已经意识到，营销策划的成功与否，很大程度上也取决于能否在策划的过程中进行有效的组织与管理。那么，究竟什么是营销策划的组织与管理，如何才能有效地实现它？您将在项目中寻找到答案。

联通的此次失败除了策划过程中的组织与管理不当之外，还有其他的原因吗？试分析下。

知识讲解

一、企业内设营销策划组织机构

所谓市场营销策划组织，是指由专业营销策划人员组成，专门执行营销策划任务、专职实现营销策划功能的职能机构。

企业内设置的专门组织开展营销策划活动的职能机构一般依据每一个策划主题而设，具有临时性的特点，即在从事企业营销策划的时段内加以组织并行使职责，一旦营销策划任务完成，可由企业的常设组织机构如企划部负责营销策划组织的后续任务，对营销策划案实施监督及控制管理。但这种组织机构仍具有较强的权威性、专业性和严密性，对整个策划活动的成败起着关键性作用。

相关链接

有效组织机构设计的原则

(1) 明确组织机构指挥系统的原则。这实质上是分权过程，能将职权自上而下逐步适当地转移下去，实行权力分解，有利于建立有效的组织机构控制系统。

(2) 统一命令，分层管理相结合的原则。对于战略性、全局性的重大事项，管理控制权限应集中，以便令行禁止。同时，分层管理也很重要，让系统中每个部门的主管拥有一定的权力，承担一定的责任，使责权有机结合起来。

(3) 合理分工，利于沟通与协调的原则。组织内部各种业务职能分工合理、职责分明。同时，组织机构的选择要有利于组织各职能机构纵向协调和横向合作，使信息能有效地沟通，资源得到最佳利用。

(4) 精简与高效的原则。组织内部各部门都必须与其承担的职能相符，必须杜绝环节重叠、功能冲突、人浮于事的情况发生。只有极其精简的组织机构才能创造出较高的效率，以最小的成本来获取最大的收益。

(5) 适度弹性的原则。一方面，组织机构应随其市场活动的动态变化做相应调整，以提高应变能力；另一方面，组织为了实现某一特定的目标，有时还需要集合有关专家，适时地组建临时性机构，并通过临时性授权以完成某项特定的目标任务。

(一) 设立模式

为了实现市场营销策划目标，企业必须选择适宜的营销策划组织机构方式。见图 3-1，3-2，3-3 及 3-4。

1. 部门隶属型

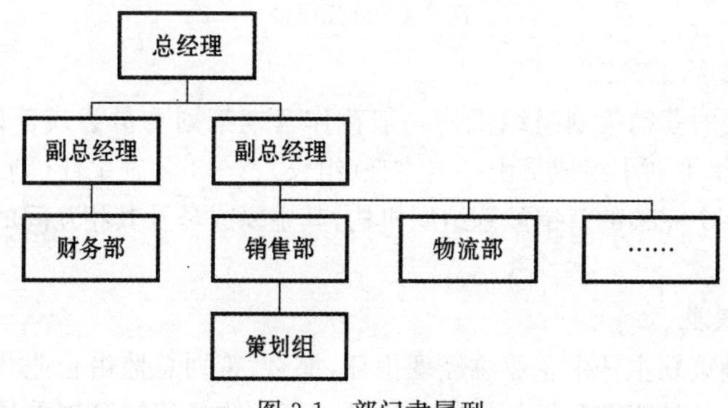

图 3-1　部门隶属型

2. 部门并列型

(1) 全能型并列。

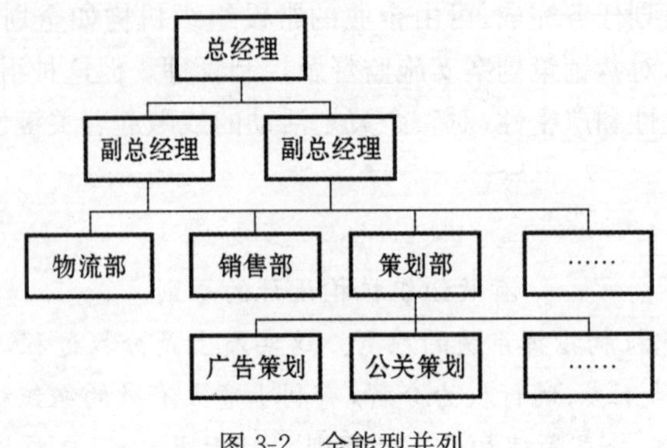

图 3-2 全能型并列

(2) 专业型并列。

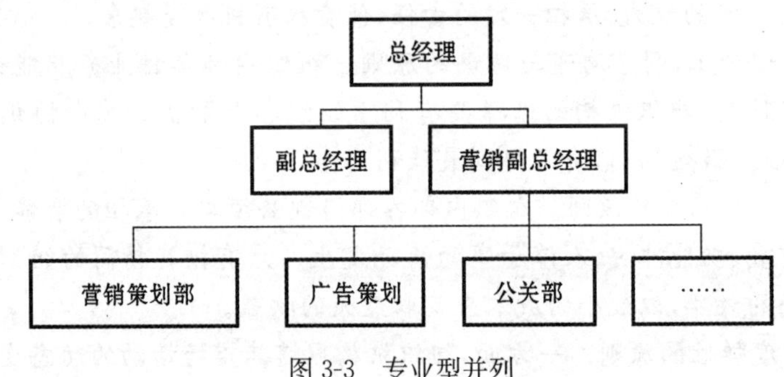

图 3-3 专业型并列

(3) 分公司型。

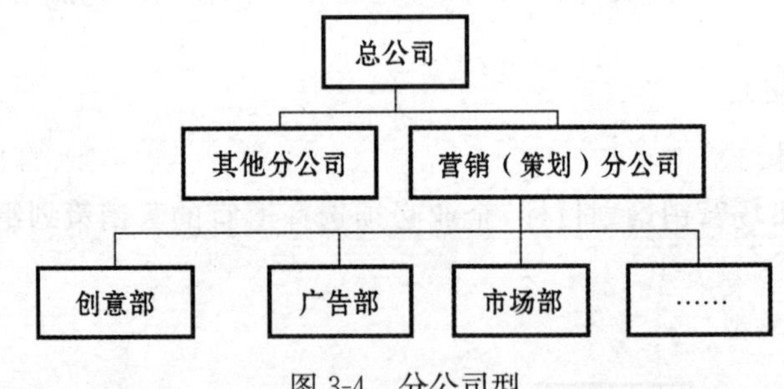

图 3-4 分公司型

(二) 策划组织分工

企业内设的营销策划组织机构一般称作营销策划委员会或营销策划小组。一般来说，营销策划小组成员由一名主任(组长)、2～3 名副主任(副组长)和若干成员组成。一个完整的营销策划组织机构，其主要成员及其相互间的关系如图 3-5 所示。

1. 策划总监

如果营销策划主任由企业总经理担任，那么，策划总监由企业营销副总经理担任比较恰当。其职责和任务是负责领导、保证、监督营销策划委员会(小组)的

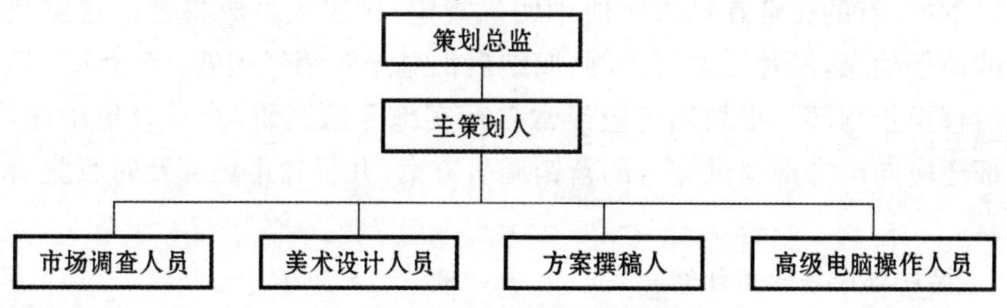

图 3-5　营销策划组织结构图

全盘工作，协调和安排营销策划委员会与企业各部门、各设计人员的关系，掌握工作进度和效率。

2. 主策划人

主策划人应是营销策划组织的业务中心，相当于文艺节目的编导，负责指挥各类策划人员的业务，组织调研，牵头组织策划人的创意活动，并最后负责拟定策划书。主策划人应有良好的业务素质和各方面的业务能力，并要对企业营销行为比较熟悉，富有企业营销策划的成功经验和高度责任感。

策划总监与主策划人是否可由一人担任？

3. 方案撰稿人

营销策划书的拟定不应只是主策划人的个人行为，在主策划人的领导下，要有若干撰稿人参与工作。这些撰稿人可能拟定文案中的某一部分内容，但他们必须对营销策划的全程非常熟悉，撰稿前的调研工作应该是全面和系统的，这样才能做到"胸中有全局，笔下有特色"。对这类人员而言，文字表达的娴熟是最起码的要求，认识问题的深刻和富于创新思维则是衡量其水平的主要标准。

4. 美术设计人员

营销策划中常涉及企业视觉形象、商标、广告、包装等方面，营销策划的过程也是对商品、企业进行美化包装的过程，美术设计人员可依据美学原理对上述方面进行创新性调整，以增强营销策划书的吸引力与感染力。

5. 高级电脑操作人员

电脑操作不仅要起到收集资料、储存资料和随时输出资料的作用，而且还要进行适应多媒体需要的、能进行动态链接和形成互动效应的高难度的操作，以备营销策划之需。

总之，营销策划组织机构是由多方人员组成的、富有创造力的机构。营销策划组织机构应该是开放性的组织，要善于组织人才，善于开发智力，这样才会有活力。

(三) 策划组织职责

策划部是企业经营体系中的一个重要组成部分，无论采取哪种组织结构模式，企业的策划部(企划部)都是为营销系统服务的，策划部的职责主要有以下几个方面：

1. 收集、整理与分析营销信息

准确及时、科学充分的信息是企业科学决策的基本保障，在企业的营销系统中，策划部应该与市场部、销售部充分合作，建立起一个完整顺畅的营销信息系统。例如，有的企业在销售手册中明确规定，销售人员应将营销日志和专题调研的市场信息，经片区主管批阅、归纳后汇总至营销经理处，经营销经理审阅备案后移至策划部。策划部还应经常自行实施专题调研，及时收集市场信息，策划部还应向市场部提供完善的营销调研方案，并督导市场部及时收集有关营销信息。

2. 制订与督导营销计划

策划部的一个重要任务就是要为企业营销工作的全面有效展开提供各种计划。包括制订营销战略规划、企业年度营销计划、产品上市计划、专题推广方案、片区市场进入方案及编制销售管理手册等；包括组织、参与和指导企业营销策划案的制订，媒体活动计划的审定，完成企业营销活动的创意，并指导各项专案的策划与设计，配合完成日常推广宣传工作；包括制订和完善企业各种产品的整体营销策划和具体实施方案，负责完成产品营销策划中相关组织和机构的开拓、联络与协调等；包括企业所有识别系统的整合与整体设计，连锁加盟经营体系的建立，加盟店视觉效果的品牌化，加盟店运营管理等。

3. 策划与组织实施各种营销活动

在一些大型企业中，营销策划部可以自行策划一些规模较大的营销活动；在一些小型企业中，策划部也可以策划与组织实施一些促销活动、招商活动、展销活动，以及开发媒体发布渠道，组织、策划媒体活动等。

4. 设计、制作或购置销售终端所需的各种市场推广材料

策划部还有责任按照制定好的营销活动方案，及时购置、设计与制作营销活动所需要的各种器材设备。例如，撰写广告活动文案、设计与制作报刊平面、CF片、海报、横幅、准备公关活动所需要的标准文本、现场用品、准备促销活动所需的礼品、传单、POP用品等。

5. 策划企业组织管理体系

营销策划部还可以针对企业组织结构、企业各项规章制度、企业各种业务流程、销售网点布局等问题为决策者出谋划策。

二、专业营销策划企业

专业营销策划企业由职业营销策划专家和各类营销策划专业人员组成，以为企业提供经营诊断、营销策划服务或接受委托代理企业开展营销活动的，以盈利为目的、独立核算、自主经营、依法设立的咨询服务机构。

> 试说明企业的营销活动由内部组织自行策划和交由专业策划公司进行策划各自的利弊之处。

(一) 专业营销策划企业的工作方法

1. 咨询服务法

这是指营销策划企业充分利用自己专业化程度高、职业水准高、社会联系广、信息占有量大、判断客观准确等优势，为客户提供营销策划咨询服务，充当和发挥客户的“外脑”作用。与企业签订营销顾问合作协议，为企业提供营销诊断服务和智囊作用，帮助企业准确把握营销问题，提升竞争实力和盈利能力。

2. 代理服务法

这是指营销策划企业通过与客户签订正式合同或达成其他协议,代理客户某一项营销活动的策划或实施工作。例如,接受客户委托,负责客户产品在某一市场的推广与销售工作。

3. 技术服务法

这是利用营销策划企业专业化程度高、专业技术强的优势,为客户策划或实施某一技术性较强的专项营销业务。例如,为客户设计和制作广告、为客户组织实施市场调查等业务。

4. 培训服务法

这是利用营销策划企业专业人员智力资源的优势,通过举办各种类型的营销知识与技能培训班,以提高客户营销售人员的专业素质与能力。

(二) 专业营销策划企业的收费方式

1. 项目收费

项目收费是由营销策划组织与客户双方协商约定项目总费用,并根据情况采取一次性预付、项目结束后一次付清或分次付款等方式收取业务费用的办法。项目收费核算的要有咨询策划劳务费、项目活动各项成本、管理费、税金等。这种收费方式主要适用于一些持续时间较长、规模较大、内容复杂的营销策划委托项目。

2. 计时收费

计时收费是营销策划组织与客户协商约定,按照提供咨询策划服务的时间进行收费。收费标准一般根据提供服务的营销策划人员的级别以及客户委托项目的难易程度来确定。通常,为完成客户所委托的营销策划项目,需要组成一个项目小组。项目组由项目经理、创意人员、文案人员、技术人员、美工、客户联络员、信息调研员、实施执行人员和秘书等组成,按照职位高低、工作难易程度确定每个成员的收费标准,再根据每个人为完成本项目工作而合理使用的时间计算支付本营销策划项目的费用。

三、营销策划人员的类型

(一) 营销策划人员的分类

在营销实践中,实施营销策划的人员一般有两种情况。

1. 企业中高层管理者

在企业规模不大,营销策划工作复杂性不高,企业高层管理人员比较强势、有着足够的知识、经验、能力、时间等情况下,这项工作可以由企业总经理、营销副总经理、营销总监、市场部经理、策划部经理等中高层管理人员个人或集体完成。

2. 专业营销策划人员

根据营销策划人员的身份归属划分,专业营销策划人员可以划分为两种类型:

(1) 以个人身份为客户提供营销咨询策划服务的人员。这类策划人员主要由高等院校或科研院所等机构相关专业的专家学者和一些富有营销实战经验的专业营销策划人员组成。

(2) 企业内设的营销策划职能部门或专业营销策划公司内直接或间接从事营销策划工作的人员。

如果企业营销策划部实力雄厚,而且企业总体战略规划十分明确,营销方面任务明确、目标清晰,营销策划工作可以交由营销策划部负责完成,最后由高层管理人员审核后确定。

如果企业营销战略问题比较复杂,特别是企业战略转型期、营销危机期、市场局势动荡难测阶段,企业中高层管理者既没有清晰的思路,又没有足够的专业知识和能力,企业营销策划部只能胜任一些日常的小型策划活动等情况下,企业可以引进"外脑",聘请企业外营销战略策划专家个人或委托专业的营销策划公司进行策划。

当局者迷,旁观者清。企业遇到重大营销战略规划问题时,委托外部专业的营销策划公司进行策划是很有必要的。

(二) 专业营销策划人员分类

所谓专业,即专门的职业,是指具有高度专门知识和技能的职业。从事专门职业的人员通常被称作专业技术人员,这是相对于普通职业而言的。营销策划专业人员,即具备一定的职业道德,运用专门的知识和技能,从事营销策划工作的人员。

1. 根据营销策划人员所承担任务的层次划分

(1) 企业营销战略规划人员,俗称"体策划人员",他们一般根据企业短期、中期和长期发展战略目标,制定出整体性和阶段性的营销战略规划方案。如××企业××年度(××年～××年)营销战略规划案。

(2) 企业总体营销策略策划人员,俗称"面策划人员",一般根据企业营销战略规划,针对企业某一阶段,某一领域、某一品牌或某一市场的营销问题做出策划。如××企业××市场营销策划案、××品牌营销策划案、××企业×季度(×月份)营销策划案等。

(3) 企业营销项目策划人员,俗称"线策划人",他们一般根据企业总体营销策划案,针对其中某一方面问题所做的策划。如××节促销活动案、××产品POP广告策划案、××产品××市场推广策划案等。

(4) 企业专题策划人员,俗称"点策划人员",一般根据企业营销项目策划案的安排,完成某一专题的问题设计、制作与策划。如××产品LOGO设计、××超市终端促销计划、××调研问卷设计等。

(5) 企业营销策划方案的招待人员,包括直接从事或者间接参与企业策划案的组织实施,或为营销策划案实施提供保障服务的所有工作售货员。狭义地说,营销策划人员仅指前四类直接参与企业各级营销策划案形成的所有人员。

2. 根据营销策划人员的专业分工划分

根据营销策划人员的具体分工,可以划分为策划总监、项目主管、创意人员、美工人员、调研人员、技术人员、媒介专员、设计专员等。

四、营销策划人员的素质与能力

(一) 营销策划人的基本素质

营销策划活动是一项创造性的活动,需要营销策划人员拥有必要的素质和修养。一位成功的营销策划人应具备以下素质和修养。

对照营销策划人员应具备的素质和修养,自我检测已经具备了哪些条件,还应该在哪些方面继续努力。

1. 专业知识

从企业营销策划的工作角度来看,营销策划人应该具备这样的知识结构:营销策划学的基础理论和实务知识;与企业经营密切相关的企业管理理论;与企业营销策划有关的社会科学知识。营销策划学的基础理论和实务知识,包括营销策划学的基本概念、基本技能、基本原则和工作程序,以及营销策划的基本方法等。与企业经营管理有关的企业管理理论,包括管理学、行为科学、市场营销学,以及广告营销策划知识等。与企业营销策划有关的社会科学知识,包括社会学、心理学、社会心理学等。

2. 受教育程度

营销策划人应该是受过专业培训的人员,而不是随便谁都可以胜任的。营销策划人的受教育程度应该在大专以上,甚至更高。因为营销策划是一个综合性很强的事业,它对多学科的知识要求很高,所以,不经过正规的培训很难使营销策划活动有序,营销策划结果有效。

3. 法律政策知识

以效益为目标,以法律为准绳。这是营销策划人应该牢牢把握的行为准则。营销策划经理人,应该对相关的法律及政策有足够的理解,包括《广告法》、《反不正当竞争》、《经济法》以及国家制定的各种相关的法规及政策等。这样才可能避免出现因对法律的无知而造成对他人无意的伤害或不正当竞争的发生。

4. 企业经营管理基本知识

企业是一个经济组织,它要遵循经济性所决定的游戏规则——产出价值大于投入价值。营销策划人不仅要具备企业经营的诊断能力,还要具备市场变化的预测能力,能够在适当时机把企业合理有效地推到市场竞争的有利地位上。企业经营的投入要素有人力资源、物力资源、财力资源。如何将这些要素有机结合并产生效益是企业管理的最终目标。企业营销策划能够使企业在使用这些资源上更加有效合理。企业营销策划是企业经营管理不可缺少的重要内容,因此,营销策划人要对此有专业上的认识,应该掌握与企业经营管理有关的企业管理理论、企业产品营销理论、客户心理学、价值理论等。

5. 现代理财金融知识

现代理财强调价值增值——企业经营的资本性。所以,营销策划人要具备一定的金融、财会、经营等方面的专业知识,并且能够具备资本经营能力、国际金融和贸易的判断能力等。营销策划人不仅应具备相应的专业知识,而且还应具备相应的操作技巧,这样才能确保企业的财富能力得以充分发挥。

6. IT网络知识

Internet已经成为当今社会生活不可或缺的内容，也是经济发展所依赖的基础。每一位营销策划人都必须了解并借用这一手段。一位营销策划人除了要对IT在理论上有足够的认识外，还应当学会运用。网络的出现给信息的传播与共享带来了前所未有的变革，一位营销策划人应当学会运用这一资源，从而为营销策划活动的成功提供更为有力的保证。

7. 现代传媒知识

企业营销策划的结果是要让社会认识并接受企业，所以，传媒是必不可少的。营销策划人应该对传播学、新闻学、广告学等知识有所掌握，这也是营销策划的一个重要环节。

(二) 营销策划人的业务素质

除了以上思想道德和知识储备等方面的基本素质要求外，要成为一名合格的营销策划人，还要具备以下一些从事营销策划工作所必需的素质。

1. 奇特的思维

营销策划人的创意一经形成，就已经包含了投入操作的主要因素，而不管这些因素是有关国情、厂情的，还是有关政策法规、专门技术、心理预期的，现代营销策划人出身于知识分子但又不同于知识分子，这个区别点就是：知识分子以知识为生存之本，现代营销策划人以思维和思维方式为生存之本，知识不过是后者的思维原料而已，关键还在于思维的创新。可以说，在商品经济、市场经济社会，创新的作用已为中外企业辉煌的历史所证明；在未来知识经济、信息社会中，创新将进一步发挥其重要作用，并将成为决定企业经营管理的最富有战略和潜力的一种资源。

2. 渊博的知识

企业所有的营销策划都与企业经营和当代商战有关的，几乎毫无例外地都是综合性的、复杂的、涉及众多部门和领域的问题，单凭专业知识已无法解决上述问题。这就要求现代营销策划人必须具有精、博两方面的知识，既精于专业知识，又博于非专业知识；既有理论修养，又有实践经验，同时还能够根据实际需要不断地更新并丰富自己的知识。

3. 丰富的阅历

广博的知识面和丰富的阅历，是他们长期的好奇心、观察习惯、体验生活的欲望形成的自然结果。营销策划人领悟“理论源于实践”这个简单而至关重要的原理，所以越是对一种理论产生兴趣，就越是趋于投入相关的实践活动。

4. 超人的想象力

营销策划人应当具有丰富的想象力。所谓想象力，其实就是浮想联翩的能力，即人运用其发散思维将一个事物与其他许多事物联系起来加以思考的能力。想象力是对已有的知识、经验、记忆表象进行改造、重新组合，从而创造新的形象的过程。丰富的想象力是创造性思维的核心，是产生奇谋良策的“金翅膀”和“合成器”。古往今来，凡思想活跃、善于营销策划和创造发明者，无不具有丰富的想象力。

5. 灵活的头脑

营销策划人必须有一个高度发达的头脑。书读得再多,如果只是生吞活剥,形不成智慧,那最多是一个“两脚书橱”。能够把丰富的知识灵活多变地用于社会实践,才是一个现代“智多星”。营销策划其实就是为商家出谋划策。而商战,从某种意义上看就是斗智。没有睿智头脑的企业家,一定是个“常败将军”;没有睿智头脑的营销策划家,一定做不出克敌制胜的营销策划来。将灵活多变的知识应用于社会实践,是对营销策划人的基本要求。

6. 严密的操作力

营销策划人要具有严密的操作能力,这是营销策划人与一般知识分子的另一个不同之处。他要对自己的营销策划方案做到全面部署,如营销策划中的人际关系对策,营销策划实施中的资金对策,营销策划实施中的大众媒介关系对策,营销策划实施中障碍因素及消除对策,与营销策划实施有关的政府机构对策,与营销策划实施有关的法律问题等,都要做到心中有数、运筹有序。

7. 良好的角色感

营销策划人所做的工作主要是整合和综合性的工作,要能高屋建瓴、总揽全局。但营销策划人更多是通才,而不是全才。营销策划人提出的是指导思想,具体问题需要依靠具体领域的专家,发挥所长,贡献所能。所以,营销策划人需要有良好的角色感,善于分工协作,激发众人的积极性和聪明才智。

8. 健康的心态

健康的心理素质是游刃于现代社会的资本,营销策划人应促使自己心理的正面因素能动地发育起来,修炼成良好的包容力、承受力、忍耐力和等待力等。

9. 非凡的文采

有了思维能力,产生了好的想法,还必须用文字清晰、准确、流畅地表达出来。当然,营销策划案的文字表达能力与一般的写作能力有所不同,可以毫不夸张地说远远不只是“笔头好”那么简单。这是因为在表达过程中,其本身就是一次绝好的再思考、梳理与系统化的过程。能把思维语言符号用文字清晰、准确、流畅地表达出来,就说明你已经把问题想通、厘清了,而且更为重要的是,你的营销策划案还必须能打动客户的心。

> 现今有很多人能说会道,但书面表达却很不到位,而这对于营销策划人来讲又是非常重要的。所以要有意识地去加强。

10. 敏锐的捕捉能力

拥有良好的信息收集渠道,能够敏锐地把握点滴有用的信息,对于一个要同时从宏观和微观局面把握情况,以便从中寻求灵感,进行创造与营销策划的现代营销策划人来说,是至关重要的。这可能决定他们的创意是新鲜的、先进的还是过时的、落伍的,是能立竿见影地解决问题的还是可能进一步恶化的。一位现代的营销策划人必须具备良好的观察、捕捉能力。

基于以上要求,可以看出,营销策划人是整合资源的人,营销策划所需要的人才是通才,要具备优秀的综合素质。营销策划人的才能特征由于时代的要求显得更加明显。传统做学问强调在某一方面钻研很深,皓首穷经,并且特别强调自己的独创性和纯粹性。但这一方法在现代信息社会受到了极大挑战。信息社会的各种资源不仅数量巨大而且更新速度极快,许多课题容不得仔细钻研。特别是对于营销策划工作来说,它注重的是组合利用和融会贯通的素质和能力。要成为营销策划人才,必须具备良好的综合素质,并在此基础上发挥创造力。因此,一位合格的营销策划人应该是综合素质高且创造力强的人。

(三) 营销策划人的能力

1. 敏锐的市场洞察力

营销策划人必须了解市场,不但要了解一个地域的经济、文化以及消费习惯,还要时刻关注当地所发生的重大事件,以及这些事件将给人们的世界观和消费行为带来怎样的影响。要时常用鹰一般的眼光审视着整个市场的动态。因为只有把握住了市场,才能把握住客户,才能去操纵市场。

除了必须深度敏锐地把握市场大环境,还必须重点关注行业动态、目标群体动态、竞争对手动态等,对这些直接关系到企业和品牌命运的关键因素要反应敏捷、眼光独到。无论从事哪一个行业,国家相关行业新规、目标群体的微妙变化、竞争对手的举手投足都会牵一发而动全身。如果反应迟钝、置之不理,轻则企业会停滞不前,重则会被竞争对手逐出市场。

2. 敏捷的思维联想力

营销策划人操作市场时,对市场的关注仅仅是最基本的要求。光有对市场的了解而没有快速敏捷且丰富的想象力,是很难做出高质量的市场策划的。

对行业的联想应该从国家法律法规、上下游行业动态、目标群体消费趋势等到各种因素对客户的影响,作出对市场的估计,作出策略的调整。对竞争对手的联想,应该想象到行业规定对竞争对手的影响,竞争对手将会做出什么样的反应?目标消费群对竞争对手的做法认可吗?如何更有效地击败竞争对手?如果竞争对手再进行反超越会从哪几个方面入手?应如何防止对手的反超越?对目标消费群的联想,要充分站在客户的角度理解产品和品牌,现在的市场是买方市场,只有充分满足客户需求的东西才是最有市场的。产品在投入市场时,品牌策略在计划之前,促销方案在实施伊始,都要把产品或品牌融入市场设身处地地想一想:它是客户最需要的吗?这种方式客户能接受吗?

营销策划人缺乏这种联想力,会使产品或品牌的市场前景变得盲不可测、风险无比。

3. 准确的事物判断力

可以想象一个医生对患者误诊后的结果。营销策划人也一样,如果没有准确的事物判断能力,轻则会使品牌误入歧途,重则导致产品在市场上被淘汰。

判断是认定优势与劣势因素的过程,是决定市场策划是否展开或继续的前提。市场如何操作也是基于正确的判断,准确的判断能力是基于知识、经验、信息和思维方式。因此,一位成功的营销策划人,必须具备相关的营销学、策划学及相关知识,必须具备一定的市场经验,必须了解足够的市场信息,必须掌握正确的思维方式。

4. 深度的潜力挖掘力

(1) 潜力挖掘从市场入手。通过对市场综合信息的整理、分析和判断,对目标群体的消费心理、消费习惯的把握,找到客户真正的需求,找到市场的空白点,找到市场操作的切入点。

(2) 潜力挖掘从竞争对手入手。对同行业竞争对手及关联行业竞争对手进行分析。

- 分析内容。包括战略方针的分析、市场策略的分析、促销手段的分析等,从而找到竞争对手的弱点以及竞争对手基于市场的空白点。
- 有的放失地实施针对性的策略。
- 从自身产品入手,根据客户的需求、竞争对手的产品特点、竞争对手的市场策略,再次调整自身产品及市场方面的策略,不断挖掘出自身产品及品牌优势。
- 挖掘出与众不同的竞争性潜力后,再根据这些特点制定出不同于竞争对手的各方面策略,这样方能立于不败之地。

5. 巧妙的事物创新力

市场竞争是永恒的,要想不被竞争对手击败或主动去击败竞争对手,就必须有比较优势或强化原有优势;要想实现优势比竞争对手强或比自己从前强,则企业必须创新。管理创新和产品创新是极其有限的,很大程度上受科技进步的限制,因此,市场策略创新和推广方式创新是制胜市场的有力武器,这也是营销策划人的必备能力。

(1) 创新的切入点。创新可以从物质性、利益性、信息性、时间性四方面切入,根据政治、经济、科技、文化等线索开拓创新。

(2) 创新的主要方法。创新的主要方法有移植法、重点法、组合法、分解法、实证法、回避法、伏笔法、逆向法、背景转换法、捆绑连接法(WBSA)等。

6. 犀利的文案写作力

策划方案要说服决策者或客户,就必须具有极强的说服力。策划方案的结构、论述的技巧性、语言的表达力都起着至关重要的作用。创意再好,如果不能巧妙而有效地传达给客户,或者不能顺畅地说服决策者,必然会令策划方案大打折扣。相反,具有说服力的表达方式和表达技巧会令创新思维熠熠生辉。不但语言技巧会让客户或者决策者跟着你的思路前进,进而有效地说服他,而且在创新思路的阐述上,也会给人思路明晰、有条不紊的感觉。假如方案是用于竞标,出色的文案表达就显得更加重要了。

相关链接

营销策划人四大忌

一忌主题含混。写文案的思维应大跨度跳跃,敏而不浮、跳而不滑。能够快速从客户提供的资料中析理出产品的核心诉求,并以此为基点作概念延伸。把产品功能与概念相结合,力求做到主题明确、要点突出,使消费者一眼看到产品的区别性优势而产生购买冲动。

二忌个人主义。有位哲人说过:“世界上的事物几乎是没有差异的,所谓差异只来自人。”我们要重视这种差异,让其挥发出个性的能量,然后再将之集合起来,变成巨大的力量。要想做到这一点,交流沟通无疑特别重要。策划人应该形成一种习惯性的工作方式,每当遇到难以统一或难以清晰的问题,他们都应该自觉地在一起集思广益,从而提高工作效率。

三忌闭门造车。到终端实地发掘信息对合理有效地表现主题非常有益,所以,策划人员做每一个项目,都应到生产基地和营销中心或呼叫中心与相关人员进行追踪询问,以最大的亲和力和责任心与他们交流,耐心启发诱导谈话者,从而最大限度地发掘问题的答案。

四忌“易燃易爆”。作为一个策划人员,稿子通不过是常事,我们根据通常的营销经验策划出一个很新颖的营销概念,并写出很具推动力的文案,拿到客户那里却被给予相反的评价。这时候有些策划人就觉得客户太难伺候,过于刁难苛刻,难以把握好自己的心态,从而变得“易燃易爆”,气走客户。此时,策划人一定要冷静下来,跟客户协商沟通。而公司领导也要以平和轻松的诱导方式激发员工热情,让大家再鼓足气势,从头再来。

五、营销策划人的职业规划与自我策划

(一) 清晰的自我目标定位

每位营销策划人都处在市场经济社会当中,市场经济使每个人都有可能成为自己人力资本的主宰。为什么要被动地让外界环境来影响、决定职业生涯轨迹呢?市场经济社会是一个充满机遇的社会,如何才能抓住机遇呢?市场经济社会又是一个充满竞争的社会,如何才能够保持领先的位置呢?市场经济社会是一个很难有终生职业的社会,如何才能拥有终生职业呢?要做出自己的职业生涯规划,就要分析自己的现状,给自己设立一个有挑战性的职业目标,了解自己的潜能,找到不足,弥补差距,从而实现自己的人生梦想。

> 其实每个人都在进行着策划,为事业、为生活。你如何策划自己的人生?

1. 职业

职业是指参与社会分工,利用专门的知识和技能,创造物质财富、精神财富,获得合理报酬,满足物质生活、精神生活的工作。这其中包含了5种关系:

(1) 个人与他人的社会关系,强调职业首先必须是一种社会分工。

(2) 职业与知识技能的关系,每种职业必须具有相应的知识和技能。

(3) 知识技能与财富的关系,只有具备了相应的知识技能才能创造相应的财富。

(4) 创造财富与报酬的关系,相对于创造的财富必须获得合理的报酬。

(5) 营销策划创意是报酬与需求的关系,从事某种职业的人通过获得的报酬来满足个人的物质和精神需求。

根据职业的定义,便能清楚地看出社会上普遍流传的一个观念——营销策划

工作不需要什么经验和技能，谁都可以做——是错误的。实际上，营销策划是一种职业，需要专门的知识和技能，业绩不好的营销策划人员都应认真思考：我是否具有做好营销策划工作所必需的知识和技能？如果不具备，我怎样才能弥补这种能力差距？

2. 职业生涯及其阶段

职业生涯就是一个人从事职业的经历。职业生涯每个不同的时期，都会有不同的特点，在每个时期的任务也不一样。

(1) 20 多岁到 30 多岁这个阶段，属于职业生涯早期，又称为职业生涯第一青春期。这个阶段的主要任务是学习、了解和锻炼。

(2) 30 岁到 40 岁这个阶段，属于职业生涯中前期，即职业生涯成长期。主要任务是争取职务轮换、增长才干的机会，寻找最佳贡献区，也就是争取找到我们的职业锚。

(3) 40 岁到 55 岁是职业生涯的中后期，称作成熟期，又称为职业生涯的第二青春期，主要任务是创新发展，贡献辉煌。

(4) 55 岁到 70 岁是职业生涯的后期。主要任务是领导、决策或总结教训，教授经验。

了解职业生涯阶段可以使我们能更好地进行职业生涯现状分析，了解自己所处的位置，为明确自己的职业方向提供信息与参考。

3. 内、外职业生涯

(1) 内职业生涯。内职业生涯是指从事一种职业时的知识、观念、经验、能力、心理素质、内心感受等因素的组合及其变化过程。内职业生涯因素主要是靠自己的不断探索而获得，不随外职业生涯的获得而自动具备，也不会由于外职业生涯的失去而自动丧失。例如，小王被任命为营销策划经理，她获得的是外职业生涯的一个职务，至于她是不是有能力做好这个经理，该职业应该具备的知识观念、经验能力、心理素质等是不是已经具备，并不是她在被任命的那一天就自动具备了，这需要在工作实践中探索、思考，才能逐渐获得。而一旦获得以后，即使由于某种原因，小王不再担任该职务了，她的知识观念、经验能力和心理素质依然为她自己拥有。

(2) 外职业生涯。外职业生涯是指从事某种职业时的工作时间、工作地点、工作内容、工作职务与职称、工资待遇、荣誉称号等因素的组合及其变化过程。外职业生涯因素通常由他人给予和认可，也容易为他人所剥夺。例如，一位业务代表在应聘一家企业时，这家企业所提供的薪水不是他能决定的，即使他在进入企业之初的薪水很高，如果他不能给企业带来业绩，企业也可以随时降低他的薪水或辞退。

(3) 内、外职业生涯关系。只有内、外职业生涯同时发展，职业生涯才能一帆风顺。内职业生涯的发展是外职业生涯发展的前提，营销策划人员必须用内职业生涯的发展，带动外职业生涯的发展。另一方面，外职业生涯发展顺利，还可以促进内职业生涯的发展。如果营销策划人员的眼光只盯着外职业生涯的各种因素：

底薪是多少、职务有多高、提成比例如何、交通费是多少等,往往会使职业生涯发展方向发生偏差,不能达成预期目标。

在职业生涯开发与管理体系中,应提倡这样的观念:在职业生涯早期,对自己锻炼最大的工作是最好的工作;在职业生涯中期,收入最多的工作是最好的工作;在职业生涯后期,实现自己人生价值最大的工作是最好的工作。

(二)建立成功营销策划个人品牌

对于营销策划人而言,能够准确定位自我,并深入了解自己的优势,持续发挥优势,往往更容易走向成功——一个人只有持续专注于自己的优势资源,才能确立鲜明的个人品牌,而个人品牌的建立则代表了一种坚定的承诺与能力的保证,所以成功就会随之而来。营销策划人要确立自己的个人品牌,就要进行自我策划。进行自我策划必须遵循以下原则。

1. 体现个人的独特性

个人品牌必须代表某种东西,它们与众不同并具有自己的特点。独特性成就差异化,而差异化的价值可以让品牌迅速从芸芸众生脱颖而出。所以,营销策划人要成功建立个人品牌,首先就是要找出自己与其他人的差异之处,然后通过多种方式去体现自己的独特性。

2. 体现出自己才能的价值与重要性

个人品牌代表的东西能够与他人认为重要的东西联系起来,所以,个人品牌是否能够获得别人认可,最重要一点就是个人品牌的建立者能够表现出其才能对大众的价值与重要性。营销策划人不仅要对企业负责,更要对客户负责。一位营销策划人只有以自己的承诺与信誉为基础,切实地通过自己的工作为企业及客户带来双赢结果,真正体现出自己的工作重要性,才能建立起个人鲜明的品牌形象。

可以说,成功的个人品牌代表一种信誉、一种鲜明的个人印记。在激烈竞争、人才辈出的营销策划行业中,打造鲜明的个人品牌,是每一位营销策划人真正的成功之道。因为环境会变化,时间会流逝,而个人品牌的光芒却永远锃亮如新。

经典案例赏析

尤伯罗斯:策划洛杉矶奥运会出新招

自从1932年洛杉矶奥运会以来,奥运会越办越大,越办越豪华。这样就使每一个举办奥运会的城市面临一场财政上的“灾难”。1976年蒙特利尔奥运会亏损高达10亿美元。1980年莫斯科奥运会更是耗资90亿美元。

1984年的洛杉矶奥运会却出现了重大转机,它不仅没有亏损,而且盈利2.5亿美元。这一奇迹是怎样创造的呢?这是因为,这届奥运会找到了一位天才的策划大师尤伯罗斯,他一反过去的清规戒律,采用了一种新的策划思路:经营洛杉矶奥运会。

1984 年，已过不惑之年的彼得·尤伯罗斯，只是好莱坞的一个小型旅游公司的老板，私人家产只有 100 多万美元。在朋友的极力推举下，他才出任了洛杉矶奥运会组委会的主席。上任伊始，奥组委在银行连个户头都没有，尤伯罗斯只好自己出资 100 美元开了一个账户。办公室也是临时租的，直到 60 天后，他们才在库尔沃大街上一个由厂房改建的建筑物里落下脚。凭一张奥运会组委会的招牌，尤伯罗斯开始四处筹集资金，凭借着与众不同的商业头脑及策划，他获得了意想不到的成功。

首先，不再大搞新建筑。尤伯罗斯查阅了 1932 年洛杉矶奥运会以来所有奥运会举办情况的材料，他从浩瀚的资料中找到了奥运会的财政“灾难”及其产生的原因，也独具慧眼地看到了另一个不赔钱的“窗户”：充分利用现有的设施，不再大搞新建筑，各个项目直接由赞助者提供最优秀的设施。

其次，提高门槛选赞助。商业赞助是奥运会的重要资金来源，尤伯罗斯研究发现，赞助商掏钱的热情取决于宣传回报的多少，他下决心改变以往奥运会赞助小而散的局面，专心“钓大鱼”。本届奥运会规定每个行业的赞助商只要一家，底价 400 万美元，诱导企业之间激烈竞争。这个价格使赞助奥运会的“门槛”比以前提升了许多，但却有利于树立一个行业唯一的企业形象。这一招使大公司都全力投入到竞争中来，其中，可口可乐大战百事可乐，甩出 1 200 万美元，富士则以 700 万美元击败柯达。而后，尤伯罗斯以“5 选 1”的比例选定了 32 家赞助公司。据统计，本届奥运会组委会共筹集企业赞助 3.85 亿美元，而上一届奥运会赞助商达 381 家公司，总赞助仅为 900 万美元，还不如可口可乐一家的赞助费。洛杉矶奥运会还设立“赞助人计划票”，凡赞助达 2.5 万美元的个人，可保证奥运会期间每天获得最佳看台座位两个；未取得独家赞助的商家，要想到奥运会做生意，必须交纳 50 万美元；通过发行 25 种纪念币和 2 000 张赞助券，集资近 1 亿美元……

再次，电视转播搞招标。在电视转播权的出售中，尤伯罗斯首度采用了招标的办法。组委会规定每个有意竞标奥运会转播权的电视公司须先支付 75 万美元的定金。这些定金存在银行里，仅每天的利息就有 1 000 美元。漫长的招标谈判过程结束后，这些巨额利息已经成为组委会的“第一桶金”。美国广播公司、哥伦比亚广播公司以及全国广播公司展开了角逐，而后，美国广播公司以 2.25 亿美元买下洛杉矶奥运会 16 天比赛的转播权，并同意提供 7 500 万美元的技术设备。尤伯罗斯还努力将转播权分别卖给了欧洲、澳大利亚的机构，开拓了电视转播权的销售范围，总进账飙升到 2.87 亿美元。此前，电视转播权收入最高的是 1980 年莫斯科奥运会，不过只有 1.01 亿美元。

> 搜集资料，了解并展示中国 2008 年北京奥运会的策划及创新之处。

最后，门票和火炬接力出奇效。门票销售是本届奥运会主要盈利手段之一，尤伯罗斯首次开创了分销奥运会比赛门票的先例，以方便观众通过邮购、上门等各种方式购买。他还严格控制赠票，甚至放出话来，即使总统来也得自掏腰包买门票。尤伯罗斯了解美国体育迷的心理，大幅度提高奥运会门票价格，结果反而导致了门庭若市的抢购局面。

1. 尤伯罗斯做了哪些卓有成效的策划创意?
2. 尤伯罗斯策划的意义与价值?

奥运会火炬接力,在尤伯罗斯看来也是一个赚钱的好途径。他标新立异,打破传统,一改往日圣火只能在优秀运动员之间进行接力的做法——以3000美元为价码销售火炬接力的公里权。只要愿意出钱,所有的美国人都可以参加接力活动。结果仅这一项,奥运会就获得了4000万美元的额外收入。

裁切线

思考与练习

姓名________ 班级________ 学号________

1. 名词解释

营销策划组织

专业营销策划企业

营销策划专业人员

2. 单项选择

(1) 企业总体营销策略策划人员，俗称(　　)。

A. 体策划人员　　B. 面策划人员　　C. 线策划人员　　D. 点策划人员

(2) (　　)是利用营销策划企业专业化程度高、专业技术强的优势，为客户策划或实施某一技术性较强的专项营销业务。

A. 代理服务法　　B. 培训服务法　　C. 咨询服务法　　D. 技术服务法

(3) (　　)应是营销策划组织的业务中心。

A. 策划总监　　B. 主策划人　　C. 方案撰稿人　　D. 美术设计人员

3. 多项选择

(1) 企业营销策划的结果是要让社会认识并接受企业，所以传媒是必不可少的。营销策划人应该对(　　)等知识有所掌握。

A. 传播学　　B. 新闻学　　C. 广告学　　D. 理财金融学

(2) 外职业生涯的因素包括(　　)。

A. 工作时间　　B. 工作单位　　C. 福利待遇　　D. 荣誉称号

(3) 确立自己的个人品牌，(　　)两条原则必须遵循。

A. 重要性　　B. 独特性　　C. 差异性　　D. 价值性

4. 填空题

(1) 营销策划组织包括(　　　　)、(　　　　)和(　　　　)三种类型。

(2) 营销策划公司规范的收费方式一般有两种(　　　　)和(　　　　)。

(3) 专业营销策划公司的工作方法一般有(　　　　)、(　　　　)、(　　　　)、(　　　　)四种。

(4) 在营销实践中，实施营销策划的人员一般有两种(　　　　)和(　　　　)。

(5) 以(　　　　)为目标，以(　　　　)为准绳，这是营销策划人应该牢牢把握的行为准则。

5. 简答题

(1) 简述策划组织的职责。

(2) 专业营销策划人员有哪些分工?

(3) 营销策划人员应该具备哪些方面的素质?

6. 实训题

如果向西天取经的西游记团队借一人做区域销售经理,你认为应该派谁去?如果西游记团队需要裁员一人,你认为应该先裁去谁?做出选择,并阐述你的理由?

训练目标:分析判断的能力、决策的能力、知人善用的能力。

裁切线

项目四 营销策划的调查研究与环境分析

本项目内容结构图

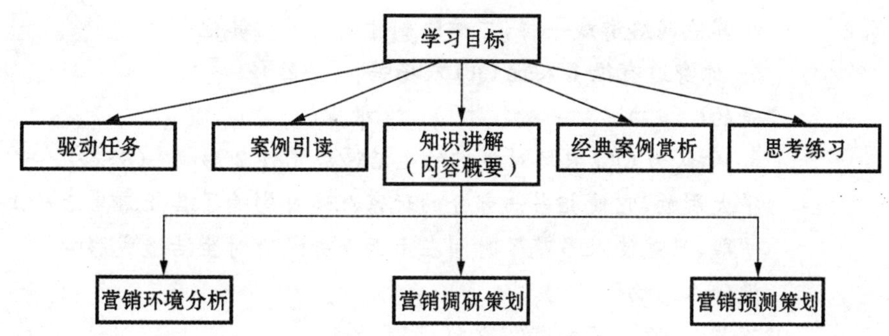

学习目标

• **知识目标**

1. 理解营销环境分析的基本思路与内容。
2. 熟练掌握 SWOT 分析法。
3. 熟悉营销调研计划编制方法、营销问题问卷设计方法。
4. 掌握营销调研报告撰写方法与格式要求、营销预测基本方法。

• **能力目标**

1. 具备运用 SWOT 分析法分析营销环境的能力。
2. 具备营销策划主题的能力。
3. 能进行营销调研方案的设计与调研实施、调研报告的撰写。

驱动任务

任务内容：以下这份问卷，是针对 QQ 农场而设计的。调个闹钟半夜起床收菜，天天用电脑挂着个农场等待偷菜，跟好友互相种草放虫刷经验……这些事你做过吗？是不屑一顾？还是有过之而无不及？快快来!!! 告诉我你的农场经验吧！

1. 您的年龄介于?

15 岁以下(　　) 16～20 岁(　　) 20～25 岁(　　) 26 岁以上(　　)

2. 您的性别?

男(　　) 女(　　)

3. 您玩过 QQ 农场吗?(必答)

经常玩(　　) 有时玩(　　) 很少玩(　　) 没玩过(　　)

4. 你对 QQ 农场的看法是?(必答)

很有趣,让城市人也感受一下一分耕耘一分收获的成就感(　　)

还好,不怎么关心(　　)

无聊,简直是浪费时间(　　)

跟其他网络游戏一样,应该限制才行(　　)其他(　　)

5. 你身边有很多人玩 QQ 农场吗?(必答)

是的(　　) 一般(　　) 很少(　　)

6. 你认为 QQ 农场对我们的生活造成了什么影响?(必答)

很大影响,它使相当一部分的玩家沉迷并影响了其正常生活及工作(　　)

一般,只是使人多花了时间在上面而并没有对生活造成影响(　　)

没什么影响(　　)

不关心,所以不知道(　　)

其他(　　)

7. 你会在 QQ 农场上消费金钱吗?(必答)

会,而且很多(　　) 会,不过不多(　　)

会,但很少(　　) 不会(　　)

8. 你身边的朋友会在 QQ 农场上消费金钱吗?(必答)

会,而且为数颇多(　　) 会,数量中等(　　)

会,但不多(　　) 很少(　　)

9. 以后你还会继续支持 QQ 农场吗?(必答)

会,还会鼎力支持(　　) 会,但不沉迷(　　)

不会,本来就不玩(　　) 不会,会坚决抵制(　　)

任务要求:针对以上调研主题,请同学们分组进行准备,根据调研主题,确定调研目标,设计调研方案,分组进行实地调研,并总结调研流程中发现的问题和需要注意的地方。

案例引读

宝洁公司的市场调研策划

宝洁始创于 1837 年,是世界上最大的日用消费品公司,分支机构遍布全球 80 多个国家,所经营的 300 多个品牌畅销 160 多个国家和地区,产品覆盖美容美发、居家护理、家庭健康用品、健康护理、食品及饮料等系列。我们所熟知的帮宝适、佳洁士、汰渍、碧浪、舒肤佳、飘柔、潘婷、海飞丝、威娜、玉兰油、欧乐-B、金霸王、吉列、博朗等均属宝洁旗下。宝洁之所以能缔造今天的日用消费品帝国,与其崇尚消费者至上的理念、深入细致的市场调研是分不开的。可以说,市场调研是宝洁成功的基石。

为了更深入了解中国消费者,宝洁在中国建立了完善的市场调研系统。例如,在推出海飞丝前,宝洁通过大量的问卷调查中国人的发质、洗发习惯、购买习惯,并研制出适合中国人发质的配方,同时将产品定位于"高档、高质、高价",成功占领市场;在推出舒肤佳时,宝洁把其功能定位于中国消费者尚未意识到的"除菌"上,并通过广告诉求"爱心妈妈护全家",与消费者产生共鸣;飘柔在配方改良之前,曾对全国共16个大城市及乡镇的近2000位消费者进行了调查;帮宝适也是通过市场调研为产品进行了重新定位,从原有的"能够给妈妈带来更多的方便"(该定位使很多年轻妈妈感觉有偷懒的嫌疑),转变为"帮宝适能够帮助你的宝宝更加健康地成长"宝洁深入细致的市场调研不仅能够实现与消费者的长期沟通,并且有助于建立庞大的数据库,及时将消费者的意见汇总、分析并发给研发部门,以便开发出更适合消费者的产品,从而更好地满足及创造市场的需求。

讨论分析:宝洁公司进行了哪些市场调研,这些调研对公司开拓市场有什么样的作用。

知识讲解

一、营销环境分析

(一) 营销环境分析的内容

营销环境是指存在于企业内部与外部,对企业营销活动有影响而企业又不可控制的各种因素的总称。

如图4-1所示,营销环境分析就是为了发挥优势,克服劣势,寻求机会,避免威胁,谋求企业外部环境、企业内部条件与企业营销目标之间的动态平衡,而对企业营销活动所处环境进行的系统分析。它是策划企业营销战略与策略方案的前提。

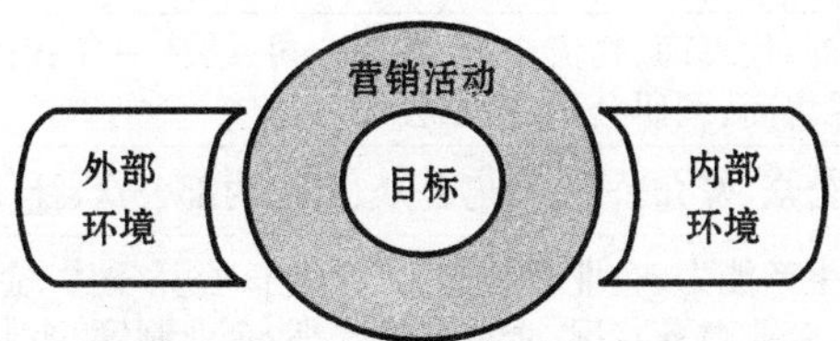

图4-1　企业营销环境图

根据营销环境对企业营销活动影响的直接程度,可以分为宏观营销环境、中观营销环境和微观营销环境三部分,共14类因素。当然,在营销策划实践中,并不是对这14类因素罗列出的所有问题都做研究,而是根据客户企业营销实际和营销策划战略主题确定具体的研究内容。

在营销实践中,营销策划人员可以使用表4-1所示的营销环境分析思路表进行分析判断(可以根据个人理解增加或减少有关因素)。具体做法为:对表中所列内容由大类到小类，由小类到因素逐个分析，并用红色笔将需要深入分析的因素圈出来。这样做的好处是，一个个红色的圈连贯起来形成策划思路树，有助于策划人形成整体概念，使以后的环境分析任务明确具体，也为营销策划书环境分析部分的编制提供了目录性内容。

表 4-1 营销环境分析思路表

大类	小类	分析内容
宏观环境因素	政治	社会制度、政治局势、相关政策、政治体制、政务效率、政党制度、执政党、政务清廉状况、政治团体、社会治安等
	法律	立法情况(专用法规、相关法规)、执法状况、司法制度、公众利益团体势力等
	人口	人口规模、性别结构、年龄结构、地理分布、家庭规模、城乡结构、流动率、民族结构、受教育程度、职业、出生率、死亡率、增长率、家庭生命周期等
	经济	经济发展阶段、产业结构、地区发展状况、国民收入、市场利率、通货膨胀率、国内生产总值、消费者收入、人均可支配收入、消费结构、国民经济运行状况等
	文化	风俗习惯、文化禁忌、价值观念、语言文字、消费观念、民族亚文化、地理亚文化、宗教亚文化、种族亚文化、思维方式、认识体系、社会阶层、相关群体、饮食习惯等
	科技	新材料、新工艺、新设备、新技术、新兴销售方式、换代产品技术、替代产品技术、新营销技术手段、营销管理新技术、物流技术、新型支付手段、新兴媒体技术等
	自然	气候、生态平衡、资源、能源、污染、环保、地形地貌、地理位置、交通状况
微观营销环境	目标顾客	居民个人顾客群、中间商顾客群、制造商顾客群、非营利组织顾客群、顾客需要、顾客动机、顾客心理、顾客行为、购买力水平、所属社会阶层、相关群体、文化观念、身份地位、年龄、家庭生命周期阶段、职业、经济状况、生活方式、信息来源等
	竞争对手	愿望竞争对手、平行竞争对手、形式竞争对手、品牌竞争对手、市场主导者、市场挑战者、市场跟随者、市场利基者、替代品生产者、潜在进入者等
	供应商	供货能力、供货质量、信贷制度、供货价格、供货周期、供货政策、供货市场状况等
	营销中介	经销商、代理商、物流企业、咨询公司、结算中介、信贷中介、保险中介、批发商、零售商、调研公司、策划公司
	营销公众	金融公众、媒介公众、政府公众、企业内部公众、社团公众、社区公众等
	企业内部条件	企业生产能力、企业营销能力、企业核心竞争力、企业管理能力、企业员工素质、企业财务状况、企业技术水平、企业制度、企业组织结构、企业领导风格、企业使命、企业经营理念、企业战略、企业规模实力等
中观环境因素	行业	行业寿命周期阶段、行业在社会经济中的作用与重要性、行业分工、行业产业链位置、行业依赖资源、行业竞争结构、行业市场结构、行业发展趋势、进入该行业的障碍、退出该行业的障碍等
	地区	企业所在地政策、生产要素供应、配套设置、产业集群状况等 市场所在地政策、分销渠道、居民收入水平、居民消费结构等
其他		

（二）营销环境分析的方法

1. SWOT分析法

营销环境按照是否属于企业系统来划分，可以分为企业内部条件和企业外部环境两部分。根据外部环境对企业营销活动产生的影响是否有利来划分，可以分为营销机会（Opportunities）和环境威胁（Threats）。根据内部条件面对外部环境变化所表现的态势，又可以分为优势（Strengths）和劣势（Weakness）两部分。对企业营销活动从外部环境、内部条件两个方面，从优势、劣势、机会、威胁4个纬度做出分析的方法称SWOT分析法。这类方法旨在帮助营销决策者根据企业自身内部条件和外部环境的特点，为企业的战略业务单位确定其经营活动的基本方向和内容。

举例说明SWOT分析在实际中的应用。

在营销策划实践中，策划人可以在运用表4-1所示的营销环境分析思路表分析的基础上，将需要分析的外部环境因素、内部条件因素摘录出来，然后填入表4-2所示的营销环境SWOT分析思路表中进行分析。然后将分析结果汇总填入表4-3所示的SWOT分析对照表中，以供战略规划方案制定使用。

表4-2　营销环境SWOT分析思路表

大类	小类	因素	状态	影响	选项	说明	备注
宏观营销环境	政治	政局	稳定	机会			
			不稳定	威胁			
		政策	有	机会			
			无	威胁			
			不健全	机会			
……							
……							
微观环境因素	企业内部条件	财务状况	良好	优势			
			不良	劣势			
		……					
	……						
……							

表4-3　SWOT分析对照表

内部条件	优势（S）	劣势（W）
	•※※※ •※※※ ……	•※※※※ ……
外部环境	机会（O）	威胁（T）
	•※※※ ……	•※※※ ……

2. 行业结构分析法

行业结构是指行业内各种竞争力量之间存在的内在经济联系及其力量对比关系。**行业结构分析法**是指通过对行业内部各种竞争力量的分析，判断其行业内竞争的态势和趋势，为客户企业的业务单位确定适应的竞争战略与策略的方法。

具体分析方法如图 4-2 所示，主要分析影响行业竞争力的 5 种力量。

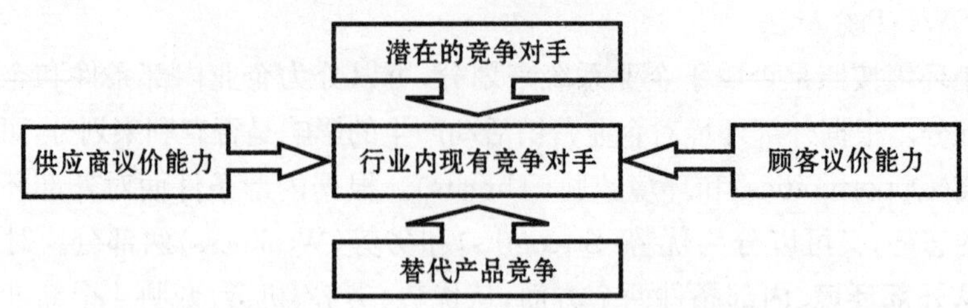

图 4-2 行业竞争表现力模型分析法

二、营销调研策划

(一) 营销调研概述

1. 营销调研的概念

营销调研，即市场营销调查与研究的简称。其实，市场营销调查是收集市场营销方面的信息，市场营销研究是整理与分析调查所得到的信息。**市场营销调研**是针对企业特定的营销问题，采用科学的研究方法，系统地、客观地收集、整理、分析、解释和沟通有关市场营销各方面的信息，为营销管理者制定、评估和改进营销决策提供依据。

2. 营销调研业务的类型

营销调研是收集营销信息，把握企业营销处境与发展趋势的重要手段。营销调研既是一项专项营销策划活动，也是策划人组织实施其他专题营销策划活动必要的前期准备工作。

简要说明下营销调研业务的方式。

实践中，策划人处理营销调研业务的方式，主要有 3 种情况：

(1) 营销调研是策划人的一项重要业务，策划人接受客户企业委托，只负责某项主题的调研活动，并不负责运用调研结果策划营销方案。有些营销策划组织甚至以营销调研为自己的主营业务，兼做其他营销策划业务，如一些专业的营销调研公司。

(2) 策划人根据营销策划的需要，将营销策划项目中的某项调研任务转交给其他专业的调研机构完成，自己只负责运用调研结果，策划营销方案。

(3) 规模较大的营销策划组织既负责营销调研工作，也负责运用调研结果策划活动方案。

无论哪种情况，进行营销调研之前，必须有个总体的设计或规划，并做好充分的准备工作。

3. 营销调研的阶段

营销调研工作一般可以划分为营销调研准备、营销调研实施和营销调研总结 3 个阶段。

营销调研工作的阶段。

(1) 调研准备阶段。这一阶段主要是确定调研目的、要求及范围并据此制订调研方案。在这阶段中包括 3 个步骤。

① 调研问题的提出。营销调研人员根据决策者的要求或由市场营销调研活

动中所发现的新情况和新问题，提出需要调研的课题。

② 初步情况分析。根据调查课题，收集有关资料作初步分析研究。许多情况下，营销调研人员对所需调研的问题尚不清楚或者对调研问题的关键和范围不能抓住要点而无法确定调研的内容，这就需要先收集一些有关资料进行分析，找出症结，为进一步调研打下基础，通常称这种调研方式为探测性调研。探测性调研所收集的资料来源有：现有的资料，向专家或有关人员作调查所取得的资料。探测性调研后，需要调研的问题已明确，就有以下问题以待解决。

③ 制订调研方案。调研方案中确定调研目的、具体的调研对象、调研过程的步骤与时间等，在这个方案中还必须明确规定调查单位的选择方法、调研资料的收集方式和处理方法等问题。

(2) 调研实施阶段。在这一阶段的主要任务是根据调研方案，组织调查人员深入实际收集资料，它又包括两个工作步骤：

① 组织并培训调研人员。企业往往缺乏有经验的调研人员，要开展营销调研首先必须对调研人员进行一定的培训，目的是使他们对调研方案、调研技术、调研目标及与此项调研有关的经济、法律等知识有一明确的了解。

② 收集资料。首先收集的是第二手资料也称为次级资料。其来源通常为国家机关、金融服务部门、行业机构、市场调研与信息咨询机构等发表的统计数据，也有些发表于科研机构的研究报告或著作、论文上。对这些资料的收集方法比较容易，而且花费也较少。其次是通过实地调查来收集第一手资料，即原始资料，这时就应根据调研方案中已确定的调查方法和调查方式，先确定被调查者，再利用设计好的调查方法与方式来取得所需的资料。我们将取得第一手资料并利用第一手资料开展的调研工作称为实地调研，这类调研活动与前一种调研活动相比，花费虽然较大，但是它是调研所需资料的主要提供者。

(3) 调研总结阶段。营销调研的作用能否充分发挥，它和做好调研总结的两项具体工作密切相关。

① 资料的整理和分析。通过营销调查取得的资料往往是相当零乱，有些只是反映问题的某个侧面，带有很大的片面性或虚假性，所以对这些资料必须做审核、分类、制表工作。审核即是去伪存真，不仅要审核资料的正确与否，还要审核资料的全面性和可比性。分类是为了便于资料的进一步利用。制表的目的是使各种具有相关关系或因果关系的经济因素更为清晰地显示出来，便于作深入的分析研究。

② 编写调研报告。它是调研活动的结论性意见的书面报告。编写原则应该是客观、公正全面地反映事实，以求最大程度地减少营销活动管理者在决策前的不确定性。调研报告包括的内容有：调研对象的基本情况、对所调研问题的事实所作的分析和说明、调研者的结论和建议。

(二) 制订营销调研计划

1. 营销调研计划的内容

市场营销调研之前，必须有一个总体的设计和规划，并做好充分的准备工作。营销调研计划，即营销调研方案，在实践中也称市场调查纲要，通常通过编制市场调查计划书或计划纲要书来体现。一份完整的营销调研纲要计划书主要包括：调查项目名称、调查目的、调查对象和单元、调查内容和调查问卷（调查表）设计、调查方式与方法、资料收集后的统计整理与分析方法、调查进度日程、调查费用明细、调查报告提交方式、实施调查的组织管理计划共 10 项基本内容。

2. 营销调研计划的编制方法

具体来说，在营销调研方案的策划中，策划人可以借助表 4-4 所示的营销调研策划思路表进行决策。可以一边分析一边用红笔将所选择的决策思路连接起来，然后将不考虑的决策思路去除。这种方法的优点是：思路清晰，考虑周全；在此基础上撰写营销调研策划案方便快捷；集体讨论决策时问题集中明确；请示领导审核时简明扼要等。

表 4-4 营销调研策划思路表

<table>
<tr><td rowspan="31">策划主题</td><td rowspan="31">调研主题</td><td rowspan="31">调研子问题</td><td rowspan="2">调研类型</td><td colspan="4">综合性调研</td></tr>
<tr><td colspan="4">专题调研</td></tr>
<tr><td rowspan="3">调研性质</td><td colspan="4">探索性调研</td></tr>
<tr><td colspan="4">描述性调研</td></tr>
<tr><td colspan="4">因果性调研</td></tr>
<tr><td rowspan="3">调研主体</td><td colspan="4">委托专业公司调研</td></tr>
<tr><td colspan="4">自己独立调研</td></tr>
<tr><td colspan="4">内外协作调研</td></tr>
<tr><td rowspan="23">调研方式方法</td><td rowspan="2">二手资料获取</td><td colspan="3">客户企业内部查询</td></tr>
<tr><td colspan="3">客户企业外部收集</td></tr>
<tr><td rowspan="12">原始资料收集</td><td rowspan="2">观察法</td><td colspan="2">人工观察</td></tr>
<tr><td colspan="2">机器（仪器）观察</td></tr>
<tr><td rowspan="8">询问法</td><td rowspan="4">问卷调研</td><td>网上问卷调研</td></tr>
<tr><td>邮寄问卷调研</td></tr>
<tr><td>户访问卷调研</td></tr>
<tr><td>其他</td></tr>
<tr><td colspan="2">访谈调研</td></tr>
<tr><td colspan="2">电话调研</td></tr>
<tr><td colspan="2">会议调研</td></tr>
<tr><td colspan="2">其他</td></tr>
<tr><td rowspan="2">实验法</td><td colspan="2">有控制实验</td></tr>
<tr><td colspan="2">无控制实验</td></tr>
<tr><td rowspan="9">调研对象确定</td><td rowspan="5">随机抽样</td><td rowspan="2">简单随机抽样</td><td>抽签法</td></tr>
<tr><td>乱数表法</td></tr>
<tr><td colspan="2">机械随机抽样</td></tr>
<tr><td colspan="2">分层随机抽样</td></tr>
<tr><td colspan="2">分群随机抽样</td></tr>
<tr><td rowspan="4">非随机抽样</td><td colspan="2">任意抽样</td></tr>
<tr><td colspan="2">判断抽样</td></tr>
<tr><td colspan="2">配额抽样</td></tr>
<tr><td colspan="2">固定样本连续调查</td></tr>
</table>

（续表）

<table>
<tr><td rowspan="7">策划主题</td><td rowspan="7">调研主题</td><td rowspan="7">调研子问题</td><td rowspan="7">调研方式方法</td><td rowspan="4">调研日程</td><td>准备阶段</td><td>开始：　结束：　主要任务：</td></tr>
<tr><td>调查阶段</td><td>开始：　结束：　主要任务：</td></tr>
<tr><td>研究阶段</td><td>开始：　结束：　主要任务：</td></tr>
<tr><td>报告阶段</td><td>开始：　结束：　主要任务：</td></tr>
<tr><td>信息时限</td><td colspan="2">开始时点：　截止时点：</td></tr>
<tr><td>调研总体</td><td colspan="2"></td></tr>
<tr><td>调研预算</td><td colspan="2">资金：　人员：　物资：　其他：</td></tr>
<tr><td colspan="3">调研目的、意义与目标</td><td colspan="4"></td></tr>
<tr><td colspan="2">策划：</td><td colspan="2">审核：</td><td colspan="2">批准：</td><td>执行经理：</td></tr>
<tr><td>说明</td><td colspan="6">将选定内容明确标示出来，并在项目后空白处简要说明</td></tr>
</table>

（三）调查问卷设计

1. 问卷设计的步骤

问卷，也叫调查表，它是一种以书面形式了解被调查对象的反应和看法，并以此得到资料和信息的载体。问卷设计是依据调研与预测的目的，开列所需了解的项目，并以一定的格式，将其有序地排列组合成调查表的活动过程。问卷设计的根本目的是设计出符合调研与预测需要，能获取足够、适用和准确的信息资料的问卷，以保证访问调查工作准确、及时、圆满地完成。

问卷设计的作用，及其在现实中的应用。

问卷设计一般包括7个步骤：确定所需信息、确定问卷类型、设计调研问题、问卷排版和布局、问卷试验与修订、问卷审核、问卷制作。

问卷设计的步骤。

2. 问卷的结构

一份完整的访问问卷通常情况下是由说明词、问题和备选答案、被调查者背景资料、计算机编号和作业证明记载等内容组成。

（1）说明词。如图4-3所示，说明词是开始询问前的前导介绍词，主要包括介绍调查员自己，介绍调研咨询公司或企业，说明调查访问的目的，请求被调查对象的合作和合作的重要性以及感谢对方合作等。一般地，如果访问有礼品送给被调查者也可在说明词中写明。

尊敬的先生/女士：

我是××公司的调研员，我们公司正在进行一项中国家电市场的调查研究，占用您几分钟的宝贵时间，请教您一些问题，您的意见和看法将对此次调查产生直接的影响，希望能得到您真诚的合作，谢谢！

××公司

××××年××月××日

……

调查时间______年______月______日______时　　问卷编号________

调查员姓名________　被访问者合作情况________　核查员姓名________

被访问者姓名________　被访问者住址________　被访问者联系方式________

图4-3　访问问卷结构图

(2) 问题和备选答案。这是整个调查问卷的主体部分，也是调研目的的集中体现。主要包括问题、答案、填答问题指导性说明等内容构成。

(3) 被调查者背景资料。这是有关问卷所收集的被调查者的基本资料部分，一般情况下，如果样本是个人，则资料包括性别、年龄、教育程度、职业及职务、收入水平、婚姻状况等；如果样本是单位，则资料应包括单位名称、营业面积、经营范围、职工人数、注册资金、销售量、地址以及法人代表等。

(4) 计算机编号。询问作业完成以后，需要由计算机对资料进行统计分析，因此，对问卷本身和问卷的基本资料以及收集到的资料都要预先做好计算机编号，方便计算机作业。问题和答案的计算机编号通常也作为问题的编号，放在问题和答案的前边。问卷本身和问卷基本资料的计算机编号除了前述的功能，有时还有助于调研项目的管理。这些编号还包括问卷的编号，问卷中涉及的主要因素、主要单位、主要地区、主要品牌的编号等。

(5) 作业证明记载。这部分主要是出于调查访问管理和监督的需要。它主要包括被调查者的姓名或名称、访问地点、调查员姓名、访问时间等。如果问卷有封面的话，这一部分一般放在封面的右下角；如果是简单的问卷，就放在最后，独立成为一部分。

一般地，一份完整的问卷包括以上 5 个部分，但在实际调研过程中，不同访问方式对问卷设计的要求是不一样的。问题及其备选答案、被调查对象背景资料两部分作为一份问卷的核心，是必不可少的内容，而其余三部分相对来说是可有可无、可简可繁的。

3. 问题设计

(1) 问卷的形式。问题从形式上来看，可以分成开放式问题和封闭式问题两类。

① 开放式问题。这种问题是被调查者可以充分自由地按自己的方式发表意见，但需要被调查者具有较高的知识水平和文字表达能力，被调查者花费的时间和精力也比较多，调查者只能对这些资料进行定性处理和分析。封闭式问题的优缺点与开放式问题优缺点正好相反。

② 封闭式问题。这种问题是被调查者必须按照调查者预先设计好的备选答案选择回答的问题。一般有填空式(见例 1)、是否式(见例 2)、选择式(见例 3)、表格式(见例 4)等类型。

例 1. 您的年龄是(　　)岁。

例 2. 您是共产党员吗？　　是□　　不是□(请在答案旁的□内打“√”)

例 3. 平常您一天耗费多少时间上网？(请在答案旁的括号内打“√”)

A. 少于半小时(　　)　　B. 半小时到一小时(　　)

C. 一小时到两小时(　　)D. 两小时以上(　　)

例 4. 您家中耐用消费品的购买和拥有情况如何(请在每一行适当的表格内打“√”)

	已有	年内将购买	年内将更新	年内不买
汽车				
背投彩电				
电脑				
空调				

(2) 设计问题应该注意的事项。

① 答案要具有互斥性和穷尽性。互斥性是指备选答案之间不能相互重叠或包含。穷尽性是指备选答案应该包括了所有可能的答案。例5答案就不符合穷尽性,例6答案就不符合互斥性的要求。

例5. 你最喜欢看哪类电视节目?(请在答案旁的括号内打"√")

A. 新闻节目( ) B. 体育节目( )

C. 曲艺节目( ) D. 科教节目( )

例6. 你的职业是什么?(请在答案旁的括号内打"√")

A. 工人( ) B. 司机( )

C. 知识分子( ) D. 其他( )

② 问句要设计成被调查对象容易理解的格式。

③ 要注意尊重被调查者的隐私,使被调查对象能够并愿意回答问题。

④ 问句要界定清楚,避免混淆,一个问句一个要点。例如,"你最近经常看电影吗?""最近"究竟是指何时,并不具体。"你的父母退休没有?"则具有双重含义,使得被调查者无法作答。

⑤ 要对样本进行过滤,发掘深层次的动机。例如,关于香烟的问题,如果直接问"你每天抽几支烟"就不合适,因为并非所有的人都抽烟,这就必须过滤,可先设计一个问句"您抽烟吗?"然后对抽烟的部分对象继续进行询问。

⑥ 在问句的排列上,一般要由易到难,由简单到复杂,由浅到深,保持问题的流畅、连贯,对于过滤性问句要尽量安排在后面,避免出现冷场。

⑦ 问题不要带有引导性或倾向性。例如,看了《非诚勿扰2》后更激发了你对海南游的向往,是吗?就带有明显的肯定性引导。如果改成"看了《非诚勿扰2》后,你有什么感受?就能消除这种倾向性。

(四) 营销调研实施

完成调查计划后,就需要按计划展开调查工作。在调查方案的实施过程中,要注意进度的总体协调、费用的控制、防止调查作弊以及调查资料的整理与分析等问题。

1. 调查过程防止作弊的方法

常用的防止调查作弊的方法主要有:楼梯留迹法、二次复查法、录音核对法、现场跟踪法、暗眼判断法、逻辑陷阱法、电脑复核法、量表分析法与测谎淘汰法等。

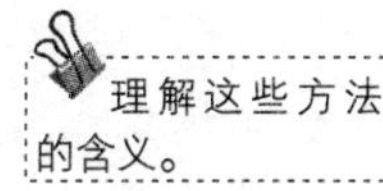

2. 调查资料的处理

调查资料的处理一般分为验收、编辑、编码、汇总和分析5个步骤。

(1) 资料验收。收集来的资料不可避免会有这样那样的错误,所以必须对调查资料进行验收检查。验收人员应该重点检查的问题有：被调查者的资格，即调查者是否在规定的样本范围内；调查资料是否完整；调查资料中是否存在明显的错误或疏漏；调查资料中主要的关键问题是否已回答；调查资料有效份数是否达到调查设计的要求比例。

(2) 资料编辑。资料编辑的目的是对资料进行细致的检查，排除错误和疏漏，以保证资料的正确性和完整性。对于调查资料中出现的问题，编辑人员应该使用红笔统一标记，尽量避免直接修改资料的内容。

资料编辑中要特别注意以下几个方面的问题：错误回答、前后矛盾的回答、不完全的回答、不正确的回答、难以分辨的回答、回答"不知道"的答案和无答案。发现问题后，根据问题出现的原因进行分类处理。

(3) 资料编码。编码就是给问题的答案配上相应的数字或符号，这是将数据录入计算机分析处理的需要。

(4) 资料汇总。资料的汇总方法主要有手工汇总和电脑汇总两种。手工汇总又可分为划记法、过录法、折叠法、分单法和卡片法几种。

资料汇总后，为便于分析，还要尽量把汇总结果通过图表的形式表示出来。常用的表格化形式是频率和百分比分布表，如表 4-5 所示；常用图形有扇形图（如图 4-4)、折线图（如图 4-6)、直方图（如图 4-5、图 4-7)等。

表 4-5 表格化形式

消费者性别	数值(频率/人数)	百分比(%)
男性	500	25
女性	1 500	75

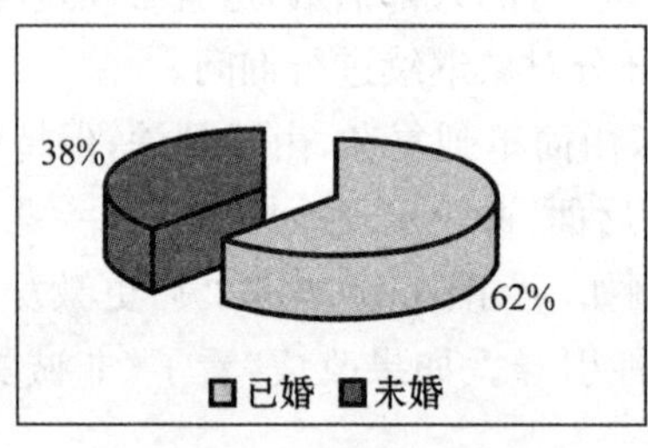

图 4-4 扇形图(饼图)

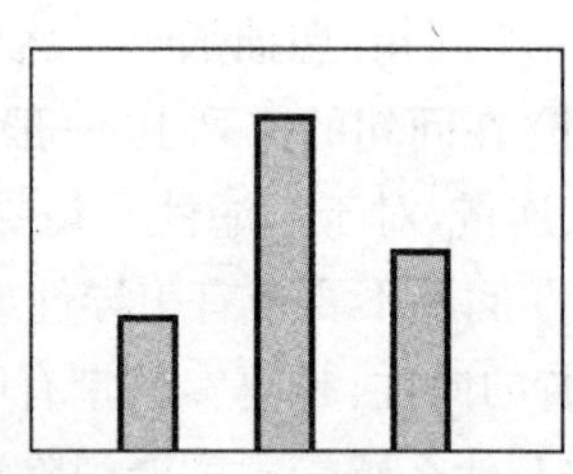

图 4-5 直方图(柱形图)

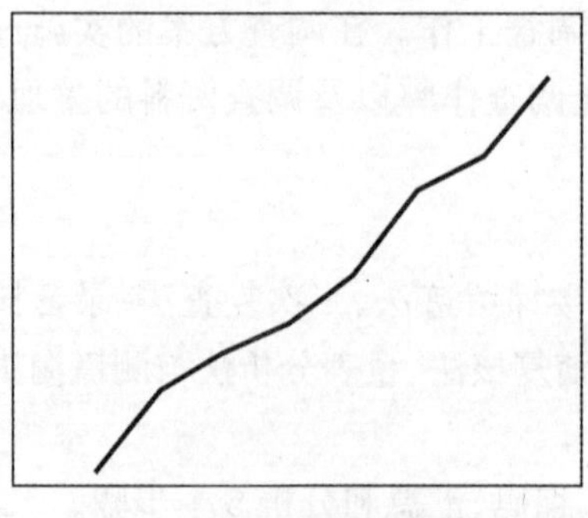

图 4-6 折线图(曲线图)

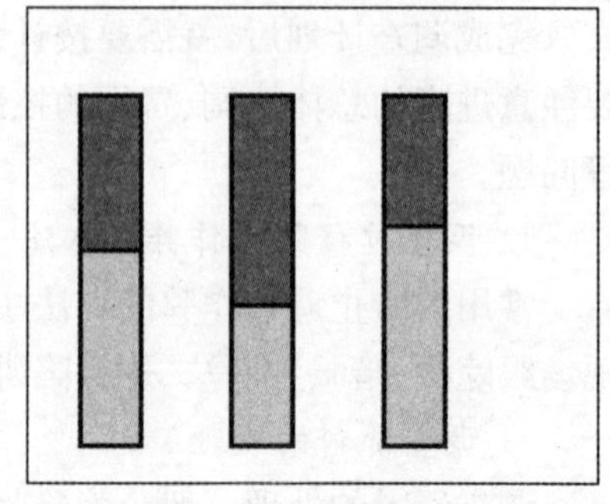

图 4-7 复合直方图

(5) 资料分析。调查资料经过处理后，还需要对资料进行分析，资料分析中需要运用数学和统计学的知识。统计分析常用的软件有社会科学统计分析软件包(SPSS)、统计分析系统(SRS)、时间序列处理软件(TSP)等。策划人可以根据具体情况选择使用。

(五) 营销调研报告

供决策者阅读和参考使用的调研报告基本格式与内容有以下几个方面。

1. 呈送函件

函件主要指该报告直接呈交给谁，进行该项工作的原因以及这项调查的有关批示或批准事项等。

2. 封面

在封面上包括的内容有：

(1) 调查报告的标题。

(2) 调查人员姓名及所属单位或调查公司名称。

(3) 完成和呈送报告的日期。

(4) 如果调查报告需要保密，还需要对分发的调查报告编号或写上收件人姓名。

标题的形式一般有两种：单标题和双标题。例如，关于××问题的调查报告，太原人的梦中家园——关于太原市居民住宅择向的调查报告。

标题的表现手法一般有 3 种：直叙式标题，如“××问题的调查报告”；表明观点式标题，如“汽车消费悄然升温”；提出问题式的标题，如“消费者愿意按揭贷款买车吗？”

3. 概要

简要说明调查目的、调查对象、调查内容、调查方法、调查过程(时间、地点、对象、范围等)以及调查结果等。

4. 目录

当内容页面较多，内容庞杂时，应该编排目录。目录顺序一般依次为：调查目的、调查方法、调查结果、调查结果分析与建议。

5. 正文

(1) 引言。引言的形式一般有 4 种形式：①开门见山，揭示主题。一开始便交代调查的目的与原因，直接揭示主题。②结论先行，逐步论证。先将调查结论写出来，然后再逐步论证。③交代情况，逐层分析。先介绍背景情况，然后逐层分析，得出结论。④提出问题，引入正题。首先提出人们所关注的问题，然后引导读者了解正题。

(2) 调查方法。为了使读者了解调查结果是如何得出的，应该简单介绍调研的主要方法有哪些，并说明为什么选用这些方法。

(3) 调查结果。这是调查报告的核心内容，应该重点详细阐述。主要有三部分内容：①资料整理汇总的初步结果；②运用技术手段分析得到的结果；③综合概括和结论。

(4) 结论和建议。结论主要根据调查主题，依据调查结果，为决策者阐明有关行动的建议。建议的内容主要有：企业应当选择哪一种行动方案，其可行性如何；由谁做；做什么；何时何地做等。

6. 附录

主要包括用来论证、说明或进一步阐述正文有关情况的补充或扩充资料。例如，正文中出现的调查结果的分析计算过程，二手资料的来源索引，有关调研问卷，会议记录等。

在网上找几篇营销调研报告，重点留意营销调研报告的格式和内容。

三、营销预测策划

(一) 营销预测的概念

市场营销预测是指根据市场营销的历史和现状，凭借以往的经验和知识并运用一定的预测方法和技术，对市场营销发展的未来趋势进行预计、测算和判断，得出符合逻辑的结论，用于指导企业市场营销决策的活动与过程。

(二) 营销预测的方法

营销策划实践中，策划人处理预测业务的情况一般也有 3 种情况：

(1) 营销策划组织接受客户委托进行专题预测，然后按照一定的程序，运用一定的方法进行预测，取得一定的预测结果后，撰写预测报告提交给客户。

(2) 在一些大型项目的策划实践中，某一问题的策划复杂程度较高，营销预测工作常常委托实力更雄厚的专业咨询策划公司完成。

(3) 对于一些小型项目，则一般也由策划人自己完成。实际上可以说，策划工作中“预测无处不在”，“没有预测的策划绝不是科学意义上的策划”。这是因为，营销策划是对企业未来营销工作的超前安排，但“计划赶不上变化”，营销环境等因素势必发生变化，为了把营销策划的风险降到最低，就需要策划人员对某些关键问题(市场变化趋势、政策变化趋势等)做出比较精确的估计与预测，甚至对策划方案实施期间的天气变化、国事民情等问题都要做出准确的估计与预测。概括而言，策划人可以运用的预测方法如表 4-6 所示。

表 4-6 营销预测方法的选择

<table>
<tr><th>项目</th><th colspan="2">方 法</th><th>优 点</th><th>缺 点</th></tr>
<tr><td rowspan="4">定性预测</td><td colspan="2">购买者意向调查法</td><td rowspan="4">不需要收集大量数据，简单易行，能对事物的性质进行预测</td><td rowspan="4">难以做出精确的量化说明，难以估计其误差和评价其可信程度</td></tr>
<tr><td colspan="2">综合销售人员意见法</td></tr>
<tr><td rowspan="2">专家意见集中法</td><td>专家会议法</td></tr>
<tr><td>德尔菲法</td></tr>
<tr><td>定量预测</td><td colspan="2">时间序列分析、回归分析法、平滑指数法、直线趋势分析法、统计需求分析法</td><td>精确度较高，还可估算出预测误差和可信度</td><td>对数据资料的数量、质量、时效要求比较高，要掌握良好的数学知识</td></tr>
</table>

经典案例赏析

新可口可乐:调研失误

一、决策的背景

20世纪70年代中期以前,可口可乐公司是美国饮料市场上的NO.1,可口可乐占据了全美80%的市场份额,年销量增长速度高达10%。然而好景不长,70年代中后期,百事可乐的迅速崛起令可口可乐公司不得不着手应付这个饮料业"后起之秀"的挑战。1975年全美饮料业市场份额中,可口可乐领先百事可乐7个百分点;1984年,市场份额中可口可乐领先百事可乐3个百分点,市场地位的逐渐势均力敌让可口可乐胆战心惊起来。百事可乐公司的战略意图十分明显,通过大量动感而时尚的广告冲击可口可乐市场。

二、市场营销调研

为了着手应战并且得出为什么可口可乐发展不如百事可乐的原因,可口可乐公司推出了一项代号为"堪萨斯工程"的市场调研活动。

1982年,可口可乐广泛地深入到10个主要城市中进行访问。通过调查,看口味因素是否是可口可乐市场份额下降的重要原因,同时征询顾客对新口味可乐的意见。于是,在问卷设计中,询问了例如"你想试一试新饮料吗?"、"可口可乐味变得更柔和一些,您是否满意?"等问题。

调研最后结果表明,顾客愿意品尝新口味的可乐。这一结果更加坚定了可口可乐公司决策者们的想法——秘不宣人,长达99年的可口可乐配方已不再适合今天消费者的需要了。于是,满怀信心的可口可乐开始着手开发新口味可乐。

可口可乐公司向世人展示了比老可乐口感更柔和、口味更甜、泡沫更少的新可口可乐样品。在新可乐推向市场之初,可口可乐公司又不惜血本进行了又一轮的口味测试。可口可乐公司倾资400万美元,在13个城市中,约19.1万人被邀请参加了对无标签的新、老可乐进行口味测试的活动。结果60%的消费者认为新可乐比原来的好,52%的人认为新可乐比百事好。新可乐的受欢迎程度一下打消了可口可乐领导者原有的顾虑。于是,新可乐推向市场只是个时间问题。

在推向生产线时,因为新的生产线必然要以不同瓶装的变化而进行调整,于是,可口可乐各地的瓶装商因为成本增加而拒绝新可乐。然而可口可乐公司为了争取市场,不惜又一次投入巨资帮助瓶装商们重新改装生产线。

在新可乐上市之初,可口可乐又大造了一番广告声势。1985年4月23日,在纽约城的林肯中心举办了盛大的记者招待会,共有200多家报纸、杂志和电视台记者出席,依靠传媒的巨大力量,可口可乐公司的这一举措引起了轰动效应,终于使可口可乐公司进入了"变革时代"。

三、灾难性后果

起初,新可乐销路不错,有1.5亿人试用了新可乐。然而,新可口可乐配方并不是每个人都能接受的,而不接受的原因往往并非因为口味原因,而是这种变化受到了原可口可乐消费者的排斥。

开始,可口可乐公司已为可能的抵制活动做好了应付准备,但不料顾客的愤怒情绪犹如火山爆发般难以控制。

顾客之所以愤怒是认为99年秘不示人的可口可乐配方代表了一种传统的美国精神,而热爱传统配方的可口可乐就是美国精神的体现,放弃传统配方的可口可乐意味着一种背叛。

在西雅图,一群忠诚于传统可乐的人组成"美国老可乐饮者"组织,准备发起全国范围内的"抵制新可乐运动"。在洛杉矶,有的顾客威胁说:"如果推出新可乐,将再也不买可口可乐。"即使是新可乐推广策划经理的父亲,也开始批评起这项活动。而当时,老口味的传统可口可乐则由于人们的预期会减少,而居为奇货,价格竟在不断上涨。每天,可乐公司都会收到来自愤怒的消费者的成袋信件和1 500多个电话。为数众多的批评,使可口可乐公司迫于压力不得不开通83部热线电话,雇请大批公关人员来温言安抚愤怒的顾客。

1. 如果你是一名可口可乐公司营销人员,你可以在新可乐遭受失败之际,给公司提出什么样的解决方案?
2. 从新可口决策之误的教训中可得到哪些启示?

面对如此巨大的批评压力,公司决策者们不得不开始动摇。在之后又一次推出的顾客意向调查中,30%的人说喜欢新口味可口可乐,而60%的人却明确拒绝新口味可口可乐。故此,可口可乐公司又一次恢复了传统配方的可口可乐的生产,同时也保留了新可口可乐的生产线和生产能力。

在不到3个月的时间内,即1985年4~7月,尽管公司曾花费了400万美元,进行了长达2年的调查,但最终还是彻底失算了!百事可乐公司美国业务部总裁罗杰·恩里科说:"可口可乐公司推出'新可乐'是个灾难性的错误,是80年代的'爱迪塞尔'。"

思考与练习

姓名________ 班级________ 学号________

1. 名词解释

营销环境

SWOT 分析法

营销调研

问卷

2. 单项选择题

(1)（　　）主要指协助企业促销、销售和经销其产品给最终购买者的机构。

A. 供应商　B. 制造商　C. 营销中间商　D. 广告商

(2) 影响消费需求变化的最活跃的因素是（　　）。

A. 个人可支配收入　B. 可任意支配收入

C. 个人收入　D. 人均国内生产总值

(3) 企业的直接环境包括供应商、营销中介、目标顾客、竞争者、公众和（　　）。

A. 企业内部环境　B. 国外消费者　C. 制造商　D. 社会文化

(4) 恩格尔定律表明，随着消费者收入的提高，恩格尔系数将（　　）。

A. 越来越小　B. 保持不变　C. 越来越大　D. 趋于零

(5) 威胁水平和机会水平都高的业务，被叫做（　　）。

A. 理想业务　B. 冒险业务　C. 成熟业务　D. 困难业务

3. 多项选择题

(1) 市场营销环境（　　）。

A. 是企业能够控制的因素　B. 是企业不可控制的因素

C. 可能形成机会也可能造成威胁　D. 是可以了解和预测的

E. 通过企业的营销努力是可以在一定程度上去影响的

(2) 微观环境指与企业紧密相关，直接影响企业营销能力的各种参与者，包括（　　）。

A. 企业本身　B. 市场营销渠道企业

C. 顾客　D. 竞争者

E. 社会公众

(3) 营销中间商主要指协助企业促销、销售和经销其产品给最终购买者的机构，包括（　　）

A. 中间商　B. 实体分配公司

C. 营销服务机构　D. 财务中介机构

E. 证券交易机构

(4) 购买行为的实现必须具备(　　)。

A. 消费欲望　　B. 购买力　　C. 成年资格　　D. 商品

E. 都不是

4. 判断题

(1) 微观环境与宏观环境之间是一种并列关系,微观营销环境并不受制于宏观营销环境,各自独立地影响企业的影响活动。(　　)

(2) 同一个国家不同地区的企业之间营销环境基本上是一样的。(　　)

(3) 我国南北方人民在食品口味上存着很大的差异,导致对食品需求也不同,这是宏观环境中经济因素形成的。(　　)

(4) 在经济全球化的条件下,国际经济形势也是企业营销活动的重要影响因素。(　　)

(5) 文化对市场营销的影响多半是通过直接的方式来进行的。(　　)

5. 简答题

(1)营销环境分析的常用方法有哪些?

(2) 简述问卷设计的一般步骤。

(3) 一份完整的调研报告应该包括哪些内容?

6. 实训题

近年来,房价问题已经成为人们最受关注的话题之一。请全班同学收集房地产业的相关资料,并对其宏观环境加以分析,预测房价的走势。将全班分成8组,每组设计一张调查问卷,并进行实地调查,了解消费者购买商品房的目的、要求等。

训练目标:资料收集能力、环境分析能力、问卷设计能力、沟通能力、口头表达能力、资料分析归纳能力。

项目五 企业入市策划

本项目内容结构图

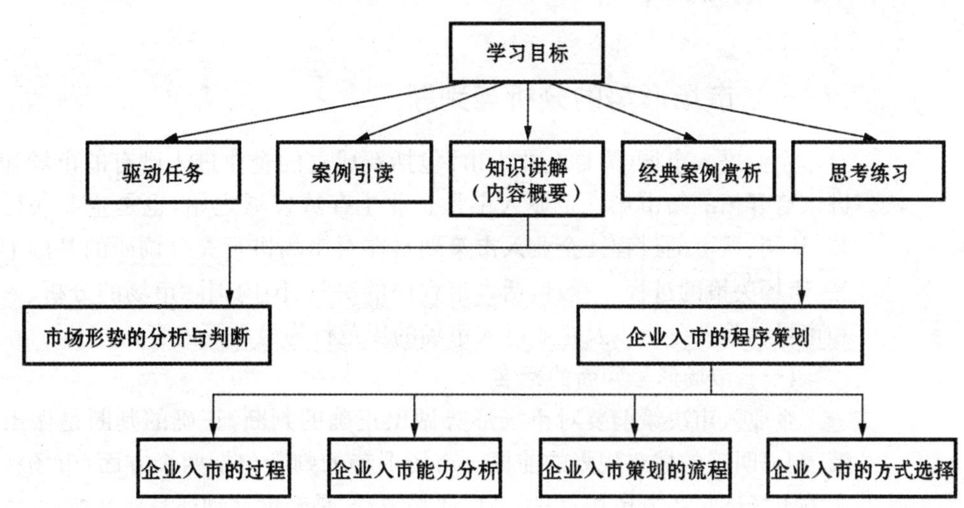

学习目标

• **知识目标**

1. 明确企业入市概念，确立企业入市的基本思路。
2. 掌握企业入市的程序及战略、战术策划。

• **能力目标**

1. 具备企业入市策划的基本能力。
2. 能撰写入市策划方案。

驱动任务

任务内容：高校附近经常会有一些餐馆、书店、超市，等等。如果你也想在学校附近开个小餐馆，需要做哪些准备？应该重点注意哪些问题？

任务要求：将学生按一定标准分组，小组内讨论各自的想法，总结并形成一份完整的入市策划方案。

案例引读

iPhone 的推出可以说是手机史上的一次革命。2010 年，苹果推出 iPhone4，全球消费者更是争相追捧，到处都是卖断货的消息。在中国的市场上，iPhone4 一边跟运营商联通合作，一边通过直营店销售。但是，无论是联通的捆绑式销售，还是直营店销售，iPhone4 都是供不应求，令人大呼不可思议。iPhone4 在市场上取得了空前的成功，这与企业充分的入市策划是密切相关的。

查阅相关资料，了解 iPhone 公司做了哪些上市策划，为什么能取得空前的成功?

知识讲解

一、市场形势的分析与判断

企业进入市场(简称企业入市)包括新成立的企业进入已有的市场和老企业进入待开拓的新市场。企业入市是企业生存或发展之始，也是企业获得客户认知、认同、认可的过程。**企业入市策划**是在对市场进行充分调研的基础上进行产品、市场决策的过程，一般包括入市程序的决策、国内国际市场的分析、入市条件和市场风险的分析以及企业进入市场的规范行为策划等内容。

(一) 市场形势判断的标准

企业入市决策前要对市场形势做出正确的判断，正确的判断是做出正确决策、制订明确的战略规划的前提。市场形势的判断包括两个方面：市场状态处于卖方市场还是买方市场；市场平稳还是波动，是轻度波动还是恶性波动(危机)，就波动状况而言，是处于过热(波动的峰顶)还是低迷、疲软(波动的谷底)。

对市场形势进行判断，可以依据下列标准：

(1) 市场总供应与总需求在总量上的比例

(2) 市场供应结构和需求结构的适应性。

(3) 主要商品供求在量上的比例。

(4) 市场商品量与仓储量的比例。

(5) 市场价格总水平的稳定状态。

(6) 货币流通状态，币值稳定状态，货币供求比例是否协调等。

(二) 市场形势分析

在市场经济条件下，市场形势的变化越来越受到经济大气候的影响，因而企业越来越多地关心经济形势，也就是经济大气候的变化。一家企业生产经营状况的好坏，既受其内部条件的影响，也受其外部宏观经济环境和市场环境的影响。一家企业无力决定它的外部环境，但可以通过内部条件的改善来积极适应外部环境的变化，充分利用外部环境，并在一定范围内改变自己的小环境，以增强自身活力，扩大市场占有率。因此，企业对经济周期波动必须了解和把握，并能制定相应的对策来适应周期的波动，否则将在波动中丧失生机。

经济周期，也称商业周期、景气循环。它是指经济运行中周期性出现的经济扩张与经济紧缩交替更迭、循环往复的一种现象，是国民总产出、总收入和总就业的波动，是国民收入或总体经济活动扩张与紧缩的交替或周期性波动变化。一般分为繁荣、衰退、萧条和复苏 4 个阶段。

经济周期包括的阶段。

1. 繁荣阶段

这时经济活动处于高水平的时期，就业增加，产量扩大，市场需求旺盛，企业产品库存减少，固定资产投资增加，企业利润明显增加，社会总产出逐渐达到了最高水平。虽然此时物价和市场利率也有一定程度的提高，但是生产的发展和利润的增加幅度会大于物价和利率的上涨幅度。

2. 衰退阶段

繁荣阶段不可能长期维持下去，由于繁荣阶段的过度扩张，社会总供给开始超过总需求，当消费增长放慢，引起投资减少，或投资本身下降时，经济就会开始下滑，使经济处于衰退阶段。在衰退阶段初期，一方面，由于需求，特别是消费需求与生产能力的偏离，使投资增加的势头受到抑制，随着投资减少，生产下降，失业增加；另一方面，消费减少，产品滞销，价格下降，进而使企业利润减少，致使企业的投资进一步减少，相应地，收入也不断地减少，最终会使经济跌落到萧条阶段。

3. 萧条阶段

萧条阶段是指经济活动处于最低水平的时期。经济下滑至谷底，市场需求不足，存在大量的失业，大批生产能力闲置，工厂亏损，甚至倒闭。但萧条时期也不可能无限延长。随着时间的推移，随着现有设备的不断损耗，以及由消费引起的企业存货的减少，致使企业考虑增加投资，使就业开始增加，产量逐渐扩大，使经济进入复苏阶段。

4. 复苏阶段

复苏阶段是指经济走出萧条阶段并转向上升的阶段。经济逐渐走出谷底，生产和销售回涨，就业增加，价格也有所提高，公司利润将会增加，整个经济呈上升的势头。随之生产和就业继续扩大，价格上升，整个经济又逐步走向繁荣阶段，然后又开始经济的又一个循环。

二、企业入市的程序策划

(一) 企业入市的过程

1. 企业入市过程概述

企业入市是企业根据自己的启动或扩张战略而决定进入一个本企业尚未涉足的产业领域或目标市场的行为或过程。企业入市既是一种行为，也是一个过程，即企业的入市活动不能在瞬间完成，必须在一段时间完成。企业入市作为一个过程包括 3 个阶段及相应的入市活动，如表 5-1 所示。

表 5-1 企业入市过程分期表

企业入市阶段	入市活动状态
启动期	试探性进入
开业期	正式进入
立足期	初具规模进入

其中，试探性进入包括营销策划、调研和试销等。正式进入包括正式成立分支机构或确立合作关系、针对当地情况进行广告宣传、办妥许可手续等。初具规模进入包括连续稳定地向新市场追加销售，进行市场渗透和初期扩张等。

企业入市就其表现形式分为全面入市和单面入市两种情况。全面入市表现为既进入新产业领域又进入新的地域或区域；单面入市则表现为单面进入新产业领域或单面进入新区域。

2. 企业入市要解决的问题

(1) 为什么要进入这个市场？

(2) 采取什么样的方式和途径进入这个市场？

(3) 企业入市后预计和实际会产生什么后果？

(4) 企业入市后应采取哪些相应的战略战术和措施？

(二) 企业入市能力分析

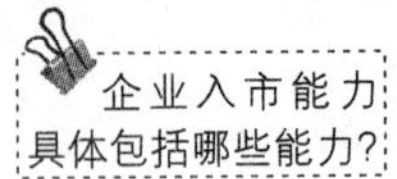

企业入市能力包括市场策划调研能力、启动能力、冲破阻力能力、落地生根能力、驱逐竞争对手能力等，如图 5-1 所示。

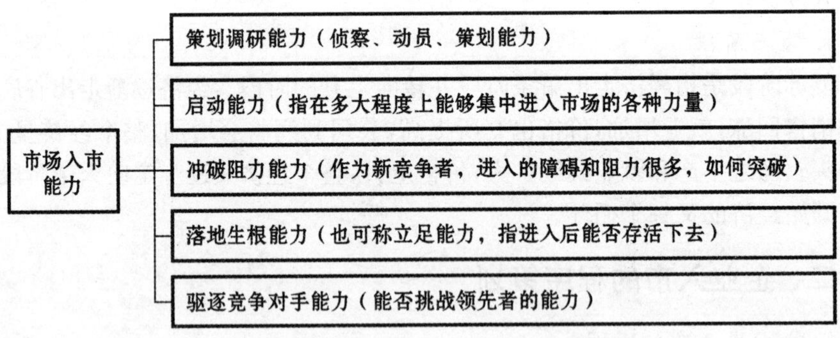

图 5-1 市场入市能力构成

(三) 企业入市策划的流程

企业入市策划是系统工程，策划过程包括评估产品—市场调查—确定目标市场和突破口—选择进入路径—市场营销组合要素策划—实施经营—监督并修正策划方案，如图 5-2 所示。

在企业入市策划中重点要解决好以下问题。

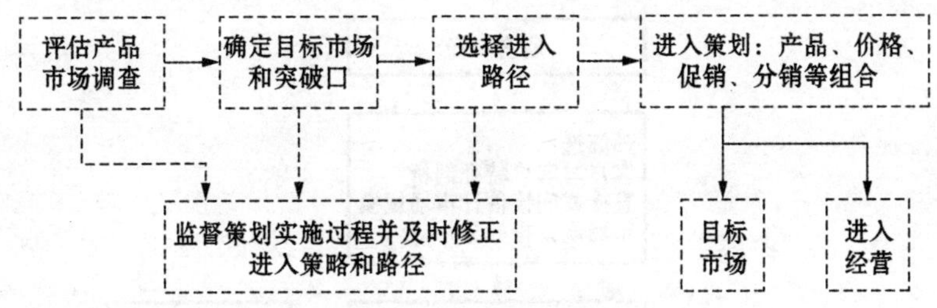

图 5-2　企业入市策划流程

1. 拟销产品的评估

对拟销产品的评估主要涉及以下问题：

(1) 拟销产品的竞争力如何？其优势与劣势各是什么？

(2) 拟销产品能满足哪方面的需要？在拟进入的市场上是否存在同类需要？

(3) 拟销产品的创新卖点有哪些？其面临的竞争程度如何？

(4) 拟销产品的使用是否需要售后服务或互补性产品？是否具备相应的条件？

(5) 拟销产品是否需要在实体样式、包装、服务等方面做出适合于拟进入市场的更新？等等。

2. 拟进入目标市场的选择

拟进入目标市场的选择可按照图 5-3 的流程进行。

拟进入目标市场选择的流程。

3. 发现市场空缺

市场空缺是指不同企业在不同类产品或同一类产品的不同型号或品种之间所形成的空隙地带。市场空缺不同于潜在市场，它只是潜在市场的一部分。市场空缺是指那些市场启动条件基本趋于成熟的潜在市场。市场空缺属于目标市场的一种形态，大多属于边缘市场机会。市场空缺的存在是由于以下原因决定的。

(1) 市场天宽地阔，需求千差万别，环境千变万化，总有尚未被发现的市场空缺存在。

(2) 市场情况复杂，需求变化多端，总会出现生产落后于需求的空缺产品。

(3) 市场竞争激烈，企业竞争能力有限，这样就会出现一些尚未有人涉足争夺的空缺市场。

(4) 科技不断发展，新技术层出不穷，必然不断引起有待满足的新需求，产生新的空缺市场。

(5) 经济技术发展不平衡，产品有先进，也会有落后，必然会出现有待更新落后的产品、开发新产品的空缺。

(6) 企业和人的能力及认识水平总是有限的或者是有障碍的，总有许多未发现的领域，总是存在判断和选择的局限性。因此，市场空缺总是存在的。

(7) 企业研制出一种特有产品，投入市场会引起新需求，使市场让出地盘，形成新空缺。

所以，市场空缺总是客观存在的，会不断产生、经常变化。无疑，那些总是跟

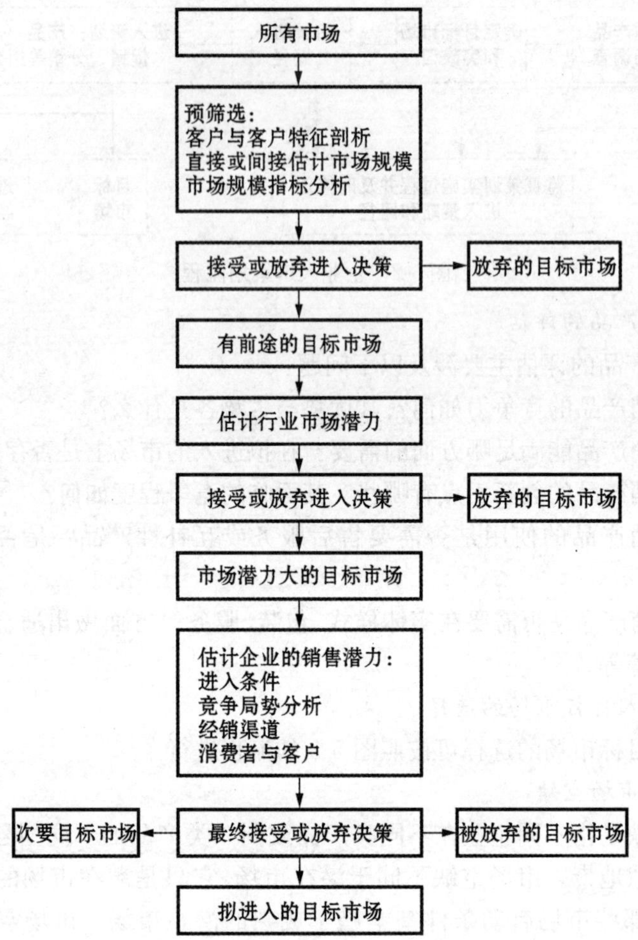

图 5-3 拟进入目标市场的选择流程图

在别人后面，在本来已经竞争激烈、发展空间很小甚至生产能力已严重过剩的领域"凑热闹"的企业，无疑是自寻烦恼了。除非你拥有了某种新武器，或者是有了新的市场发现，否则，显然是不明智且是一种反市场规律的行为。

4. 市场进入的营销组合要素

营销策划中的市场进入是企业的战略行为。营销策划所采取的进入战略方式与一般销售方式有诸多区别，二者不能等量齐观。营销策划包括扩大市场份额，实现利润目标和投资收益率目标，实现产品和企业的市场定位目标，销售渠道的开拓，销售网络的构建，等等。因此，营销策划的市场进入与一般销售方式有质的区别，如表 5-2 所示。

表 5-2 市场进入战略方式与销售方式的区别

对比面	销售方式	战略方式
时间长度	短期	长期(如 3～5 年)
目标时间	无系统选择	基于对市场及销售潜力的分析做出选择

（续表）

对比面	销售方式	战略方式
主要目的	即刻销售	建立永久性的市场地位
资源投入	仅仅保证获得即刻销售	为取得永久市场地位所必需的一切
进入模式	无系统选择	系统选出最合适的进入模式
新产品开发	专为原有市场	既为原有市场也为新市场
产品更改	（为满足法律与技术要求）仅对原有产品进行必要更改	依据新市场买主的偏好、收入水平及使用条件对产品进行更改
销售渠道	无控制的努力	为支持市场目的与目标而努力控制
价格	由总成本确定，依具体销售情况做出特别调整	不但取决于成本，而且取决于需求、竞争、目标及其他营销方针
促销	主要限于人员推销或中间商	广告、公关、营销推广和人员推销相组合，以取得市场目的与目标

营销策划过程中的市场进入要素组合涉及产品、价格、销售渠道、服务、促销等内容，如表5-3所示。

表5-3 市场进入策划中的要素组合

要素组合	说　明
产　品	有形特征和无形特征的结合，将利益传给客户。这些特征分为三个方面：实体、包装、服务（售前及售后）。既定产品可能拥有其中一个方面、两个方面或所有三个方面
价　格	价格是产品与货币的交换率。企业的定价自主权取决于市场上的产品差异程度。价格与销售量一起确定销售收益
销售渠道	连接生产商与最终买方的营销环节。单个渠道运动是最后将所有权交给最终买主的一系列交易。生产商可能不拥有销售渠道机构，也可能拥有一部分，还可能拥有全部
服　务	生产商或经销商为便利客户、巩固市场、建立客户忠诚度所提供的一系列产品实体以外的附加工作，包括运输、安装、调试、维修等
促　销	卖方给最终买主、渠道成员或公众的所有信息，旨在创造卖方产品及公司的良好形象。促销包括人员推销、广告、营业推广和公共宣传等

（四）企业入市的方式选择

在选定拟进入的目标市场以后，还必须就进入目标市场的方式、方法以及时机进行选择。

1. 进入目标市场的方式

（1）收购现成的产品或企业。这是进入目标市场最快捷的方式。

(2) 以内部发展的方式进入目标市场。内部发展是指企业依靠自身对目标市场的调查研究、设计、制造及销售目标市场需要的产品。

(3) 与其他企业合作进入目标市场。企业间的合作可以是生产企业与生产企业合作,也可以是生产企业与销售企业合作。这种方式在企业界运用比较广泛。

(4) 进入新产业的方式。新产业往往具有经营风险大、市场潜力大、科技含量高及进入成本高等特点。因而,企业进入新产业市场的方式和上述方式有所不同,具体有以下几种进入方式:

① 以技术优势挺进新市场。

② 借助企业原有的声誉进入。

③ 填补空白,大胆全面进入。

2. 进入目标市场的方法

企业进入目标市场,在选择适合本企业的进入方式的同时,还要选用一定的方法。如广告宣传法、产品试销法、公共关系法、感情联络法、利益吸引法、权威人士推介法、推介会、展销会等。

3. 进入目标市场的时机

企业进入目标市场的时间安排也很重要,过早或过晚进入都对企业经营不利。确定进入的时机主要取决于两个方面。

(1) 正常准备时间。在进入目标市场之前,先要计算好在正常情况下做好一切准备工作需要花多少时间。这些准备工作包括产品设计、试销、批量生产、推销培训、建立销售渠道等。

(2) 适应市场形势变化的调整时间。市场形势发生变化时,可以比正常进入市场的时间提前或推迟。

经典案例赏析

金龙鱼第二代调和油的“另类”入市策划

金龙鱼第二代调和油上市,并以“1+1+1”的概念推向市场。如何将这个抽象的概念转化为消费者能够接受、容易理解的方式,电视广告?平面广告?媒体活动?其他?最终金龙鱼选择了软文的方式。

金龙鱼软文纲要:

第一阶段:7月/8月

宣传主题:更健康的金龙鱼第二代调和油全新上市

目标客户:金龙鱼现有用户

宣传目标:建立新产品的价值认知

软文:

一、健康不再是秘密

黄太太和李太太在一起聊天,黄太太神秘兮兮地与李太太说:“你知道吗?世界营养组织公布说人体膳食脂肪酸的最佳构成比例是1∶1∶1,许多人的饮食搭配方式都不正确,营养结构达不到这个最佳标准。"谁知李太太乐呵呵地说:"这个问题我早就已经解决了,健康早就不再是什么秘密了。金龙鱼的第二代调和油就是按这种标准做出来的,我们家每天吃的就是这种健康油。"

二、爱上调和油的挑剔女人

一个爱挑剔的家庭主妇,她对生活的大小事情都吹毛求疵,买油不仅要牌子好、味道香、质量一流,而且还要能调节身体的健康平衡。左挑右拣之后,挑剔的她终于满意地买了金龙鱼的第二代调和油。

三、……

第二阶段:9月/10月

宣传主题:更好的调和油,带给你更好的健康

目标客户:金龙鱼现有用户

宣传目标:让现有用户有意识地进行油种的更新换代

软文:

一、健康理"油"

一对年轻的夫妇,刚刚新婚不久,因为工作忙,饮食营养的补充不固定,身体健康得不到保证。经常使用第二代调和油的婆婆以切身的体验告诉他们:选用金龙鱼的第二代调和油,可以从日常生活中一点一滴帮他们调理身体健康。

二、众口难调?

某公司决定采取一种新的方式(全民投票的方式),来决定今年国庆节送什么给员工作福利礼品。这项向来众口难调的决定,这一次却有了出人意料的结果:绝大部分员工都高兴地选择了金龙鱼第二代调和油作为福利品。

三、……

第三阶段:12月/1月

宣传主题:好油、健康加团圆,一年更比一年好

目标客户:现有金龙鱼用户(团购客户)

宣传目标:扩大调和油的市场

软文:

一、天增岁月人增寿 健康好油暖万家

新年快到了,镇政府决定购买一批礼品,送给镇上的五保户和生活贫困户以示慰问。往年送的都是毛毯、皮鞋等日常用品,虽然没什么不好,但是体现不出多大的意义。这些受赠的家庭大多生活困难,平时饮食非常节俭,身体的营养得不到正常的补给,他们最需要的就是营养食品,而且是真正能调节身体内在机理平衡的食品。金龙鱼第二代调和油正好满足了这些特点。78岁的陈老伯拿到政府送的金龙鱼调和油,感动得热泪盈眶:"我一把年纪了,还能得到政府这么无私的关怀,我心里感到很温暖。"

二、关心你、祝福你,就把健康的好油送给你

新年将近,要发什么礼物给员工做福利?这礼物既要有一定的价值,又要体

1. 结合案例，谈谈金龙鱼第二代调和油入市策划的成功之处。
2. 请您将每一阶段的软文3补充完整。并想出一些其他的入市方法。

现领导对员工的关怀，最好能满足绝大部员工的需要，公司的领导可真有点头痛。张总为此专门到市场上“转悠”，最终他发现了一种最理想的东西：金龙鱼第二代调和油。

三、……

裁切线

思考与练习

姓名________ 班级________ 学号________

1. 名词解释

企业入市策划

经济周期

企业入市

2. 单项选择题

(1) 产品销售量最高,投入相对减少,市场竞争十分激烈,这是产品(　　)的特点。

A. 投入期　B. 成长期　C. 成熟期　D. 衰退期

(2) 在产品/市场矩阵图中,新产品新市场的组合属于(　　)。

A. 市场渗透战略　B. 产品开发战略
C. 市场开发战略　D. 多角化战略

(3) 一般来说,经常需要大量的资金投入以支持其快速增长的业务是(　　)。

A. 明星业务　B. 金牛业务　C. 问题业务　D. 瘦狗业务

(4) 在评价和分析市场机会时,要选择那些比其潜在的竞争者有更大的优势,能享有更大的(　　)市场机会作为本企业的企业机会。

A. 利润额　B. 市场份额　C. 顾客数量　D. 差别利益

(5) 星巴克在当前的市场区域开设新店,方便更多的顾客惠顾,它实施的是(　　)。

A. 市场开发　B. 产品开发　C. 市场渗透　D. 多角化

3. 多项选择题

(1) 企业多元化增长战略中,多元化增长的主要方式有(　　)。

A. 垂直多元化　B. 水平多元化　C. 同心多元化　D. 集团多元化

(2) 企业最高管理层在规定企业目标水平时,必须对以下情况进行调查研究和分析后再做出决定(　　)。

A. 政治环境　B. 市场机会
C. 资源条件　D. 消费者运动
E. 经营风险

(3) 企业入市能力主要包括

A. 市场策划调研能力　B. 启动能力
C. 冲破阻力能力　D. 落地生根能力
E. 驱逐竞争对手能力

4. 判断题

(1) 所谓市场的吸引力主要指短期所获利润的高低。( )

(2) 企业应以是否能卖出产品作为市场营销活动的核心。( )

(3) 如果市场区域广阔,那么应多用人员推销,配合以广告和营业推广。( )

(4) 目标是企业计划的重要内容,也是企业衡量实际绩效的记录。( )

(5) 对于市场增长率高,相对市场占有率低的新产品可采取淘汰策略。( )

5. 简答题

(1) 简述企业入市策划的流程。

(2) 简述企业入市可以选择的方式。

6. 实训题

X公司是一家具有一定规模实力的专门从事鞋类生产销售的企业,公司历来重视产品研发,制造工艺比较稳定而且富有创意,其L品牌运动鞋由于质量上乘而且造型富有时尚感,在地方市场上取得了很好的业绩。目前,X公司准备在全国范围内推广其L品牌的运动鞋,然而经过市场的初步调查,X公司发现要将其L品牌运动鞋推向全国市场,其面临着重重困难。

其一,国内运动鞋的高端市场已被以阿迪达斯和耐克为主的国际品牌牢牢掌控,国内一些知名品牌只能勉强分一杯羹;同时,运动鞋低端市场的竞争处于白热化,产品同质化比较严重,不断发生价格战,利润空间越来越小。其二,近年来一些强大的竞争者利用其强大的销售网络对整个销售通路进行封杀,这对行业中的其他品牌产生了极大压力,留给新品牌抢占市场的空间已很小。其三,由于市场上的强势运动鞋品牌都找了明星为其运动鞋做品牌代言人,而X公司却没有品牌代言人,因而面临着品牌传播上的窘境,X公司的零售商纷纷要求X公司请明星代言其L品牌运动鞋

将全班分成8组,分别完成L品牌运动鞋推向全国市场的入市策划方案。每组派一个代表上台发表该组策划方案的要点,老师做出点评,全班评选出最佳方案。

训练目标:材料整合分析能力、团队协作能力、文案写作能力、口头表达能力。

项目六 企业营销定位策划

本项目内容结构图

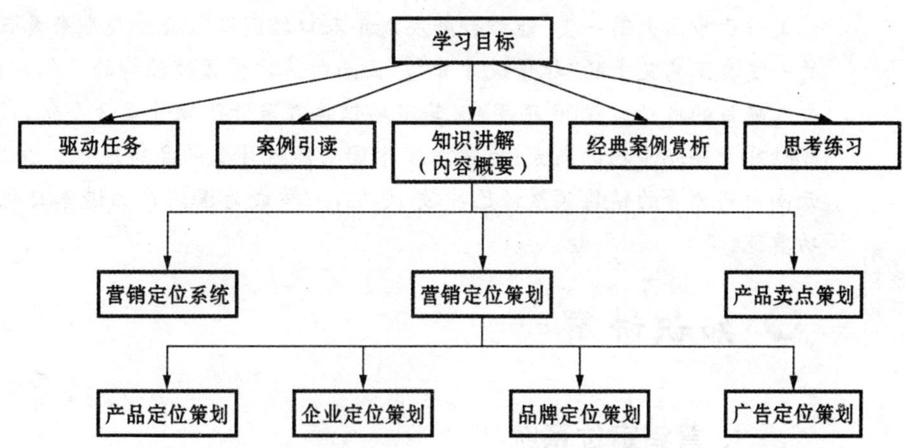

学习目标

- **知识目标**

1. 在明确营销定位概念的基础上，确立营销定位策划的思路。
2. 掌握营销定位策划的方法；掌握产品定位策划的方法。

- **能力目标**

1. 通过营销定位的学习，具备营销定位策划的基本能力。
2. 能为中小企业进行简单的营销定位策划。

驱动任务

任务内容：为××文化商业街或文化游乐园进行市场定位策划。

任务要求：通过对××文化商业街或文化游乐园进行市场定位的分析与调研，制定策划方案。说明进行市场细分的标准或依据，选择目标市场的背景。

案例引读

在竞争激烈的牙膏市场上,云南白药牙膏大胆地走出一条新路!无论是产品的"全能诉求",还是20多元的"天价定位",甚至包括操作一种全新的"药品保健+日化品"二合一的传播手法,都是独一无二的!它没有去盲目地模仿任何竞争对手,高露洁、佳洁士、田七、黑人等品牌的影子,在云南白药牙膏上,你找不到!如果跟着对手屁股跑,把自己局限在这一亩三分地,等于画地为牢,自寻死路。那么今天的云南白药牙膏就是一个挣扎在二线的"无名之辈",甚至已经奄奄一息。云南白药牙膏从一开始就坚定自己不姓"牙",而是作为一支"口腔全能膏"。将自己定位于市面上第一支"能综合解决成年人口腔问题",给大众带来真正口腔健康的一支真正意义上的"非传统牙膏"。云南白药牙膏通过独特的营销定位,取得了令人瞩目的成功。2006年年底,其市场销售额累计已飙升至3个亿,成功开拓功能性牙膏高端市场的新大陆,确立了中国功能性牙膏的品牌地位。2008年年底,云南白药牙膏的销售额累计已冲破10亿,一举成为医药产品进军日化领域的成功典范。

云南白药牙膏是如何进行营销定位的,为什么能够取得如此大的成功?

知识讲解

一、营销定位系统

营销定位是指企业在全面了解、分析目标客户、供应商的需求信息以及竞争者在目标市场上的位置后,确定自己的产品在市场上的位置及如何接近客户的营销活动。但定位离不开一个定位的系统,离开了系统就不能定位。营销定位系统包含两个方面:一是定位对象系统,二是定位过程系统。

(一) 营销定位对象系统

营销定位对象是指需要在市场上确定自身位置及形象特征的实体,包括行业、企业、产品、品牌、广告等一系列相关实体,这些相关实体组成了市场定位的主题系统,这个系统是一个多层次的系统。

(1) 行业定位。即把某行业作为一个整体在国民经济发展的诸多行业中予以定位。

(2) 企业定位。即通过企业在市场上塑造和树立良好的形象,形成企业的魅力,并产生马太效应,推动营销活动。企业定位一般要运用独特的产品、独特的企业文化、企业的杰出人物、企业环境和公共关系手段进行。

(3) 产品定位。即对某种或某类产品在客户心中的定位。

(4) 品牌定位。即指企业的产品及其品牌,基于客户的生理和心理需求,寻找其独特的个性和良好的形象,从而凝固于客户心目中,占据一个有价值的位置。品牌定位是针对产品品牌的,其核心是要打造品牌价值。品牌定位的载体是产品，其承诺最终通过产品兑现。

(5) 广告定位。就是指广告主通过广告活动，使企业或品牌在客户心目中确定位置的一种方法。

(二) 营销定位过程系统

绝大多数人认为，定位是给产品定位。营销竞争实践表明，仅有产品定位已经不够了，必须从产品定位扩展至营销定位。营销定位需要解决三个问题：满足谁的需要？满足谁的什么需要？如何满足这些需要？可以将其归纳为三步定位法：

市场细分⇨确定目标市场⇨明确市场定位

其中选择目标市场的策略有：无差别性市场策略、差别性市场策略、集中性市场策略。

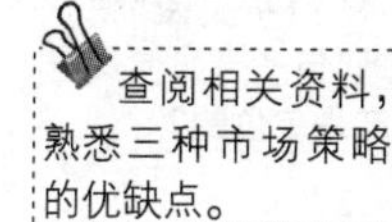

二、营销定位策划

营销定位策划是指企业在全面地了解、分析目标消费者及供应商的需求信息以及竞争者在目标市场上的位置后，确定自己的产品在市场上的位置及如何接近消费者的营销活动的方案。营销定位策划主要阐述如何进行产品定位策划、企业定位策划、品牌定位策划、广告定位策划等。

(一) 产品定位策划

产品定位策划是企业为帮助、引导和推动消费者对产品的认识和购买，从消费者认知的角度对产品的相关特性进行的事前谋划、整理、判断和创新。

产品定位策划的具体方法如下。

1. 质量定位法

在开发、生产一个产品时，产品的质量控制在一个什么样的档次上，叫做质量定位。一般情况下，产品质量越高，市场反应越好，所以，质量定位宜高。例如，在质量上，海尔总裁张瑞敏认为海尔冰箱没有一等品、二等品之分，强调质量的重要意义，使海尔冰箱声誉提高。

相关链接

天津"狗不理"包子闻名全国，至今已有100多年的历史。现今，人们的口味不断提高，各种名家菜系不断涌现，而"狗不理"作为一种最普通的大众化食品，牌子非但不倒，反而生意越来越红火。"狗不理"享誉全国、长盛不衰的秘诀何在呢？

"狗不理"包子的经营者懂得，若想使包子这样一种大众化商品经营成功、出人头地，必须在质量上下狠工夫。"狗不理"包子100多年来脚踏实地攻优夺誉，先质后量，以质求量，用质竞争，创出了名牌形象，获取了经营的成功。

"狗不理"包子的面皮与众不同，它不是采用一般的发酵面，而是使用半发酵面。这样做出的包子皮薄，有咬劲，不会像一般包子那样软绵绵的。用这种包子皮制作，不但可以显示出包子馅多，而且使包子制成后不会塌陷、跑油、掉底、露馅，而且保留一定的汤汁。包子里面的馅，更是讲究精选原料和精心制作了。它使用的猪肉一定要新鲜,肥瘦的比例因季节而调整变化。这种做法是根据人们在不同季节的胃口测试而定的。例如,夏季人们因天气炎热,口味偏好素净、清淡,馅使用的猪肉肥瘦比例为3∶7;冬季天气寒冷,人体内需要较多热量,馅内的猪肉肥瘦比例为5∶5。这样可使包子一年四季常吃不腻,胃口常开。像这样考究的制作,非但他人没有,而且鲜为人知,难怪中外宾客百吃不厌。

"狗不理"包子还有一绝,它的馅是用骨头汤拌成。一斤肉要多少新鲜骨头汤、多少调料等,都有严格的计量调配方式,这恐怕是他们的专利,非一般人所能知道。"狗不理"对质量精益求精还在包子皮外形上体现出来,每个包子皮要有18个褶,不能多也不能少,每个褶疏密适当,看上去柔滑、美观的外表,加上一股与众不同的清香,自然会引起人们的食欲。

分析天津"狗不理"包子是如何进行产品定位的?

2. 功能定位法

产品的定位是单一功能还是多功能?这也是值得企业仔细考虑的问题。定位于单一功能,则造价低,成本少,但只能适应消费者单方面的需要;定位于多功能,则成本会相应提高,然而能够满足消费者很多方面的需要。

3. 体积定位法

产品的体积大小也是产品定位时的热门问题。比如手表,男士表宜大,女士表宜小,老太太表宜中。大有大的好处,小有小的可爱。企业采用大或小的体积定位要视具体情形而定。

4. 价格定位法

价格定位是营销者把产品或服务的价格定在一个什么样的水平上,这个水平是与竞争者相比较而言的。

(1) 高价定位,即把不低于竞争者产品质量水平的产品价格定在竞争者产品价格之上。这种定位一般都借助良好的品牌优势、质量优势和售后服务优势。

(2) 低价定位,即把产品价格定得远低于竞争者价格。这种定位的产品质量和售后服务并非都不如竞争者,有的可能比竞争者更好。之所以能采用低价,是由于该企业要么具有绝对的低成本优势,要么是企业形象好、产品销量大,要么是出于抑制竞争对手、树立品牌形象等战略性考虑。

(3) 市场平均价格定位,即把价格定在市场同类产品的平均水平上。

5. 造型定位法

产品采取什么样的造型或款式,是产品定位的关键内容之一。一个恰到好处的造型定位,可带来营销上的一举成功,而一个蹩脚的造型定位,则会在营销一上败涂地。除了那些不具有形状(如饮料、酒)和形状无实际意义的产品(如大米、钢锭)外,其他产品都必须进行造型定位。在需要进行造型定位的产品中,有的造型是起辅销作用的,有的是起主销作用的。起辅销作用者造型定位不当,会影响产品形象,但它靠其优良的质量和独特的功能尚能维持;如果起主销作用的造型定位不当就完全销不出去。对于一支圆珠笔,其造型仅起辅销作用,所以,圆珠笔只要能写字,款式稍差,仍有人买,只是销售比较困难。而对于一件衣服,其款式就起了主销作用，如果款式定位不当，根本就没人买，除非是把价钱定到仅使用其防寒遮体的功能上方可有人购进，但这样，企业就损失严重了。

（二）企业定位策划

企业定位策划是企业成立之前或变革之初，为实现企业长期生存发展，从企业使命观、市场定位、价值观、服务原则、操作机制、文化氛围等方面进行的谋划、整理、判断和创新。

相关链接

宝洁公司通过一系列多品牌的清洁洗护用品，形成的公司形象是实力强大的、卓越的、超一流的日用工业品生产商。可口可乐公司在可口可乐、雪碧、芬达等多种饮品品牌的基础上形成的公司形象是生产富有可口可乐公司特色的、充满美国文化的、实力雄厚的、生产质量卓越的、多种饮品的超级跨国公司。每当可口可乐公司推出一种新的饮品，它对客户就具有率先的吸引力，客户会愿意品尝，因为他们认为这是可口可乐公司的产品，一定不会差到哪里去。

1. 市场防御策划法

在市场中采取防御姿态，就是面对市场挑战的主动进攻稳扎稳打，保护自己的市场份额。在竞争中采取防御战略的大多是市场领先者。

（1）先发制人的防御。这是一种进攻性的防御，即在对手欲发动进攻的领域内，或是在其可能发动进攻的方向上先发制人，在对手进行攻击前就挫伤他，使其无法再进攻或不敢轻举妄动。

（2）反击式防御。反击式防御是指在对手发动进攻时，不仅采取单纯防御的办法，而是主动组织进攻以挫败对手。进攻时既可进攻对方侧翼，也可迎头攻击，还可以采用钳形包抄进攻。其中有效的进攻是侵入攻击者的主要经营领域，逼其回师自保。

（3）阵地防御。采取这种防御方式的典型做法是向市场提供较多的产品品种和采用较大的分销覆盖，并在同行业中尽可能采取低价策略。

（4）侧翼防御。侧翼防御是指市场领先者不仅应该保卫好自身的领域，而且应该在侧翼或易受攻击处建立防御阵地，不给对手可乘之机。

（5）运动防御。这种战略不仅防御眼前的阵地，同时也扩展新的市场，作为未来防御和进攻的中心。这种方法主要通过市场拓宽和市场多样化的创新活动来进行，形成一定的战略深度。

（6）收缩防御。收缩防御是指市场领先者因为自己的业务范围太广泛而使自己的力量太分散时，面对市场竞争者的进攻应该收缩战线，将力量集中到企业应该保持的业务范围或领域内。收缩防御并不是放弃企业现有的细分市场，而是放弃较弱的领域，把力量重新分配到较强的领域。

2. 市场进攻策划法

在确定了战略目标和进攻对象之后，作为挑战者的策划人可以选择以下具体的进攻战略。

(1) 正面进攻。正面进攻应该是集中全力向对手的主要阵地发起进攻,而不是攻击其弱点。正面进攻的成败取决于双方力量的对比。使用这种战略时,挑战者必须在产品、广告、价格等主要方面超过对手,才有取得成功的可能性。

(2) 侧面进攻。集中优势力量攻击对手的弱点,可以分为两种情况:一种是地理性侧面进攻,即在全国或全世界寻找对手力量薄弱的地区,在这些地区发动进攻;另一种是细分性侧面进攻,即寻找主导企业尚未占领的细分市场,在这些小市场上迅速填补空缺。侧翼进攻符合现代营销观念,即发现需要并设法满足它。

(3) 包围进攻。当进攻者对于对手而言具有资源优势,并确信围堵计划的完成足以打垮对手时,可以采用这种战略。这时的进攻者可以向市场提供比对手多的各种产品,由于进攻是在几条战线上同时发动的,并且深入到对手的领域中,使得对方必须同时保卫自己的前方、侧翼和后方。

(4) 迂回进攻。这是一种间接的进攻策略,即避开对手的现在阵地而迂回进攻。例如,国内手机生产厂商采用的就是这样一种策略,各厂家在不同机型、功能上做文章,使自己的产品具有领先性,而不是从正面直接攻击对方的产品。

(5) 游击进攻。游击进攻是指对不同的领域或竞争对手进行间歇性的小型打击,其目的在于瓦解竞争对手的士气,逐步提高自己的市场地位。游击进攻的特点是灵活机动、突然性强,因此对手很难进行防范。

3. 市场追随策划法

后进入市场的企业追随领先者的追随策划选择的策略如下:

(1) 紧密跟随。在各个细分市场和营销组合方面尽可能仿效主导领先者。这类跟随者有时好像是挑战者,但只要它不从根本上侵犯到主导者的地位,就不会发生直接冲突。

(2) 选择跟随。采取选择跟随时必须集中精力去开拓适合本企业的那些市场,这样才可能赢得丰厚利润,甚至超过市场主宰者。

(3) 距离跟随。在主力方面,如目标市场、产品创新、价格水平和分销渠道等方面都追随主导者,但仍与主导者保持若干差异。这样,领先者并不会注意到模仿者,模仿者也不进攻主导者。

4. 市场补缺策划法

在市场中有众多容易被忽视的小公司,其生存策略恰恰是寻求大公司忽视或放弃的市场并全力满足这些市场的客户,以便占据既安全又获利的市场地位,这就是市场补缺者的实战策略。

(1) 一个理想的市场空缺位置的特征有:有足够的规模及购买力;有成长的潜力;对主要竞争者的利益并不重要;有效地服务于市场;信誉与技术足以对抗主要竞争者。

(2) 专门化是填补空缺策划的关键,主要包括:定制专门化;服务专门化;产品特色专业化;客户规模专业化;地理区域专门化。

（三）品牌定位策划

品牌定位策划是指针对目标市场确定、建立一个独特品牌形象并对品牌的整体形象进行设计、传播等，从而在目标消费者心中占据一个独特的有价值的地位的过程或行动。其着眼点是目标消费者的心理感受；其途径是对品牌整体形象的设计；其实质是依据目标消费者的种种特征设计产品属性并传播品牌形象，从而在目标消费者心中形成一个企业刻意塑造的独特形象。

1. 品牌定位策划的方法

(1) 比附定位法。比附定位就是攀附名牌，比拟名牌来给自己的产品定位，以沾名牌之光而使自己的品牌生辉。

① 甘居"第二"，就是明确承认同类中另有最负盛名的品牌，自己只不过是第二而已。这种策略会使人们对公司产生一种谦虚诚恳的印象，相信公司所说是真实可靠的，这样较容易使客户记住这个通常难以进入人们记忆的序位。

② 攀龙附凤，其切入点亦如上所述，首先是承认同类中已卓有成就的品牌，本品牌虽自愧不如，但在某地区或在某一方面还可与这些最受消费者欢迎和信赖的品牌并驾齐驱，平分秋色。如内蒙古的宁城老窖，宣称是"宁城老窖——塞外茅台"。

③ 奉行"高级俱乐部策略"。公司如果不能取得第一名或攀附第一名，便退而采用此策略。借助群体的声望和数学的手法，打出入会限制严格的俱乐部式的高级团体牌子，强调自己是这一高级群体中的一员，从而提高自己的地位形象。例如，可宣称自己是某行业的三大公司之一、50 家大公司之一，10 家驰名商标之一等。

(2) 利益定位法。利益定位就是根据产品所能满足的需求或所提供的利益、解决问题的程度来定位。进行定位时，向消费者传达单一的利益还是多重利益并没有绝对的定论。但由于消费者能记住的信息是有限的，往往只对某一强烈诉求容易产生较深的印象，因此，向消费者承诺一个利益点的单一诉求更能突出品牌的个性，获得成功的定位。例如，洗发水中飘柔的利益承诺是"柔顺"；海飞丝是"去头屑"；潘婷是"健康亮泽"；新奥妮皂角洗发浸膏强调"不燥不腻，爽洁自然"；夏士莲是"中药滋润"。这些定位都能吸引一大批消费者，并分别满足他们的不同需求。

(3) 消费群体定位法。消费群体定位直接以某类消费群体为诉求对象，突出产品专为该类消费群体服务，来获得目标消费群的认同。把品牌与消费者结合起来，有利于增强消费者的归属感，使其产生"我自己的品牌"的感觉。例如，广东的客家酿酒，把其定位为"女人自己的酒"，这对女性消费者来说就很具吸引力，因为一般名酒度数都较高，女士们多数无口福享受，客家酿酒宣称为"女人为自己的酒"，就塑造了一个相当于"XO 是男士之酒"的强烈形象，在女士们心目中留下深刻的印象。

(4) 市场空档定位法。市场空档定位是指企业寻求市场上尚无人重视或未被竞争对手控制的位置，使自己推出的产品能适应这一潜在目标市场的需要。例

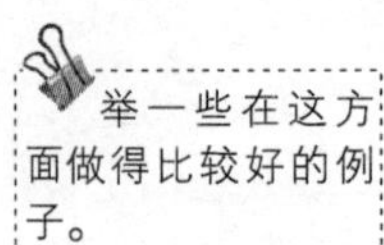

如,西安杨森的"采乐去头屑特效药",在洗发水领域如入无人之境,关键是找到一个极好的市场空白地带,市场空档定位才会获得极大成功。

(5)类别定位法。类别定位就是与某些知名而又属司空见惯类型的产品做出明显的区别,给自己的产品定位为与之不同的另类,这种定位也可称为与竞争者划定界线的定位。例如,美国的七喜汽水,之所以能成为美国第三大软性饮料,就是由于采用了这种策略,宣称自己是"非可乐"型饮料,是代替可口可乐和百事可乐的消凉解渴饮料,突出其与两"乐"的区别,在市场中拥有自己的消费群体。

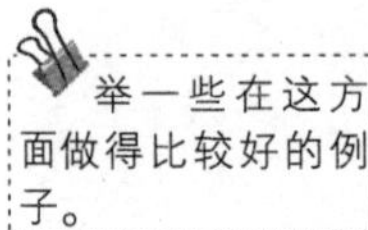

2. 品牌定位策划的步骤

(1)明确竞争目标。

(2)分析市场状况,确定本企业的竞争优势。

(3)确定目标消费者(消费者类型、消费者习惯偏好、消费者行为)。

(4)选择相对竞争优势。

(5)设计品牌定位系统

(6)制定整合营销策略,传播独特竞争优势。

(四)广告定位策划

广告定位策划是广告主与广告公司根据既定群体对某种产品属性的重视程度,把自己的广告产品确定于某一市场位置,使其在特定的时间、地点,对某一阶层的目标消费者出售,以利于与其他厂家产品竞争。它的口号就是要在广告宣传中,为企业和产品创造、培养一定的特色,树立独特的市场形象,从而满足目标消费者的某种需要和偏爱,并促进企业产品销售服务。

1. 强势定位法

在市场上以领导者的角色出现,采取高高在上和咄咄逼人的姿态面对市场和竞争者,以显示优势和强势争取客户信任,取得实力的认同。此形式适用于成就大、实力雄厚的企业。如施乐的"复印机王国"、IBM公司的"无论一大步,还是一小步,总是带动世界的脚步"等。

2. 跟进定位法

处于劣势的二、三流产品常采取的一种依附式、防守性策略。通过模仿或跟进一流企业,达到以较少的投入获得较大的传播效果的定位方法。例如,国内彩电企业中,创维把自己贴近第三名,定位在"四强"上广泛宣传,也是一种跟进策略考虑。而新飞冰箱利用各种机会与冰箱巨头海尔"贴"杀在一起,使新飞品牌的形象大大提升,跟进策略的效果显而易见。

3. 避让定位法

处于弱势的企业,为避免与强势企业正面交锋而采取的回避正面焦点、开发寻求侧面新领地的迂回式竞争方式,是一种变被动为主动的定位策略。例如,广东华凌冰箱面对国内冰箱巨头们的技术和实力优势,根据自己合资的特点,反行其道,扬长避短,广告打出华凌冰箱与目标原装三菱冰箱相比"最大的不同就是完全相同"的独特定位,适合了广东喜爱原装进口产品的消费心态,一直是广东地区最畅销的名牌之一。

4. 逆向定位法

以守为攻的定位方式，以逆向思维方式找出自己的优势，争取市场主动。例如，海尔面对洗衣机产品向高档化、大而全方向发展的激烈竞争现状，以及夏天人们不愿使用洗衣机的传统习惯，独树一帜，开发出针对夏季可洗单件衬衣的迷你型“小小神童”洗衣机，同时打出广告语“飞进美满家庭”，传达了产品小巧玲珑的特点。产品推出后，风行全国，成为最畅销的洗衣机之一。

举一些相关例子，说明这一定位法的优点。

5. 进攻性定位法

抓住竞争对手的弱势、缺点进行全方位进攻，削弱其影响力，并动摇其地位，转变消费者看法，争取市场的主动。例如，针对海尔引以为自豪的“不一定要拥有博士，但要拥有博士研究成果”的借力经营哲学，同一城市竞争对手海信则抓住海尔缺乏博士的空隙机会点，以“拥有42个博士”的强烈针对性广告主题与海尔进行进攻性定位竞争。这一主题也与海信一贯的科技定位呼应吻合，反响强烈。

三、产品卖点策划

(一) 产品卖点的内涵

产品卖点就是能够吸引消费者眼球的独特利益点，即产品带给消费者的效用和好处。消费者为什么要购买你的产品？根据调查发现，消费者花费90%～95%的时间考虑自己的需要，消费者在弄清楚：“我能从这件产品中得到什么好处”之前，他是绝不会下决心购买产品的。消费者之所以要购买产品，不是为了产品本身，而是为了他要买的是产品带给他的利益或好处。因此，一名推销人员卖给消费者的不应该是纯粹的产品，而应该是产品带给消费者的利益。

说说你对产品卖点的理解。

(1) 产品应该向消费者传播一种主张、一种忠告、一种承诺，告诉消费者购买产品会得到什么样的利益。

(2) 这种主张应该是竞争对手无法提出或未曾提出的，应该独具特色。

(3) 这种主张应该以消费者为核心，易于理解和传播，具有极大的吸引力。

(二) 产品卖点的策划思路

产品卖点的传播总是给消费者留下最深的印象，它可以是一句广告语，比如，娃哈哈的“吃饭就是香”、乐百氏的“27层净化”、农夫山泉的“有点甜”、海飞丝的“去除头屑烦恼”等；也可以直接体现在产品的名称或商标里，如“敌百虫”、“脑轻松”、“商务通”等，都是产品给消费者留下的特定印象。

(1) 从产品层面提炼核心卖点。

① 从产品本身的优势出发，旨在建立产品的与众不同，强调实效的承诺。例如，在所有洗发水都在诉求“去屑”时，飘影提出了“去屑不伤发”的卖点，独树一帜；在所有的六味地黄丸诉求“补肾”时，九芝堂提出了“治肾亏，不含糖”的卖点，目标更明确。

② 从产品机理角度，例如，三七胶囊的“三分治七分养”的核心机理。

③ 强调产品以前未受到注意或未曾说过的特性。例如，乐百氏纯净水的“27层净化”、洽洽瓜子的“煮”、五谷道场的“非油炸”、王老吉凉茶的“不上火”等。

(2) 从品牌层面提炼核心卖点。

品牌卖点思考的基点不是针对产品的事实，而是上升到品牌的高度，揭示一个品牌的精髓和核心价值，并通过强有力的、有说服力的手段来证明它的独特性。从品牌出发，为品牌服务的卖点可以采取多种表现手段和表现元素，如情感、意象、情绪、感受等，找准形象诉求点。例如，农夫果园“喝前摇一摇”的定位就突破了功能饮料“营养、美白”等传统诉求，将卖点定位在喝前摇一摇上，既暗示了“有多种水果在里面”的产品特点，另一方面更将人们喝农夫果园那种轻松、诙谐、欢乐的情绪完整地表现出来。

(3) 从社会观念里寻找核心卖点。

观念涉及的主题可以是某种情结、人生、健康、运动、爱情、生活方式，甚至是战争、种族平等。例如，力波啤酒“喜欢上海的理由”，“悠品”饮料“喜欢我，就开口吧”，表达的都是一种观念。白兰氏提出一种“累积多一点，健康也会多一些”，主张人们从生活点滴入手，多运动，多积累，多健康。

你觉得下面讲到的这些模式中，哪种模式最容易取得成功?

(三) 产品卖点的策划模式

1. 卖“情感”

卖“情感”，攻心为上，例如，丽珠得乐的一句“其实，男人更需要关怀”曾感动许多中国男人和女人的心，打开了注意之门，引发了社会话题，引起了购买冲动。

2. 卖“特色”

以特色作为卖点，例如，“金嗓子喉宝，入口见效”、“阿莫仙片，可以含的消炎药”、“治感冒，快，银得非”、“泻痢停，泻痢停，痢疾拉肚，请服泻痢停”。

3. 卖“形象”

形象化的销售主张能够在客户心目中留下美好的印象，例如，雕牌洗洁精宣传的“盘子会唱歌”、麦片的“七层浮上面，才是好麦片”等。

4. 卖“品质”

在卖“品质”的过程中，经常可以卖“专家”、卖“故事”、卖“售后服务”、卖“专业”。例如，不直接宣扬产品品质本身，而让那些本身代表着品质的专家、教授、博士、学者等人士现身说法，引用权威言论、权威发表的文章，参考权威数据，借助权威品牌、权威机构认定，以及权威单位试用等方法打动客户的心，实质上也是以品质为卖点的，因为对专家们的信任也就是对产品品质的信任。

5. 卖“服务”

卖“服务”包括体验，即对产品本身的体验和生产过程的体验，推出工业旅游、服务承诺、服务差异化、服务品牌的打造、个性化服务、衍生服务等。

6. 卖“概念”

卖“概念”，打造差异，畅销的休闲食品市场，例如，雅客 V9，就是典型的传统食品的概念创新，经过现代技术加工，且冠以与时代气息相符合的品名，就成为当前流行的休闲食品；美菱冰箱“保鲜”的概念；补钙口服液的“吸收是关键”的独特诉求；空调的循环风与健康概念；浪潮集团推出了基于“安全性”新概念的“浪潮金盾安全电脑”；服装方面，以抗菌质料做成的运动服；纳米材料、电子类产品的科技概念体验店等，均成为市场的新卖点。

7. 卖"文化"

卖"文化"以柔克刚，例如，某餐厅为了吸引注意力，打民族文化牌：将一块青石碾盘固定在进门的地方，一头戴着眼罩的灰毛驴不停地围着碾盘转圈，事先放好的粮食不一会儿就被碾成了碎末。如有客户需要，这些粮食会被加工成可口的美食。在碾盘的不远处还有一口水井，上面架起的辘轳可以从井中打水，不时有好奇者过来一试身手。围着毛驴、水井拍照的更是大有人在。这比那些只让食客干巴巴地吃饭的餐馆显然更具魅力。时尚文化的卖点更为商家所看重，时尚文化包含了明星文化、偶像文化、发烧文化、动漫文化、沙龙文化等。

8. 卖"感觉"

所谓感觉，就是以企业或者产品为载体，为客户创造出的一种心理舒适与精神满足。今天，这种心理舒适与精神满足已经超越物质成为客户渴望得到的最重要的价值。在竞争激烈的软饮料市场上，1999 年可口可乐公司在中国发动的新一轮广告促销大战，就是一个典型的"感觉促销"大战：张惠妹在电视上高唱"可口可乐给我感觉"。创造感觉已成为可口可乐公司的核心。

经典案例赏析

红色王老吉的定位策划

广东加多宝饮料有限公司旗下的红色王老吉饮料的销售业绩连续六七年都处于不温不火的状态当中。加多宝公司的管理层发现，要把企业做大，要走向全国，他们面临着一连串的问题。

2002 年年底，加多宝找到成美（广州）行销广告公司。加多宝的本意是拍一条广告片来解决宣传的问题。可成美经过认真研究发现，王老吉的核心问题不是通过简单地拍广告可以解决的，关键是没有品牌定位。红色王老吉虽然销售了 7 年，其品牌却从未经过系统定位，连企业也无法回答红色王老吉究竟是什么，消费者更不用说，完全不清楚为什么要买它。这个问题不解决，拍什么样的广告片都无济于事。经过深入沟通后，加多宝公司最后接受了建议，决定暂停拍摄广告片，委托成美先对红色王老吉进行品牌定位。

品牌定位，主要是通过了解消费者的认知（而非需求），提出与竞争者不同的主张。具体而言，品牌定位是将消费者的心智进行全面研究——研究消费者对产品、红色王老吉、竞争对手的认知、优劣势，等等。又因为消费者的认知几乎不可改变，所以品牌定位只能顺应消费者的认知而不能与之冲突。如果人们心目中对红色王老吉有了明确的看法，最好不要去尝试冒犯或挑战，就像消费者认为茅台不可能是好的"威士忌"。所以，红色王老吉的品牌定位不能与广东、浙南消费者的现有认知发生冲突，才可能稳定现有销量，为企业创造生存以及扩张的机会。

研究中发现，广东的消费者饮用红色王老吉的场合为烧烤、登山等活动，原因不外乎"吃烧烤时喝一罐，心理安慰"、"上火不是太严重，没有必要喝黄振龙"（黄振龙是凉茶铺的代表，其代表产品功效强劲，有祛湿降火之效）。而在浙南，饮用场合主要集中在“外出就餐、聚会、家庭”，在对于当地饮食文化的了解过程中，研究人员发现该地的消费者对于“上火”的担忧比广东有过之而无不及，座谈会桌上的话梅蜜饯、可口可乐无人问津，被说成了“会上火”的危险品。后面的跟进研究也证实了这一点，发现可乐在温州等地的销售始终低落，最后“两乐”几乎放弃了该市场，一般都不进行广告投放。而他们评价红色王老吉时经常谈到“不会上火”，“健康，小孩老人都能喝，不会引起上火”。可能这些观念并没有科学依据，但这就是浙南消费者头脑中的观念，这也是研究需要关注的“唯一的事实”。这些消费者的认知和购买消费行为均表明，消费者对红色王老吉并无“治疗”要求，而是作为一个功能饮料购买，购买红色王老吉真实动机是用于“预防上火”，如希望在品尝烧烤时减少上火情况的发生等，真正上火以后可能会采用药物，如牛黄解毒片、传统凉茶类治疗。

再进一步研究消费者对竞争对手的看法，则发现红色王老吉的直接竞争对手，如菊花茶、清凉茶等由于缺乏品牌推广，仅仅是低价渗透市场，并未占据“预防上火”的饮料的定位。而可乐、茶饮料、果汁饮料、水等明显不具备“预防上火”的功能，仅仅是间接的竞争者。同时，任何一个品牌定位的成立，都必须是该品牌最有能力占据的，即有据可依，如可口可乐说“正宗的可乐”，是因为它就是可乐的发明者。研究人员对于企业、产品自身在消费者心智中的认知进行了研究。结果表明，红色王老吉的“凉茶始祖”身份、神秘中草药配方、175 年的历史等，显然是有能力堪称“预防上火”的饮料的。

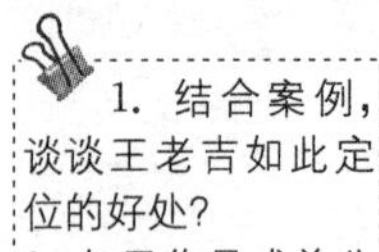

由于“预防上火”是消费者购买红色王老吉的真实动机，显然有利于巩固原有市场。是否能满足企业对于新定位的期望——进军全国市场，成为研究的下一步工作。通过二手资料、专家访谈等研究，一致显示，中国几千年的中药概念“清热解毒”在全国广为普及，“上火”、“祛火”的概念也在各地深入人心，这就使红色王老吉突破了地域品牌的局限。

至此，尘埃落定。首先明确红色王老吉是在“饮料”行业中竞争，其竞争对手应是其他饮料；品牌定位——预防上火的饮料，其独特的价值在于——喝红色王老吉能预防上火，让消费者无忧地尽情享受生活：煎炸、香辣美食、烧烤、通宵达旦看足球……

思考与练习

姓名________ 班级________ 学号________

1. 名词解释

营销定位

营销定位策划

产品定位策划

品牌定位策划

广告定位策划

2. 单项选择题

(1) 在那些产品差异性很小，而价格敏感度很高的资本密集且产品同质的行业中，竞争者之间通常是谋求(　　)局面。

A. 攻击市场主导者　　B. 阵地防御

C. 和平共处　　D. 迂回进攻

(2) 市场营销组合、目标市场、市场细分、市场定位四者之间的先后顺序为(　　)。

A. 市场营销组合、市场定位、市场细分、目标市场

B. 市场定位、市场细分、目标市场、市场营销组合

C. 市场细分、目标市场、市场定位、市场营销组合

D. 市场细分、市场定位、目标市场、市场营销组合

(3) "七喜"汽水突出宣传自己不含咖啡因的特点，成为非可乐型饮料的领先者，该企业采取的是(　　)市场定位战略。

A. 针锋相对式　　B. 填空补缺式

C. 另辟蹊径式　　D. 跟随

(4) 英特尔公司在与其他微处理器生产商进行竞争，在产品竞争中，主要使用(　　)，一举打败很多家公司。

A. 低价定位　　B. 优质定位

C. 优质服务定位　　D. 先进技术定位

3. 判断题

(1) 通过细分市场来正确地选择公司的目标市场和产品定位，并非是现代战略营销的核心。(　　)

(2) 市场定位等同于公司形象识别系统。(　　)

(3) 在一台电脑上看到"IBM"标识，你一定会认为它是一台不错的计算机。这句话，可以了解为市场定位的通俗解释。(　　)

(4)"公司提供优质的产品，就需要提供超出正常产品质量的成本"，对于小企业在制定竞争策划时，一般不宜采用优质定位方法。(　　)

(5) 市场挑战者在使用侧面进攻策略，打击的就是敌人的长处而不是短处。(　　)

4. 简答题

(1) 如何进行营销定位?

(2) 简述品牌定位策划的方法。

(3) 简述产品卖点的策划模式。

5. 讨论

你的一位朋友准备在你们学校附近投资开办一家餐馆，你认为应该如何进行营销定位?分小组讨论，总结小组成员的观点，并形成营销定位策划报告。

6. 实训题

如果在学校里给你提供一个场所，让你可以开一个小超市，你将如何对这个超市进行市场定位。将全班分成8组，组内进行讨论，并得出最佳方案。每组派一名代表发言，说出小组成员对小超市的定位，并说明理由。

训练目标：环境分析能力、创意能力、沟通能力、资料分析归纳能力。

项目七 品牌策划

本项目内容结构图

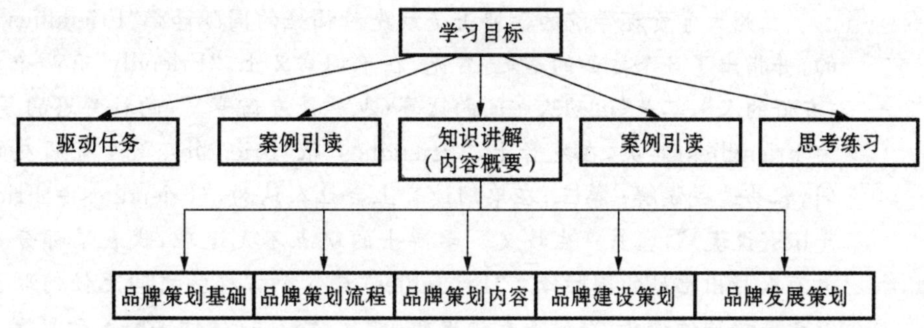

学习目标

• 知识目标

1. 了解品牌策划的内涵。
2. 掌握品牌策划的原则和工作流程。
3. 熟悉品牌建设策划的内容。
4. 熟悉品牌发展策划的内容。

• 能力目标

1. 能运用品牌策划的原理进行一般的品牌策划工作。
2. 能根据品牌发展策划的原理进行一般的品牌提升策划工作。

驱动任务

任务内容：在授课老师指导下，为所在学校进行品牌提升策划。

任务要求：把全班分成若干小组，为所在学校进行品牌策划，在分析了解调查的基础上，撰写策划报告或方案，小组讨论，全班交流。

案例引读

2008年奥运会吉祥物"福娃"国际译名的更改

2008年北京奥运会是备受世人关注的一次盛会，也是向全世界展示中国的一次绝好机会，作为2008年北京奥运会的重要组成部分——奥运会吉祥物的设计自然十分重要，最终5个设计可爱的福娃成为了2008年奥运会的吉祥物，并得到了各界一致的好评。然而，作为北京奥运会吉祥物福娃的国际译名"Friendlies"从其提出之日开始，就遭到了多方面的质疑，那么费了很大劲才提出的福娃国际译名为何遭到大众的质疑呢？

兰州大学资环学院的李博士是最先对福娃的国际译名"Friendlies"提出质疑的，并指出了3个方面的不足：首先，在单词意义上，"Friendly"有两个意思：一是"友好的人"，二是"运动队之间的比赛（也就是友谊赛）"，两种意思的复数形式均为Friendlies；其次，在发音上，"Friendlies"跟"Friendless"（没有朋友的）发音雷同，容易造成误解；第三，在单词读音上会让人认为，"Friendlies＝ Friend（朋友）＋lies（说谎）"，容易产生歧义。李博士的观点不无道理，代表了部分人的观点。也有人指出福娃的国际译名"Friendlies"与5个吉祥物之间无任何联系，不但不能承载福娃的含义、准确地表达思想，相反，给人一种仿佛坠入云里雾里的感觉。还有人指出福娃的国际译名比较复杂，难于记忆。此外，福娃的国际译名缺少民意的参与，也是其广受质疑的一个原因。在国人心目中，奥运是全民的奥运，福娃是大家的"福娃"，既然"福娃"的形象吸收了公众的意愿，起名字也应该广开言路，听听大家的意见。现实的情况似乎也附和了这种质疑，自从福娃的国际译名"Friendlies"被提出来后'它除了被寂寞地印在吉祥物或者吉祥物的图片上，几乎听不到有人用它来称呼这些吉祥物。更令人担心的是，当外国人对中国人谈起"Friendlies"的时候，中国人根本不知道那是在说"福娃"。这种情况是极不利于福娃的市场推广的，基于此，北京奥组委于2006年10月发布以来备受争议的2008年奥运会吉祥物"福娃"的国际译名"Friendlies"更改，新的英文译名汉语拼音"Fuwa"正式启用，奥运官方网站上，福娃宣传图片上的英文译名也相应变成了"Fuwa"。至此，"福娃"的译名采取了简单的音译方法，用了汉语拼音"Fuwa"，简明、通俗，而且体现了本土文化的特色。由于中文名和英文名发音一样，除了写法不同，再没什么两样，也不需要什么多余的解释，只要一开口，大家就都知道是在说什么。北京奥组委官员接受媒体采访时表示，改名后的福娃英文名称更加好记，从而便于市场推广。

从2008年北京奥运会的吉祥物福娃更改国际译名这件事上，可以看到品牌对于营销的重要性，更看到了起一个好的品牌名称绝不是一件轻而易举的事情。本章将向读者详细论述包括品牌命名在内的一系列关于品牌策划的内容，相信读者再读完本章后，会对品牌策划有一个更全面、深入的理解。

请同学们列举出自己喜欢的品牌名称并说明理由。

知识讲解

一、品牌策划基础

(一) 品牌的概念

对于品牌的定义有多种,有的观点认为"品牌就是牌子、商号、商标",而著名的市场营销专家菲利普·科特勒是这样解释品牌的:"品牌是一种名称、术语、标记、符号图案,或是它们的相互组合,用以识别某个消费者的产品和服务,并使之与竞争对手的产品或服务相区别"。上述定义说明品牌是一个复合概念,它由品牌外部标记(包括名称、术语、图案等)、品牌识别、品牌联想和品牌形象等内容构成。

请说出品牌与商标之间的关系

请列举一个品牌,并指出它的各项构成。

(二) 品牌策划的原则

1. 眼光原则

品牌策划必须具有前瞻性,也就是说策划人要有"眼光",要看得远,要看到他人没有看到的,这样才能抢占先机、出奇制胜,反之则"人无远虑,必有近忧",整日被琐事缠身,裹足不前。不谋万世者,不足谋一时,不谋全局者,不足谋一域,说的也是这个。如很多的企业没有做品牌战略策划就忙着请广告公司发布广告,大量的资金砸下去之后,可能会有一定的收益,但必然是事倍功半。

请同学们开动脑筋,说说品牌与广告之间有着什么样的关系?

2. 阳光原则

阳光原则是指品牌策划必须见得着阳光,经得起日光的"暴晒"。换句话说,策划人必须心胸坦荡,不能是昧着良心的策划,即品牌策划不能欺诈消费者,不能损害消费者的利益.更不能有悖于社会道德和伦理。不容乐观的是,不少品牌策划却违背了这一原则,现在仍旧未能引起足够的重视。

3. X光原则

X光是一种波长很短的电磁波,波长在0.1～10nm,有很大的穿透能力,常用于科技和医疗等方面。这里借指策划人要有"掘地三尺"的精神和能力,洞穿问题的本质,或者说找到问题的根源,然后再结合存在的资源进行策划。这样,品牌策划实施后才有可能实现釜底抽薪、药到病除的效果,否则必然是隔靴搔痒,治标不治本。如某商场作了错误的品牌定位,却热衷于大搞一些不痛不痒的演出活动、促销活动,结果自然是解决不了根本问题,几个月后依旧是"门前冷落鞍马稀"。

(三) 品牌的作用

1. 品牌对于企业的作用

(1) 存储功能。品牌可以帮助企业存储商誉、形象。品牌就是一个创造、存储、再创造、再储存的经营过程。

(2) 维权功能。通过注册专利和商标,品牌可以受到法律的保护,防止他人损害品牌的声誉或非法盗用品牌。

(3) 增值功能。品牌是企业的一种无形资产,它所包含的价值、个性、品质等特征都能给产品赋予个性、文化等许多特殊的意义。

(4) 形象塑造功能。品牌是企业塑造形象、知名度和美誉度的基石,在产品同质化的今天,赋予企业和产品个性、文化等许多特殊的意义。

(5) 降低成本功能。平均而言,赢得一个新客户所花的成本是保持一个既有客户成本的6倍,而品牌则可以通过与顾客建立品牌偏好,有效降低宣传和新产品开发的成本。

2. 品牌对于消费者的作用

(1) 识别功能。品牌可以帮助消费者辨认出品牌的制造商、产地等基本要素,从而区别于同类产品。

(2) 导购功能。品牌可以帮助消费者迅速找到所需要的产品,从而减少消费者在搜寻过程中花费的时间和精力。

(3) 降低购买风险功能。消费者都希望买到自己称心如意的产品,同时还希望能得到周围人的认同。选择信誉好的品牌则可以帮助降低精神风险和金钱风险。

(4) 契约功能。品牌是为消费者提供稳定优质产品和服务的保障,消费者则用长期忠诚的购买回报制造商,双方最终通过品牌形成一种相互信任的契约关系。

(5) 个性展现功能。经过多年的发展,品牌能积累独特的个性和丰富的内涵,而消费者可以通过购买与自己个性气质相吻合的品牌来展现自我。

相关链接

麦当劳的品牌内涵

1955年诞生的麦当劳连锁快餐机构,在2009年已发展成为在世界范围内拥有30000家分店的跨国公司。麦当劳是餐饮行业的世界第一品牌。麦当劳的品牌内涵中包含了其产品品质、产品市场定位、品牌文化、产品标准化生产及品质保障机制、品牌形象推广,特许经营的市场扩张模式诸多方面:QSCV原则的建立确定了它在控制管理方面成功的的典范;设计简洁但非常有效的麦当劳标志和统一的店面装饰共同构成了麦当劳独特的外在形象;而服务集中于家庭和孩子,大众化的装修成为麦当劳品牌的独特标识,等等。这些方面汇合成为一个统一的系统,构成了麦当劳品牌的内涵。正如麦当劳在总结自己时得出的结论所言:"麦当劳不是一种产品,它是一种经历"。

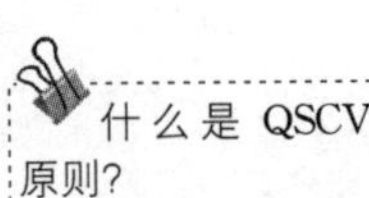

二、品牌策划的流程

品牌化向企业的营销人员以及企业外部的营销策划人员提出了一系列具有挑战性的决策,这些决策的内容十分广泛,并且这些决策内容之间是相互联系的,可以按照决策顺序进行排列形成一定的流程。品牌策划的流程可以用图7-1来加以概述。

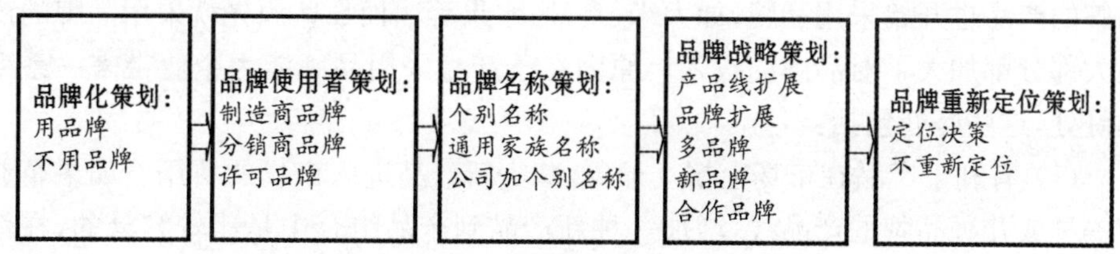

图 7-1 品牌策划的流程

其中，品牌化决策解决的是企业用不用品牌的问题；品牌使用者决策解决的是企业决定使用谁的品牌的问题；品牌名称决策解决的是使用什么样的品牌以及是采用个别品牌还是家族品牌的问题；品牌战略决策解决的是企业使用什么品牌策略以及是否进行品牌延伸的问题；品牌重新定位决策解决的是当企业的品牌发生问题时，是否进行品牌的再定位的问题。一个企业在其品牌管理中对这些问题都会有所涉及，品牌策划也是基于这些内容进行策划的。

三、品牌策划的内容

依据品牌策划的流程，**品牌策划的内容**可分为品牌化策划、品牌使用者策划、品牌数量策划、品牌建设策划和品牌发展策划等。其中品牌建设策划和品牌发展策划将分别在下面专门论述。

(一) 品牌化策划

在品牌策划中，遇到的第一个问题就是是否采用品牌。在目前激烈的市场竞争当中，品牌是企业获取竞争优势的重要手段之一，它可以为企业赚取巨大的利润。但是打造一个品牌往往需要企业投入大量的人力、物力和财力，从而使企业的成本上升。这就是说企业在树立品牌过程中，承担着一定的风险，一旦品牌经营失败，则往往会大幅削弱企业的实力，甚至将一个企业拖垮。同时，有的产品使用品牌的意义不大，不采用品牌比采用品牌的效果更好。一般来说，企业在下列情况下，应当倾向于不采用品牌。

(1) 同质性产品。品种、规格相同，产品不会因为生产者的不同而出现差别。

(2) 人们不习惯认牌购买的产品。比如，白糖、食盐，一些农副产品和零部件等。

(3) 生产简单、无一定技术标准的产品，如土纸、小农具等。

(4) 人们已经习惯于某个经销商的品牌，乐于此处购买包装简单、无品牌的商品。

由于产品不采用品牌会省下一大笔费用，因此在出售价格上会具有很大的优势。例如，在 20 世纪 70 年代早期、法国巨型超市家乐福在店内推出了一系列“无品牌”的商品，如细条实心面、面巾纸以及罐装桃子等，这些产品基本属于日常消费品和药品，同时在质量上符合标准，但是由于产品的标签，包装费用以及广告宣传费用的减少，其售价低于那些做广告品牌产品的 20%～40%，深受那些对价格比较敏感的消费者的欢迎，销售比较好。

然而，由于品牌化是一种有效的市场营销战略，目前越来越多的传统上不同品牌的产品也开始采用品牌，如大米、食油、水果等。而那些原先就采用品牌的产品大部分都加大了对品牌的投入。原因在于产品采用品牌能为企业带来一系列的好处，这些好处包括：

(1) 有利于产品在市场上树立形象，减少新产品进入市场的费用。如果企业有一种或几种品牌的产品线，增加一种新产品到产品组合中是比较容易的，在新产品进入市场时，更容易被消费者所接受。

(2) 品牌化有助于企业细分市场。通过品牌所传播给消费者的特定信息，可以自然将消费者划分出不同的群体，即对消费者进行市场细分。例如，宝洁公司在洗发水市场上推出飘柔、海飞丝等多个品牌的产品，每种品牌都很有针对性地解决了消费者对头发某方面的需求，从而更好地为消费者服务，因此，宝洁赢得了洗发水产品市场上的绝大部分市场份额。

(3) 品牌可以有效降低消费者的价格敏感度。企业可以通过品牌建立良好的知名度、美誉度和忠诚度，品牌增加了产品的价值，从而有利于产品制定较高的价值。消费者对于美誉度高的品牌产品的价格的敏感度相比于那些无品牌或品牌知名度低的产品大大降低了，他们愿意付更高的价钱去买著名品牌的产品，尽管实际上这些著名品牌的产品在质量上并不比其他同类产品高出多少。

(4) 品牌有助于建立公司形象。强有力的品牌有助于建立公司在公众心目中的良好形象，从而使公司更容易推出新产品并获得分销商和消费者的信任和接受。企业应根据自身产品的特点、企业内部资源的情况和外部市场的情形，决定是否对其产品进行品牌化，切不可盲目地进行品牌化决策，否则就极可能造成极大的经济损失。但是，对于绝大多数产品而言，品牌化已是一个不可回避的现实，当企业决定为其产品进行品牌化时，下一步的工作就进入品牌使用者策划阶段，即确定企业的产品使用谁的品牌。

(二) 品牌使用者策划

当企业决定自己的产品需要品牌后，就要进一步决定使用谁的品牌。对此，生产者可有 3 种选择：一种使用自己的品牌，即制造商品牌；二是使用别人的品牌，如中间商品牌或别的制造商品牌，即分销商品牌或许可品牌；三是使用自己和别人共有的品牌。做出品牌使用者策划的关键是确认哪一种做法对企业及其产品有利。

(1) 使用制造商品牌。绝大多数生产者都使用自己的品牌，制造商品牌长期以来一直支配着市场。虽然生产商使用自己的品牌要花费一定的费用，但品牌作为企业不可忽视的一笔无形资产，可以为企业带来很大的利益。生产者使用自己的品牌，可以获得品牌带来的全部利益。享有盛誉的生产者可以将其品牌租赁给他人使用，从而收取一定的特权使用费。例如，我国青岛啤酒就与多家企业联营共同使用其品牌，使联营企业的产品可以借助青岛啤酒的名牌效应，迅速打开销路，同时青岛公司也可以收取一定的特权使用费。

(2) 使用中间商品牌。随着商业的发展，中间商品牌得到了强劲的发展，近十几年来，美国等西方国家的大零售商、大批发商都在发展自己的品牌，例如，美国著名的商业公司西尔斯·罗兰克所经营的商品90%以上皆用自己的品牌。中间商品牌的发展主要得益于两方面的现实状况：一方面，一些资金薄弱、市场经验不足的企业，为集中力量更有效地运用其有限的资源，宁可采用中间商品牌；另一方面，顾客对所需产品并不都是内行，不一定有充分的选购知识，因而顾客除了将制造商品牌作为选购依据外，还经常依据中间商品牌，愿意在商誉良好的商店购买。中间商树立自己的品牌会带来一些问题，例如，必须额外花费较多的促销费用以推广其品牌；要承担更大的风险，一旦消费者对某一种中间商品牌的产品不满，往往会影响其他品牌的销售；中间商本身不从事生产，必须向生产厂家订货，这会使大量资金用于商品的库存，资金流动率降低。同时，中间商使用自己的品牌也有许多好处，主要包括：中间商有了自己的品牌不但可以加强对价格的控制能力，而且可以在一定程度上控制作为供应商的生产者；中间商可以找到一些生产能力过剩的、无力创立品牌或不愿自立品牌的厂家，使其使用中间商的品牌制造产品，这样可以减少一些不必要的费用，中间商就可以降低产品的售价，提高产品的市场竞争力，同时还能保证得到较多的利润。作为生产者，是使用自己的品牌还是中间商的品牌，主要根据品牌在市场上的声誉。如果一个企业对市场不熟悉或者自己的品牌声誉远不及中间商的品牌声誉，就可以考虑使用中间商的品牌，以便集中自己有限的资源去做对企业来说更有利的事情。

(3) 使用混合品牌。混合使用品牌是一种既用生产者的品牌又用经销商品牌的策略，这种策略有3种方式：其一，生产者部分使用自己的品牌，部分批量卖给经销商，使用经销商品牌。这样既能保持本企业品牌的特色，又能扩大销路。其二，为了进入新市场，企业先使用中间商的品牌，取得一定市场地位后再使用自己制造的品牌。其三，两种品牌并用，即一种制造商品牌与一种中间商品牌或另一种制造商品牌同时用于一种产品，以达到兼有两种品牌各自的优点或说明某些不同的特点。例如，日本的通用电气公司与日立公司的日光灯以及花旗银行和美国航空公司共同发行的花旗银行AA级信用卡。

(三) 品牌数量策划

对于那些决定使用自己品牌并且生产非单一产品的企业来说，下一步就是要对使用多少品牌做出决策，企业可以根据自身的具体情况选择使用以下几种策略。

(1) 使用统一品牌。这种做法是企业的各种产品使用相同的品牌推向市场，例如，美国通用电气公司的所有产品只用一个品牌——GE。使用这种策略的好处在于：可以节省发展过多新品牌的时间、费用，大量产品共用一个品牌可以显示企业的实力，提高企业的声望；新产品可以借助已有品牌的影响力，更加容易打入市场；在市场传播方面，企业可以集中力量凸出品牌形象，同时也可以节约促销费用。使用统一品牌时，要注意各种产品的质量水平应大体接近，如果质量水平参差不齐，势必影响品牌的声誉；同时，在统一品牌下，如果其中一种产品出现问题，其他的产品也会受到一定程度的负面影响。

(2) 使用个别品牌。这种策略下，企业不同的产品使用不同的品牌。其主要优点在于可以有效避免企业的声誉过于紧密地与个别产品联系，同时可以为每种产品寻求最适当的品牌定位，有利于吸引顾客购买。但是这种做法需要企业投入大量的时间和费用，一般实力的企业无法承担多种品牌发展和市场传播所需的大量资源。

(3) 使用个别的统一品牌。企业依据一定的标准将其产品分类并分别使用不同的品牌。这种策略可以看做是上述两种策略的折中，可以兼收统一品牌和个别品牌两种策略的优点。例如健力宝集团的饮料类产品使用健力宝品牌，而运动服装类产品则使用李宁品牌。

(4) 使用统一的个别品牌。这是兼有统一品牌和个别品牌优点的又一种策略。通常是把企业的商号和商徽作为统一品牌并与每一种产品的个别品牌联用。这样，在产品的个别品牌前面冠以企业的统一品牌，可以使新产品正统化，分享企业已有的声誉；在企业统一品牌后面跟上产品的个别品牌，又能使新产品个性化。例如，日本的丰田汽车，便用丰田卡利姆、丰田登丰和丰田皇冠等。

四、品牌建设策划

企业一旦决定使用自己的品牌，就必须积极进行品牌建设方面的策划。本节将从品牌命名策划、品牌设计策划，品牌定位策划和品牌传播策划 4 个方面详细论述品牌建设策划。

(一) 品牌命名策划

俗话说“名不正则言不顺，言不顺则事不成”，这足以道出名字的重要性。同样，企业要想自己的产品卖得好，那么除了产品自身的质量有保障外，给产品起个好名字也是至关重要的。好的品牌名称既可以引起消费者的独特联想，还能反映产品的特点，有强烈的冲击力，增强消费者的购买欲望。例如，“奔驰”使人们联想到尊贵、成功，同时也反映了汽车制造工艺的优良等特点。由此可见，品牌名称是品牌的代表，是品牌的灵魂，体现了品牌的个性和特色。

1. 品牌命名的类型

按照不同的划分标准，可将品牌命名划分为不同的类型。

(1) 按照品牌的文字类型划分。按照品牌名称的文字类型，可以将品牌命名划分为文字型品牌、数字型品牌。其中，文字型品牌指的是品牌完全由文字的组合来命名，这种品牌命名方式最为常见，例如中国一些知名品牌：海尔、长虹、全聚德等以及国外的 HONDA、TOSHIBA 和 Microsoft 等。数字型品牌则是指品牌完全由数字或数字较多的组合来命名，因为阿拉伯数字通行全球，所以这种品牌名具有简洁、醒目、易读和易记的特点，例如 999 感冒灵，555 牌香烟、三星电子和 3M 等。

(2) 按照品牌名称的出处划分。按照这种划分标准可将品牌命名分为人名品牌、动植物名品牌、地名品牌和独创品牌。其中，人名品牌以人物姓名作为商品品牌的名称，这些人物大多是企业的创业者、设计者或知名人物。例如，全球最大的零售商 Wal-Mart 就是由其创始人 Samuel Walton 的姓氏与具有特征意义的

Mart(大商场)结合而成,奔驰(BENZ)则取自汽车发明人 BENZ 先生的名字等。以动植物命名的品牌也很多,但真正成为世界级著名品牌的却不多,这可能与各国人民对动植物的熟悉度与爱好程度有关。其中,以动物命名的品牌有金狮、熊猫、白兔、鳄鱼等,以植物名称作为品牌名的有梅花、牡丹、菊花和苹果等。地名品牌则是以产品的出产地或所在地的山川湖泊名胜的名称作为品牌名称,例如中国的青岛啤酒、燕京啤酒和黄果树均属此类。独创品牌则是以企业名称或功能名称的缩写词来对品牌进行命名,这种命名方式的好处是简单易记、特色鲜明,在电子类产品中运用的较多,例如国际商用机器公司(International Business Machine),简称为"IBM",日本的索尼公司以"Sony"作为品牌名称等。

(3) 按照品牌的特性划分。按照品牌的特性可将品牌命名划分为功能性品牌、效果性品牌和情感性品牌 3 种类型。其中,功能性品牌是指产品以其自身功能、效用、成分或用途等来命名,例如药品中的感冒灵、六必治,洗涤领域的舒肤佳香皂、佳洁士牙膏和海飞丝洗发水等。效果性品牌则旨在向消费者传递产品在某方面具有很强满足能力的价值信息,以期在消费者心目中建立深刻的印象,例如针织行业的名牌"宜而爽"和化妆品"益肤霜"等。情感性品牌则是通过情感增加产品与消费者精神方面的沟通,以期消费者对产品产生情感上的共鸣,例如"乐百氏"愿将欢乐随着产品送给千家万户,"万家乐"让千家万户快乐等。

2. 品牌命名策划原则

在品牌命名策划活动中,策划人员应当遵循以下几个主要的品牌命名策划原则。

请根据品牌命名策划原则试给目标商品命名

(1) 易读易记。一个品牌名称要容易拼写,容易发音,这样才有助于公众和消费者记忆,并提高其对品牌的认知能力,从而便于品牌在消费者中的流传。根据人们的记忆规律,品牌名一般应以两三个字为宜,超过 5 个字以上的品牌名则不易记忆,而且印象模糊。例如,世界十大品牌排行榜上位于第一位的可口可乐,不仅读音响亮,音韵好听,而且易读易记;中国的"娃哈哈"3 个字的元音都是 "a",叫起来顺口,更适宜儿童发音和模仿。

(2) 独特新颖,不落俗套。选择一个易读易记的品牌名称有助于增强人们对品牌的记忆,而一个与众不同、独特的品牌名称则更有利于品牌的识别和品牌保护。独特的品牌便于记忆和识别,不容易被市场上众多的品牌所淹没。那些通过模仿产生的品牌名称由于缺乏个性,无法吸引消费者的注意。企业可以选用一般字典上不常用或查不到的词来做品牌名称,这些词多数没有什么意义,既易于注册又不易被假冒,在法律上具有专利性,可以说是为企业品牌命名专门创造的。例如,日本的索尼(SONY),美国的柯达 (Kodak)在作为品牌名称使用之前,任何国家的词典上都没有这个词。现在则被人们看做公司的品牌名称,因而更具有显著性、标志性和新颖性. 美国的"克宁"奶粉,采用"KLIM"作为品牌名称,而"KLIM"是英文"milk"倒序写成的,这个名称构思巧妙,与众不同,已成为品牌命名上的一个经典案例。

(3) 注重文化底蕴。富有文化底蕴的品牌既体现了企业的精神面貌,鼓舞员工士气，又容易赢得消费者的好感，获得其赞同和认可。拥有丰厚文化底蕴的品牌，无论是对内还是对外，都会产生强大的感召力和激发力。在中国，给品牌起个具有文化底蕴的名字尤其重要，中国拥有5000年的悠久历史，造就了浓厚底蕴的文化，中国人的传统文化根深蒂固，倾心于具有文化底蕴的品牌名称。因此，品牌策划者应该从这丰富的历史文化中汲取营养，提高品牌的文化底蕴。这方面做得出色的例子也比较多，例如，山西杏花村酿酒公司利用唐代诗人杜牧的名篇《清明》中的"借问酒家何处有，牧童遥指杏花村"的著名诗句，把汾酒定位为中国悠久的酒文化的代表而使汾酒名扬四海；又如，"九"在中国是最大至尊的数字，并与"久"谐音，给人"天、地、人长久"的感觉，三九胃泰的取名便是取其意义，更因为其产品的主要成分是三桠苦和九里香，取两味中药的字头，便是"三九"，堪称绝妙的品牌命名。

请同学们课后查阅资料，列举出品牌名称中禁止使用的内容和文字。

(4) 不触犯法律，不违反社会道德和风俗习惯。品牌名称作为一种语意符号，其间往往隐藏着许多鲜为人知的秘密，稍有不慎，便可能触犯目标市场所在国家或地区的法律，违反当地社会道德准则或风俗习惯，使企业蒙受不必要的损失。这对产品行销国际市场的企业尤为重要，一些在国内看来没问题的品牌名称在其他国家可能就成为忌讳，例如，熊猫是我国的国宝，是"友谊"的象征，因而有许多产品的品牌以熊猫命名，但一旦这些产品出口到伊斯兰国家或信奉伊斯兰教的地区，其销售就会因这个品牌名而受影响，因为在这些地方的消费者是很忌讳熊猫的，认为它形似肥猪。

（二）品牌设计策划

按照品牌的完整性，品牌可以划分为完全品牌、品名品牌和品标品牌。品名品牌只有品牌名称而无品牌标志；品标品牌只有品牌标志而无品牌名称；完全品牌则是同时具有品牌名称和品牌标志的品牌。企业树立品牌一般都采用完全品牌，少用品名品牌和品标品牌，尤其是品标品牌。因为完全品牌凭借其形象丰满，更有利于品牌的传播，加深消费者对品牌的印象。例如，奔驰(Benz)不仅因其品牌名称简洁而便于传播，而且也因其类似方向盘的三叉星的品牌标志而更易于加深记忆。因此，品牌除了要有好的名称，还要有好的标志，名称与标志相互融合，并与产品相应生辉、相得益彰。而品牌设计则是达到品牌名称与品牌标志和谐统一、完美组合的基础。

1. 品牌标志的类型

品牌标志是一种视觉语言，它通过一定的图案、颜色来向消费者传递某种信息，以达到识别品牌、促进销售的目的。品牌标志可以根据其造型、构成因素和内容等的不同来加以分类。

(1) 根据品牌标志造型的不同，可以将其划分为表音标志、表形标志和图画标志。表音标志就是表示语素及其拼音的视觉符号。汉字、阿拉伯数字、大小写字母和标点等日常的文字或语素、音素等都是表音标志，其特点是简洁明了。表形标志是通过几何图案来表示的，其设计时要充分研究几何图形中的点、线、面，抓住事物的本质特征、运动规律以及几种图形自身的组合结构规律。这种标志的特点是形有限而意无穷。图画标志是直接以图画的形式来表达企业或产品特征的标志,其特点是画面复杂,不利于传播。

(2) 根据品牌标志构成因素的不同,可将其分为文字标志、图形标志和图文结合标志。其中,文字标志由中文、外文或汉语拼音的单字或单词及其组合等构成。文字标志的优点在于可以直接传达企业和产品的相关信息,具有较强的可读性,缺点在于其识别记忆性不及图形标志。图形标志则是由某种图案或图案的组合构成,具有较强的视觉识别性,但其可读性不及文字标志。图文组合标志则是文字标志和图形标志的组合,因而它结合了文字标志和图形标志两者的优点,具有较强的可读性和可视性,从而更有利于品牌的传播。

(3) 根据品牌标志的内容可将其划分为名称性标志、解释性标志和寓意性标志。名称性标志指的是品牌标志就是品牌名称,并用独特的样式直接把品牌名称的文字、数字等表现出来,例如 SONY、IBM 和 555 等品牌标志;解释性标志指的是品牌名称本身所表示的事物,用名称内容所包含的图案来作为品牌的标志,例如古井贡酒就是以大树下的一眼古井的图案来作为其品牌标志;寓意性标志则指的是以图案的形式将品牌名称的含义间接地表达出来的标志,根据文字、图形等组合因素的不同,又可将其分为字母式标志、名称线条式标志和图画标志 3 种。

2. 品牌设计策划的原则

品牌标志要和品牌名称紧密地联系在一起,这样两者才能相得益彰,突现整个品牌的亮点,赢得消费者的青睐。品牌设计策划者在进行品牌设计策划时,应当遵循以下几个原则:

请给百度网站设计一款儿童节的图标。

(1) 简洁明了,新奇独特。品牌是产品的标记,必须具有显著的特征。好的品牌设计应当图案清晰,文字简练,色彩醒目,没有多余的装饰。同时,好的品牌设计不应随波逐流,要有鲜明的个性。例如,耐克(NIKE)的形似对号的红色标记,不但简洁明了,而且使人感到新奇和独特,从而给消费者留下深刻的印象。

(2) 易懂易记,引发联想。品牌策划所蕴含的信息,要使人容易明白,这样消费者才容易记忆,如果消费者无法理解品牌所承载的信息,就无法达到品牌与消费者之间的沟通。同时,好的品牌设计能够给消费者以意会、机智或趣味方面的心理享受,引发联想。例如,北京"同仁堂"品牌的设计,"同仁堂"三字由与清富有密切关系的书法大家启功先生所写,力道十足,同时"同仁堂"的周围由两条戏珠飞龙来环绕,整个品牌的设计,不但易懂易记,而且会使人引发一种历史悠久、至高无上的联想。

(3) 形象生动,美观大方。品牌在设计上,应当形象生动、美观大方,这样才会有强烈的艺术感染力,给人一种美的享受。那些设计草率、质量低劣或抄袭别人的品牌设计,不但会使人产生厌恶,而且影响企业和产品的形象,不利于企业的发展,因为品牌是企业和产品形象的代表。例如,海尔品牌是由两个活泼的小男孩构成,面带微笑,十分具有亲和力,看上去就十分形象生动,并且美观大方。

(4) 功能第一,传播便利。品牌设计应立足于有效传达企业和产品的信息,增加企业和产品的价值,而不应当将其看做是一件独立的艺术品。因为品牌是企业或产品的一个有机组成部分，不能脱离企业或产品而孤立存在，否则就失去了它存在的意义。例如，一件衬衫的品牌往往设在胸前、袖口等显著部位，目的不仅为了装饰，更是为了便于消费者的辨认。同时，品牌作为市场传播的主要信息载体，应当尽可能适用于各种传播媒体的特点，比如电视、广播、报纸、杂志、互联网和霓虹灯等，以便于品牌的传播。关于品牌传播，将在下面进行详细的论述。

(三) 品牌定位策划

品牌定位是指对品牌进行设计，构造品牌形象，以使其能在目标消费者心目中占有一个独特的竞争优势的位置。品牌定位不是针对产品本身，而是对消费者内心深处所下的工夫，力求在目标顾客的头脑中占有最有利的位置，塑造良好的品牌形象，从而借助品牌的力量使品牌产品成为消费者的首选。品牌定位是市场营销发展的必然产物和客观要求，是品牌建设的基础，也是品牌成功的前提。在当今商品同质化日趋严重、信息爆炸的年代，品牌定位直接关系到品牌在市场竞争中的成败。因此，品牌定位策划具有不可估量的营销战略意义。

1. 品牌定位策划的原则

品牌定位策划的目的在于使品牌与消费者之间产生交流和互动，激发消费者对品牌产品的购买欲。因此，品牌定位策划不可随心而欲，而需要遵循一定的原则。具体说来，品牌定位策划主要遵循以下几条原则。

(1) 以目标消费者为导向。品牌定位作为企业与目标消费者互动性活动，其成功与否关键在于其能否突破目标消费者的心理障碍。因此，品牌定位策划要为消费者接受信息的思维方式和心理需求所牵引，突破信息传播的障碍，将定位信息进驻于消费者的心灵。品牌定位必须站在满足目标消费者需求的立场上，借助于各种传播手段让品牌在消费者心目中占据一个有利的位置。

(2) 以差异化为标准。竞争者是影响定位的重要因素，没有竞争的存在，定位就失去了价值。因此，不论以何种方法、策略进行品牌定位，始终都要考虑竞争者。营销策划人员在进行品牌定位策划活动时，应当选择与竞争对手不同的品牌定位，制造差异，以便和竞争者区别开来，从而有利于塑造个性化的品牌形象，凸显竞争优势。差异创造竞争价值，差异创造品牌的"第一位置"。品牌定位的差异化不但可以规避与竞争对手的简单价格竞争，而且更能保证品牌能够成为目标消费者心目中的"第一选择"。

(3) 以产品特点为基础。品牌是产品的形象代表，产品则是品牌的物质载体。二者相互依存的紧密关系决定了策划人员在进行品牌定位策划时，必须考虑产品的质量、性能、用途等方面的特点。品牌定位包含了产品定位，这种定位不是随手拈来，而是来自于产品与生俱来的特点，否则，这种定位就失去了物质层面的支撑，是站不住脚的。例如，我国的农夫山泉"有点甜"以及"天然水"的定位就是来自于产品实实在在的特点，如果产品不具有这种特点，那么这些定位就会成为不堪一击的笑料。

(4) 考虑成本效益比。追求经济效益最大化是企业的经营宗旨，任何工作都要服从这一宗旨，品牌定位也不例外。品牌定位是要付出经济代价的，其成本的多少因定位不同而有所差异。不考虑成本而一味付出、不求回报不符合企业的经营宗旨。所以，策划人员在进行品牌定位策划活动时，必须考虑成本效益比。品牌定位策划要追求令企业满意的成本收益比，遵循收益大于成本这一原则。收不抵支的品牌定位只能使品牌定位失败。例如，将洗碗用的百洁布定位于高端豪华产品就不合适，因为没有多少人愿意掏高价钱去购买这种最普通的家庭日常用品，结果只会增加成本，降低经济效益。

2. 常见品牌定位策略

品牌定位是一项创造性的活动，这就注定了其没有固定的模式。也正因为没有固定的模式，品牌之间的差异性才能体现得淋漓尽致，增强品牌自身的价值。但是，现实中也有一些常见的品牌定位策略，这些策略往往因为在实践中曾取得巨大的成功而被总结出来，以供企业借鉴，这些策略可以单独使用，也可以相互组合，以达到更好的效果。这里简要介绍一些最常见的品牌定位策略，以供读者借鉴。

(1) 利益定位。所谓利益定位，就是将产品的某些功能特点与消费者的利益联系起来，向消费者承诺产品能带给其某种利益。利益定位可以突出品牌的个性，增强品牌的人文关怀，从而获得消费者的认可。利用利益定位时，利益点的选择不宜太多，最好不要超过两个，因为消费者对信息的记忆是有限的，也不喜欢复杂的品牌信息，因此一般说来，利益点以单一为好。采用利益定位例子不少，例如"高露洁，没有蛀牙"；"保护嗓子，请选用金嗓子喉宝"等。

(2) 情感定位。情感定位是利用品牌带给消费者的情感体验而进行定位的，它立足于激起消费者的联想和共鸣，进而促使其购买产品。情感定位要着重考虑品牌与消费者之间的情感沟通，让品牌和消费者产生联系。同时，情感是维系品牌忠诚的纽带，有效的品牌建设需要与人们的情感建立恰当而稳固的联系。采用情感定位策略的例子有：海尔的"真诚要永远"；伊莱克斯冰箱的"好得让您一生都能依靠，静得让你日日夜夜察觉不到"；纳爱斯雕牌洗衣粉的"妈妈，我能帮您干活啦"；等等。

(3) USP定位。USP是英文 Unique Selling Proposition 的缩写，中文的意思为"独特的销售卖点"。所谓 USP 定位，是在对产品和目标消费者进行研究的基础上，在产品特点中寻找最符合消费者需要的、竞争对手欠缺的、最为独特的部分，并以此部分作为品牌的定位。在同类产品品牌众多、竞争激烈的情况下，运用 USP 定位可以突出品牌的特点和优势，让消费者按照自身偏好将不同品牌在头脑中排序，置于不同的位置，在有相关需求时，可便捷地选择品牌。许多企业在品牌定位时，采用这一策略，例如，乐百氏纯净水的"27 层净化"；M&M 巧克力的"只溶在口，不溶在手"以及宝洁公司的汰渍洗衣粉的"去污更彻底"；等等。

(4) 空档定位。所谓空档定位，指的是找出一些为消费者所重视而竞争者又未开发的空档作为品牌的定位。空档定位策略关键在于能够善于发现这样具有商业价值的市场空档并及时加以实施。一般来说，市场空档主要有时间空档、年龄空档、性别空档、使用量上的空档、价格空档等。空档定位有利于品牌避开激烈的竞争，往往能达到另辟蹊径、出奇制胜的效果。例如，西安杨森的"采乐去头屑特效药"在洗发水领域独领风骚，其关键是找到了一个市场空白地带，使定位获得了巨大成功。

(5) 比附定位。所谓比附定位，是通过与竞争品牌的比较，借助竞争者之势，衬托自身品牌想象的一种定位策略，比附定位的目的是通过品牌竞争提升品牌自身的知名度和价值。一般说来，只有与知名度、美誉度高的品牌作比较，才能抬高自身品牌的身价，因此比附定位所选择的比照对象主要是有较好市场业绩和良好声誉的品牌。这样在消费者欣赏并记住这些强势品牌时，也让作为陪衬级别的自身品牌分到消费者注意力的"一杯羹"。运用比附定位策略取得成功的经典案例当推艾维斯租车公司，其主动承认自己不如竞争对手赫兹公司，推出了"我们第二，所以更努力"的品牌新形象，消费者被艾维斯租车公司的谦虚诚恳所打动，很快信任并接纳了"新"的艾维斯，其品牌定位取得了巨大的成功。

(6) 产品类别定位。所谓产品类别定位，是把产品与某种特定的产品种类联系起来，以建立品牌联想，产品类别定位力图在消费者心目中造成该品牌等同于某类产品，已成为某类产品的代名词或领导品牌。七喜汽水的"非可乐"的定位是借助类别定位的一个经典案例，不仅避免了与可口可乐和百事两大巨头的正面竞争，还巧妙开辟了可乐饮料之外的另一选择，取得了巨大的成功。

(7) 文化定位。所谓文化定位，是指将某种文化内涵注入品牌之中，形成文化上的品牌差异。文化定位将普通商品升华为情感象征物，更易获得消费者的心理认同和情感共鸣，使产品深植于消费者的脑海中，达到稳固和扩大市场的目的。这方面的品牌定位策略也不乏例子，例如，孔府家酒将自己定位于"家酒"；七匹狼品牌形象则着眼于"勇往直前、百折不挠、积极挑战人生的英雄气概"；张裕红酒的"传奇品质，百年张裕"；等等。

(8) 目标消费者定位。所谓目标消费者定位，是把产品和消费者联系起来，以某类消费群体为诉求对象，突出产品专为该类消费群体服务，从而树立独特的品牌形象。目标消费者定位策略直接将品牌定位于产品的使用者，依据品牌与目标消费者的生活形态和生活方式的关联作为定位。例如，"太太口服液，十足女人味"；"百事可乐，新一代的选择"；广东客家酿酒行业的"女人自己的酒"；等等。

(四) 品牌传播策划

当一个品牌一旦拥有好的品牌质量和一定的特色、优势的前提条件，那么下一步就涉及品牌传播。由于品牌形成的过程实质上是品牌在消费者中传播推广的过程，也是消费者对该品牌的逐渐认识过程，因此，离开品牌的传播推广，品牌的塑造和成长几乎是不可能的。企业在创建其自身品牌时，必须做好品牌传播策划，好的品牌传播策划是提高品牌的知名度、美誉度不可或缺的营销手段。

1. 品牌传播模式

品牌的传播模式是一个系统化的过程，自身包含健全而科学的反馈调节机制。企业在对品牌特征进行定位后，通过各种媒介将品牌特征传播给目标受众，接受其认知和检验。若目标受众接受这些品牌特征，则按照既定的品牌定位进行持续的品牌传播，进行品牌资产的积淀和形成。品牌传播模式可以用图 7-2 表示。

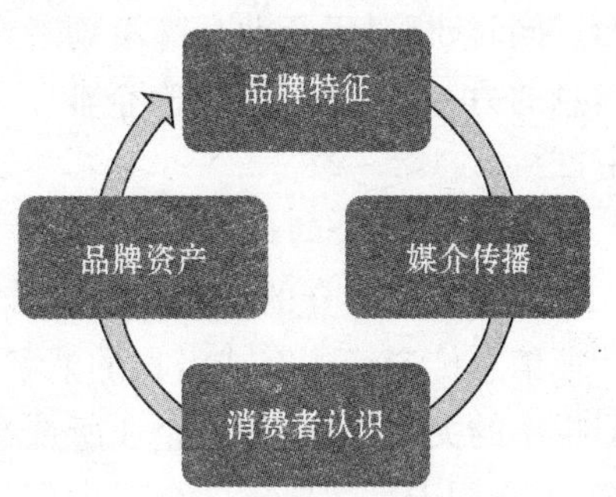

图 7-2　品牌传播模式

（1）品牌特征。品牌特征是词语、形象、思想观念和相关事物组成的框架，这个框架由消费者对品牌的总体感觉组成。品牌是消费者和企业内部员工共同作用的结果。它在消费者心目中是产品和服务的全部，是全部有形或无形要素的自然参与。需要注意的是，品牌特征在传播的起点时，是品牌塑造者主观上希望消费者接受的东西，只是企业的一厢情愿，只有当品牌特征经过传播到达消费者的头脑中，并得到消费者的认可和接受，它才能够真正存活下来。所以，最终留下来的品牌特征是那些穿越消费者生活中许多固有的屏障后，为其所接受的那些品牌信息，是品牌传播推广之后所形成的真实特征。

（2）媒介传播，在当今信息化和经济全球化的时代里，人们被各种各样的信息包围着，而企业对其产品品牌的传播观念已经由过去的“酒香不怕巷子深”变为“酒香也怕巷子深”。品牌必须利用各种媒介，克服外界各种各样的信息障碍，有效地把品牌特征信息传播到消费者中去，接受消费者的认可和检验。因此，品牌的传播推广是品牌塑造的关键环节，体现了很高的科学性和艺术性。品牌媒介传播推广方式包括大众传播媒体广告、公共关系、促销、直销、赞助活动、包装和软新闻等，这些传播方式各有各的特点，企业应根据自身的具体情况来加以选择应用。

分析下这些品牌媒介传播推广方式的优劣。

（3）消费者认知。在买方市场中，消费者占据着绝大部分的支配权，面对产品的多样化，他们选择的机会相比与卖方市场大大增加了，他们不仅能决定买什么，还能决定怎么买以及在哪里买。因此，消费者的选择决定了一个企业和产品能否继续生存下去。企业对这种情势已经有了清醒的认识，消费者品牌认知的重要性也相应得到了迅速发展和提高。品牌塑造时的媒介传播，如果弄不清楚消费者对品牌的内心看法，那么品牌的媒介传播策略将会因为消费者在认知过程中的不信任和不感兴趣而遭到失败。在消费者认知的阶段，品牌的信息特征要经受消费者的检验，企业原来的品牌特征信息可能得到消费者的认可，也完全有可能被消费者拒绝，同时消费者也可能对品牌产生新的特征信息。企业应当根据消费者的品牌认知采取相应的措施，如果企业的品牌特征信息得到消费者的认可，就应继续采用原先的传播策略，相反，如果消费者拒绝原有的品牌特征信息，企业则应该重新定位品牌，采用新的传播策略。

（4）品牌资产。品牌媒介传播的最终目的是积淀企业的品牌资产，因为品牌资产能给企业带来获利能力。品牌资产是品牌特征信息在经过了消费者的品牌认知之后凝结在消费者心目中的一种认可形象。正如前面所讲的那样，品牌资产包括品牌知名度、品牌忠诚度、认知质量和品牌联想。品牌资产既是对品牌信息特征的一种固化和定型，又是对品牌信息特征的丰富充实。那些被消费者认可的品牌特征将沉淀为品牌资产，而那些不被消费者接受的特征信息则成为无用的东西。同时,相对于企业品牌策划者主观的品牌特征信息而言,消费者对品牌特征信息的另一番理解,将成为企业下一步应当积极传播的品牌特征并积淀成品牌资产。

2. 传播媒介的选择

品牌传播媒介的选择是品牌传播的关键部分,直接关系到能否有效地将品牌特征信息传递给顾客或潜在的消费者。选择适用的媒介是企业获得高品牌投资回报率的关键所在,如果企业所选择的媒介不能有效地将品牌信息传递给目标顾客,那么用于品牌传播的金钱大部分都白白浪费了。那么企业如何选择品牌的传播媒介呢?媒体计划就是用来解决这一问题的,媒体计划的目标就在于找到一种媒体组合,使品牌的传播推广以最有效的方式、最低的成本把品牌特征信息传播给尽量多的顾客或潜在消费者。被誉为"整合营销之父"的著名营销大师唐·舒尔茨在其一本有关品牌的著作中认为,21 世纪的媒体计划应该从顾客和消费者怎么与企业品牌进行接触开始,而不是从企业主观提出的媒体计划或可购买的媒体节目着手。因此,要弄清楚那些可能会成为企业的品牌的最佳顾客或潜在消费者的人可能会以何种方式、在什么时候、什么地点接触到企业的品牌,当他们出现的时候,品牌也要努力地在他们出现的地点以他们愿意接受的方式出现。所以,媒体计划的关键在于目标顾客与品牌的接触点,而非媒体系统。为此,唐·舒尔茨提出了品牌接触计划,可用图 7-3 加以简要表示。

请说出大学生顾客可能存在的媒体接触点。

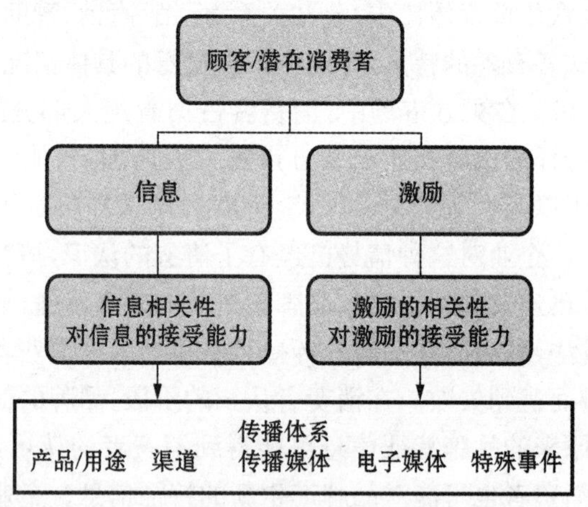

图 7-3 品牌接触计划

3. 品牌接触计划

由图 7-3 可见,媒体计划应该始于顾客,了解他们是如何与品牌进行接触的,然后要搞清楚在那些接触中,对于顾客和潜在消费者来说,哪些是最相关和最有意义的信息和激励;同时还要了解解他们希望什么时候从品牌那里接收到相关的信息。知道了这些以后,企业才能根据目标顾客并结合自身的实力和各媒体的特点来进行媒体选择,挑选出最适合企业品牌传播的一组媒体,进行品牌的整合营销传播。整合营销传播的实质在于:制订一个经得起推敲的、连续一贯的和以顾客为中心的品牌策略,然后再借助于一系列前后一致的、协同合作的和以顾客中心的行销传播活动来实施这种策略。整合营销传播不只是广告、也不只是公共关系，它是在所有可能的品牌接触点上建立与顾客和潜在消费者关系的全部方法的总和。

相关链接

"长尾"公司借助搜索引擎浮出水面

在传统的商业世界里，5%的公司拥有95%的关注度，而剩下95%的公司只拥有5%的关注度，这95%的庞大而沉默的公司群体形成了一条长长的"尾巴"，故被称为"长尾"公司。造成这种局面的主要原因是传统媒体广告宣传的高昂费用，使这些中小企业难以企及。随着网络时代的来临，这种公司关注度分布极其不平衡的状态正在被逐渐打破。国内外许多中小企业借助GOOGLE、百度等搜索引擎使公司的销售状况和品牌知名度得到了极大的提高，搜索引擎正预演着商业模式的巨大变革，形成了财富积累的新方式，而搜索引擎营销正成为"长尾"公司提高潜在顾客关注度和品牌知名度的最重要的网络营销手段之一。

五、品牌发展策划

当一个企业的品牌已经获得了成功品牌的声誉时，为了使该品牌发挥更大的作用，企业往往借助该品牌推出改进型产品或新产品，这是品牌发展的一种特殊策略，通常被称为品牌延伸。同时企业也可以为同一种产品使用两个或两个以上的品牌，这种策略被称为多重品牌策略。品牌发展策划一般就在这两种策略下进行。

(一) 品牌延伸策划

1. 品牌延伸的含义及作用

所谓**品牌延伸**(brand extension)，是指在已有相当知名度和市场影响力的品牌基础上，将原品牌运用到新产品或服务上以期望减少新产品进入市场风险的一种营销策略。

品牌延伸有两种基本做法：品牌纵向延伸和品牌横向延伸。其中，品牌纵向延伸指的是企业成功推出某个品牌后，再推出新的经过改进的该品牌产品，从而不断升级该产品，但其品牌却不变，例如宝洁公司在中国市场上先推出飘柔洗发波，后来又推出创新一代的飘柔洗发波；而品牌横向延伸则指的是把成功的品牌用于新开发的不同产品，例如我国娃哈哈集团先后以娃哈哈推出了口服液、果奶、纯净水和服装等一系列产品。一般来讲，品牌的横向延伸比品牌的纵向延伸的风险要大得多。

> 为什么在品牌延伸的过程中横向延伸比纵向延伸风险大？

由于品牌延伸具有能增加新产品的可接受性、减少消费行为的风险性、提高促销性开支使用效率、满足消费者多样性需要以及减少新产品导入市场的成本等多项功能，它受到越来越多企业的青睐。国外的资料显示，一些出类拔萃的消费品公司所开拓的新产品中，有95%是采用品牌延伸策略进入市场的。国内的企业近年来也越来越多地采用品牌延伸策略，比较有名的有海尔、娃哈哈、七匹狼等。由此可见，品牌延伸是大势所趋。

但品牌延伸是一把双刃剑：一方面，它是企业应对市场竞争加剧、扩大规模，进入新领域、获取更大利润、求得进一步发展的有效途径；另一方面，品牌延伸又具有极大的潜在风险，一旦延伸不当就会产生诸如损害原品牌形象、淡化品牌个性、消费者产生心理冲突、跷跷板效应以及株连效应等一系列消极后果，严重时甚至置企业于破产境地。实践中也印证了品牌延伸的两面性，在企业运用品牌延伸策略的过程中，既有大量的成功案例，又有许多失败的佐证。

2. 品牌延伸的准则

在进行品牌延伸时，策划者应主要遵循以下准则：

(1) 品牌延伸应符合品牌的核心价值。所谓品牌的核心价值是指品牌承诺消费者的功能性、情感性及自我表现性利益。品牌核心价值是品牌的精髓，是一个品牌区别于另外一个品牌最为显著的特征，是品牌一切资产的源泉。一个品牌最中心、最独一无二、最不具时间性的要素就是其核心价值。例如，微软是"高科技软件"的代名词，劳斯莱斯象征着"贵族风范"，万宝路代表了"牛仔形象"，耐克被物化为"体育精神"，等等。一个成功的品牌有其独特的核心价值，若这一核心价值能包容延伸产品，就可以大胆地进行品牌延伸。反过来的意思就是：品牌延伸应以尽量不与品牌原有核心价值与个性相抵触为原则。例如，登喜路(Dunhill)，都彭(S. T. Dupont)、华伦天奴(Valentino)等奢侈消费品品牌麾下的产品一般都有西装、衬衫、领带、T恤、皮鞋、皮包、皮带等，有的甚至还有眼镜、手表、打火机、钢笔、香烟等跨度很大、关联度很低的产品，但却成功地共用一个品牌。根本原因在于这些产品都能提供一种共同的效用，即身份的象征、达官贵人的标志，能让人获得高度的自尊和满足感，符合这些奢侈消费品品牌的核心价值；相反，派克生产3～5美元的低档钢笔却惨遭失败，说到底就是因为新产品与原有的品牌核心价值相抵触，派克的延伸破坏了品牌的核心价值，即派克的高贵形象。总之，品牌延伸策划者应遵循的首要原则就是品牌延伸要符合品牌的核心价值。

(2) 新老产品之间尽量要有较高的关联度。这一原则实质上是由品牌的核心价值原则延伸出来的。其实关联度高只是表象，关联度高导致消费者会因为同样或类似的理由而认可同一个品牌才是实质。关联性一般可体现在产品的功能、生产技术、目标市场、价格档次等方面。比如，选择奶粉、柠檬茶、咖啡时，人们都希望有一种"口感好、有安全感、温馨"的感觉，于是具备这种感觉的雀巢旗下的奶粉、咖啡、柠檬茶都很畅销；国内的好孩子品牌针对儿童这一目标群体，将品牌延伸到婴儿童车、纸尿裤、童装也取得了成功。

(3) 服务系统相同。服务系统相同是指延伸产品与核心产品的售前和售后服务应当一致，以使消费者不会产生差异感，使他们产生"和核心产品一样好"的感觉，这样延伸品牌就不会伤害核心品牌的定位。如果延伸品牌的服务系统不如核心品牌的服务系统，就会导致消费者改变对核心品牌的原有价值的认知。因此，品牌经营者进行品牌延伸决策之前，必须对延伸品牌的目标市场进行调查，以识别消费者最重视的主要服务项目及其相对重要性是否与核心品牌相同,如果不同,就不宜进行品牌延伸。

(4) 品牌延伸不能超出限度。无论是产品品牌还是企业品牌,都不能够无限度地延伸下去,品牌的核心价值决定了任何一个品牌都不可能适合于所有的领域以及所有的产品,因此品牌延伸是有限度的。这就要求企业在进行品牌延伸时要理性,切勿盲目进行品牌延伸,否则就会陷入品牌延伸的"陷阱",以至于使多年努力才经营起来的成功品牌遭到株连。企业在实施品牌延伸之前应当明确,延伸产品并不是越多越好,一旦品牌延伸战线拖得太长,往往是每一个新产品推广所需的资源就会缺乏,而且新产品脱离品牌核心价值的危险增大,这就增加了企业的经营风险。

(二) 多重品牌策划

多重品牌指的是企业在同一产品中设立两个或多个品牌。这种品牌发展策略原创于美国宝洁公司,并且该公司在推行多重品牌策略的过程中取得了巨大的成功。旗下的品牌多达300多个,每个品牌都有其独特的属性,且知名度很高,仅洗发水在中国市场上有"飘柔"、"海飞丝"、"潘婷"、"沙宣"和"润妍"等品牌。多重品牌策略后来被许多企业广泛地使用,比如通用汽车公司有"凯迪拉克"、"别克"、"雪佛莱"和"庞蒂克"等品牌;我国科龙集团的空调有"容声"、"科龙"、"华宝"和"三洋科龙"等品牌。

1. 多重品牌策略的优势

多重品牌策略之所以对企业具有很大的吸引力,原因在于多重品牌发展策略具有以下几点优势。

(1) 多占货架面积。一种产品多个品牌可以取得更多的货架面积,增加了企业产品被消费者选中的机会。

(2) 给低品牌忠诚者提供更多的选择。由于低品牌忠诚者或无品牌忠诚者常发生品牌转移,截获品牌转移者的唯一方法是提供多个品牌。

(3) 降低企业风险。没有将企业的美誉维系在一个品牌的成败上,有效地分散了企业的经营风险。

(4) 鼓励内部合理竞争,激扬士气。同类产品的不同品牌管理者之间适度地竞争,能提高士气和工作效率。

(5) 各品牌具有不同的个性和利益点,能吸引不同需求的消费者,这一点是多重品牌策略最本质的竞争优势。

同时,品牌策划者应当清楚,多重品牌策略存在消耗时间和金钱多、品牌管理难度大等问题,因此,多重品牌策略一般适合于资金实力雄厚、产品市场规模大并且管理能力强的企业。

2. 多重品牌运用策略

(1) 各品牌之间实施严格的市场间隔并协同对外。企业引入多重品牌的目的在于用不同的品牌去占领不同的细分市场,联手对外去夺取竞争对手的市场份额。如果引入的新品牌与原有品牌没有明显的差异,就会造成企业内部品牌之间过度竞争、自己打自己的局面,这时引入的新品牌对企业来讲,就没有多大的意义。例如,上海家化旗下的洗发水品牌有"美加净"、"百爱神"、"之神"和"明星"等品牌,但各洗发水之间没有明显的差异,目标市场相互重叠,除了起到多占货柜的作用外,并没有协同对外去占领不同的细分市场,这就背离了一种产品多个品牌的战略意图。

(2) 各个品牌都要具有足够吸引力的独特买点。多重品牌策略的本质是通过各品牌独特的卖点的差异化来占领不同的细分市场。独特的卖点包括产品的功能、特色、价格、等方面,造就了品牌的鲜明个性,给了品牌自身发展的空间,这样就不会造成目标市场的重叠。比如,宝洁公司旗下的飘柔洗发水的独特卖点是"头发飘逸柔顺",而潘婷洗发水的独特买点是"乌黑亮泽"。

(3) 在营销传播上应充分体现各品牌之间的差异。不同的品牌在品牌的营销传播上应体现出各目的差异,凸现其个性。宝洁公司的飘柔与潘婷在品牌传播上就充分显示了这两个品牌之间的差异。飘柔把模特的头发拍得飘逸柔和、丝丝顺滑,梳子一放到头上就掉了下来的镜头特别传神地表现出这一点;而潘婷则主要表现了模特的头发乌黑亮泽,模特在护发上下了很大的一番工夫。

(4) 多重品牌策略要依据产品和行业的特点而行。相对来说,生活用品、食品、服饰等行业适合采用多重品牌策略;而电器类行业适合采用品牌延伸策略。例如,松下、日立和夏普,无论洗衣机、彩电、音箱、空调以及冰箱等都采用的是同一品牌。这主要因为消费者对电器类产品最为关注的是产品在技术、品质上的保障,而非产品的个性。

(5) 各品牌所面对的细分市场具有规模性。若某一品牌所针对的细分市场的容量较小,销售额无法支持一个品牌生存和成功推广所需的费用,就不能实施多重品牌策略。例如,台湾的日用品企业就很少运用多重品牌策略,因为食品、日常用品的市场容量是以人口数量为基础的,而台湾的人口数量才 2 000 多万。任何一种食品、日常用品的市场容量都是有限的,其细分市场的规模就更小了,不足以支持一个品牌的生存和发展。

相关链接

产品品牌与公司品牌的优势互补

过去,如果公司是建立在日本或者韩国,那么它会尽最大可能地采用公司品牌,并尝试将公司品牌延伸到各种产品和服务上去,就像索尼、三星、三菱和 LG 那样;如果公司建立在北美或者欧洲,则它很可能以产品品牌起家,就像奥妙、汰渍、飘柔一样。产品品牌(多重品牌)可以针对不同细分市场上消费者的需求,而公司品牌则可以利用品牌延伸减少新产品进入市场的阻力,节省营销成本。随着媒介宣传费用的节节攀升、市场不断细分、零售行业合并和收购的浪潮一浪高过一浪,连宝洁公司和联合利华这样的资本雄厚的大公司也难以承担多重品牌的营销费用,不断致力于它们的品牌资产结构合理化。唐·舒尔茨在其新著《唐·舒尔茨论品牌》中认为现代的公司在其修建"品牌大厦"时,应该更好地利用产品品牌和公司品牌的互补优势，在产品品牌和公司品牌的组合中找到一个平衡点。

经典案例赏析

国内服装企业的品牌策划方案

中国成功加入世贸组织，对中国服装业发出利好信号。但在面对各种利好信息的同时，更应当看到加入世贸后大力发展品牌经济、企业树立品牌意识才能保证产品在国际化竞争中谋取一席之地。

中国在世界上是最大的服装加工基地，服装生产总量大，但单件价值水平低。我国纺织服装企业国际经营经验严重欠缺，世界性品牌几乎为零，品牌对市场的号召力和多地域伸展力不足，企业的市场形象、企业财政透明度等方面有所欠缺，这些都是我们的弱项。当今是品牌经济时代，加入世贸后，服装行业的竞争不只是行业内竞争，还有来自行业外的竞争，如迪斯尼的"米奇妙"牌童装进入中国市场后，在中国城市儿童消费领域很有影响力。我国服装产业欠缺的不是质量，而是国际品牌、国际经营经验。我们必须创造自己的拳头产品，打造国际品牌。

加入世贸后中国服装出口将会遇到以下几方面的问题：第一，服装是精神消费品，除物质消费功能，还需要有文化内涵。这是中国服装严重不足的一个方面。第二，如今消费市场国际化，商品消费品牌化，竞争的层面与以前相比大为复杂，我们在国内市场有多大胜算，也要打一个问号。第三，开放是互相的，我们要冲出去，别人要打进来，竞争会更加激烈。第四，服装加工并非中国的专利，争夺国际订单的问题会越来越突出，企业生存和发展如果依附在别人身上，其困扰是无法避免的难题。第五，没有无限度地开放。非关税壁垒障碍、反倾销诉讼、环保等问题都会成为抑制我国服装出口的理由。我国产品多为中低价格，容易招致反倾销。具有较高知名度品牌的绿色服装、生态服装应是我们要作为重点发展的领域。总的来说，中国服装业品牌意识普遍不强，缺乏知名品牌。作为一个纺织与服装大国，许多服装企业依旧停留在"要什么，做什么"、"有什么，卖什么"的阶段，一味依赖于外贸代理订单，而不去培育自己的品牌，无力直面国际市场。虽然有雅戈尔、顺美等一批服饰精品在国内崭露头角，但真正有影响力的品牌寥寥无几。因此，在加入 WTO 后，服装企业实现品牌战略化已经势在必行。

一、如何做品牌

做品牌尽管已经成为国内服装企业的共识，但是目前很多服装企业对品牌建设的理解比较片面。要实现品牌的树立，必须注意到：

第一，做品牌是一项系统工程

前些年，服装企业都知道名牌好卖且能卖高价，可自己在做品牌方面却把品牌当商标，功夫和心思全放在如何模仿名牌服装上了。集体跟风的结果是"千人一面"，消费者只识衣服不识品牌，服装企业生产出与名牌一样的服装产品却无法获得名牌产品的高额利润。痛定思痛之后，服装企业又开始高举"设计师"大旗。

遗憾的是，服装企业与知名设计师的联姻并没有走出“短命”的怪圈。

第二，用个性营销模式创造个性品牌

单一的产品个性化很容易被其他服装企业借鉴和模仿，一旦被大量克隆之后，产品的个性也就不存在了。而个性品牌不一样，品牌个性越明显，其被克隆的可能性就越小。

第三，实现品牌个性化的突破

（一）品牌的定位

总的来说，应当从以下几方面进行定位：

(1) 品牌的概念：讲述的就是产品的来源以及历史，提供给消费者对产品内涵的理解。产品从设计到包装以及相关的宣传都是围绕品牌的概念来进行的，比如为一个运动休闲服装进行品牌概念的树立，就可以一个故事的讲述来定义为力量与美丽间的对比，这样产品的设计就以体现力度美以及年轻人的活力而进行，产品的包装也会变得比较前卫或者是时髦，同时推广也会选用年轻偶像或者是运动来体现。

(2) 品牌的风格：产品在消费者心目中的形象以及被认同的特点，可以分为正装、日常便装、休闲装、运动装、时装等。每个类型中又可以分为粗犷的、传统的、前卫的等。

(3) 品牌的服务对象：产品适合穿着人群以及这些对象的背景。

(4) 品牌的设计特点：主要是从商标、款式外形、面料、色彩等方面来体现个性化。

(5) 品牌的价位设计：确定不同产品以及不同品牌在市场的系列价格。

(6) 品牌的服务：提供销售中以及售后的系列服务。

（二）如何实现产品品牌的定位

现代消费者追求个性，展现自我，“韩服”之所以能够畅销于海内外，其原因就是抓住了消费者的这种时代心理与所需展示的风格。

KOOGI 是“韩服”中的一个知名品牌。它之所以成为知名品牌，并不是因为“KOOGI”这 5 个字母与“5、0、0、1”这 4 个数字紧密相连以暗示消费者：其服装非常前卫，即使时间跨越到 5001 年，也是不过时的理念，而是它能够合理地运用市场细分的组合手段，将市场定位于当代具有活泼、躁动甚至有些叛逆心理，渴望前卫、新潮又强烈突出自我，无时不散发着青春气息的 15～30 岁间的青少年群体上，将品牌定位于极端的前卫与另类上。同时，为了体现服装的个性化，避免服装间的雷同，KOOGI 的每一款服装都是小批量上市的。即使有些款式看似雷同，但细微之处的差异产生了不同的效果，如：纽扣的位置、衣服的长短、颜色的搭配等。KOOGI 的这些营销举措，无疑迎合了当代青少年要求突出自我、与众不同的迫切需求，深受青少年的喜爱，尽管 KOOGI 服装的价格不菲。

通过对 KOOGI 服装的简单分析，对于那些仅仅靠降价促销的中国服装企业能否有所启迪呢？不容置疑的是，在小批量、多品种、个性化的服装时代，适者生存并发展的服装企业一定是那些能准确把握消费群个性需求的企业。

未来服装企业的市场定位不应该单纯停留在25～50岁这种年龄范围过大的市场细分基础上，也不应该停留在“白领”或“蓝领”这种简单的职业划分标准上，更不应该停留在“时尚、自然、舒适”这种任何服装企业均可以使用的、没有任何特别之处的抽象词汇上，而应该是对消费有更深刻的理解，并在此基础上进行的市场细分。比如，外资企业中的白领与内资企业的白领，25岁的白领与40岁的白领，他们虽然都统属于白领阶层，但可以肯定，他们对服装的需求与理解是不同的。有文化的中老年人与无文化的中老年人，50岁有文化的中老年人与65岁有文化的中老年人，城市中的中老年人与农村的中老年人，他们虽然都是中老年人，但可以肯定，他们对于服装的需求与理解肯定有着明显的差异。

可能有人会问，当所有的服装企业都无一例外地采用科学的市场细分标准，准确把握住消费群的个性需求时，企业还有何优势可言呢？要知道，时尚的服装永远不会面临饱和的市场，何况市场细分只是营销中的一段手段。服装企业要有效地满足消费群日益翻新的需求，就必须对这种需求进行深入的调查与透彻的理解，这对服装企业来说是一个永久性的课题。

(三) 品牌的构成

1. 产品自身设计

主要包括：

(1) 品牌的号型系列搭配。

(2) 品牌的号型生产数量比例。

(3) 品牌的色系。

(4) 品牌的款式设计。

(5) 品牌的面辅料选择。

(6) 品牌似的产品质量要求。

(7) 品牌的包装。

(8) 品牌的各种标牌设计。

在这个过程中，必须强调设计师与营销部门的密切配合，设计出来的产品一定要符合品牌个性，而且是市场所需要的。

2. 价格定位

价格竞争并非企业的唯一竞争手段。中国著名运动装品牌“李宁”的价格制定就明显高出其他国产品牌，但又明显低于进口品牌，而且对于收入不高甚至没有收入的年轻消费者来说，“李宁”产品的价格并没有给他们带来更多的压力。因此，企业可以通过价格的制定来确认自己产品的地位，同时也可以清晰地锁定自己的产品目标消费人群，而实现这一切，都是必须通过对服务对象的分析才可以制定出相应适合的价格。

3. 品牌的宣传

品牌的形象塑造与推广是企业营销的重要环节。虽然品牌推广的方式各种各样，但除了商品销售及“口碑”传播外，大体可概括为两种类型：一种是直销式推广；另一种是中介式推广。直销推广是通过企业参与或举办的社会活动面对面地向现场的特殊消费者宣扬品牌;中介式推广主要通过媒体广告和专栏评论、专题报道等向社会宣传品牌。时装秀不仅以其品牌形象和产品风格来面对面地直接感染现场观众,而且还为品牌的中介推广提供了依据和素材。因此,作秀者不仅要创造良好的现场氛围,而且要注重摄影师、摄像师对灯光、舞美的要求,为制作电视片、专场录像带、产品宣传册等"后加工产品"创造条件。

4. 顾客服务

顾客服务是一种十分有效的进攻手段,服务也可以创造价值和利润。顾客在店面、销售点挑选服装的时间比较长。因此,顾客服务在服装产品行销中占有十分重要的地位,而且也是很好的展示个性的途径。在这当中,销售人员除了必要的基本礼貌和热情之外,专业的装扮知识和恰当的服务是更为关键的环节,因为他们销售的不仅仅是产品,更是在销售品牌的形象与品牌的精神。

5. 店面设计

同时,要通过店面生动化、人性化、服务化来体现品牌的特点。店面生动化是从店面格局设计、视觉统一、产品陈列、POP、辅助销售工具等,实施全面系统的策划和管理,通过有效的环境规划、气氛营造、产品陈列等使卖场更加能够吸引消费者光临,最终促成消费者购买产品,实现整体销售的迅速提升。与媒体广告相比,店面生动化是一种较为廉价的推广手段,非常适合国内众多的中小型服装企业使用,更为重要的是店面生动化对品牌个性的塑造十分有效。

二、品牌的延伸

1. 多品牌战略

多品牌战略的实施,应该是在主品牌风格突出的情形下,为了将资源充分利用而展开的。它有助于企业拓宽经营、提升档次。它的实施应注意遵从几个法则:

一是副品牌法则。纽约的"唐娜·凯伦"推出副品牌"DNKY",就是为了区隔不同价位的消费者。而国内"七匹狼"的副品牌"与狼共舞",推出时也是为了保留批发市场的那部分客户。

二是扩张法则。这主要是从销售领域来讲。有时品牌需要拓宽宽度、提高市场占有率,佐丹奴、班尼路都是这样,"波司登"购并"雪中飞"也是一例。

其他还有延伸法则、伙伴法则、姊妹法则等,都要从企业当时的需要去推动多品牌战略。

此外,多品牌经营应考虑到品牌的宽广性、各品牌的特性、各品牌的品牌名称、市场评估、品牌的掌握这些环节。

多品牌战略的实施还应顾及各品牌的文化内涵的经营。目前服装界一提品牌文化就是请明星代言人,这有失远虑。而且许多明星与产品风格没有很好地契合在一起,也会是败笔。"七匹狼"在品牌诉求中,注意突出"狼"的特性,以此来演绎与众不同的人生观点,有了一个容易辨识的特点。而Esprit则注重通过时尚生活的倡导来塑造品牌文化,也很独特。

2. 如何实施品牌延伸

服装品牌延伸,即以某一既有品牌为核心,通过对其核心元素的拓展,形成新的品牌线或产品线。前者为主体品牌,后者为延伸品牌或延伸产品线,由此构成一个品牌族。

服装品牌延伸主要有如下3种形式:

(1) 服装品类的扩展。一个服装品牌面世时,总是针对某一目标消费群推出某一或几类服装。一旦它拥有一定的市场份额,即可利用其信誉度进行类似消费层面中的服装品类的扩展以求品牌延伸。其形式细分为:①男装、女装及童装间的互动。如果以消费对象为基准,服装可分为男装、女装及童装三大品类。著名的迪奥品牌则由最早的女装扩展为女装、男装及童装兼具。②正式服装、半正式服装、便装及家居服间的展拓式服装、便装。此间的服装品牌延伸如以正式服装为主的比尔·布拉斯到便装式的布拉斯运动装;拉尔夫·劳伦的内衣更被视为美国三大女装品牌之一。③某一特殊服装品牌的强势借用。有些服装品牌以某一类最为著名,通过知名度的移罩,可再作品牌延伸。如芬迪以裘皮服装著称,但如今其普通材料时装也很出色;古奇也已由最早的皮革产品延伸至机织、针织时装系列。

(2) 细分市场的跨越。服装品牌的这一延伸形式主要着眼于目标消费群的移并。得益于主体品牌的知名度集中在流行传播中位于高层的目标消费群,利用时尚的传递,将产品延续到相邻的社会群落。实现细分市场的跨越最典型的例子就是高级女装品牌,法国设计师皮尔·卡丹最早看到成衣市场的潜力,利用高级女装在流行中的先导地位及皮尔·卡丹品牌在高级女装中的影响,于1962年起用同一品牌名生产高级成衣并取得辉煌业绩。随着高级女装及高级时装消费层的萎缩,几乎所有高级女装及高级时装品牌都附加了高级成衣系列并以此为主要经济收益。撑高级女装或高级时装大旗行高级成衣之路。值得注意的是这样的产品延伸必须在关联密切的消费群落间进行,否则会因名牌的联想效应不足而失败。如果将一高级女装品牌用于普通成衣生产,很可能会让人觉得普通成衣是盗用名牌或对原品牌产生失望和失落感而影响名牌声望。

(3) 二线品牌或二线产品。二线品牌或二线产品是20世纪80年代才出现的两种品牌延伸特点的新形式,始作俑者为美国品牌安妮·卡伦的二线品牌安妮·卡兰二号。二线品牌起因于消费者兴趣的转移、时装大众化的潮流及品牌经营者扩大市场的欲望。进入90年代以后,平素充实的生活方法风行全球,“买得起的服装”备受各阶层消费者重视,原在80年代以高价位为主的服装名牌纷纷在保持原有设计格调的基础上降低材质及销售成本以相对较低的价格推出二线品牌。如美国的唐纳·卡兰的二线品牌DKNY在1997年全球销量达3亿美元;卡尔万·克莱因的CK卡尔万·克莱因仅批发就超过1.75亿美元。从某种意义上看,部分二线品牌的知名度已不是原来意义中的二线品牌了,而实现了柳暗花明的效果。

三、批发型企业如何建品牌

随着服装批发市场的日见萎缩,众多的服装生产商家纷纷把目光投向“品牌经营,连锁发展”这一诱人的阵地上来。一夜之间,在所有的大中城市及乡镇,各类时装品牌纷涌而出，并正以连锁营销的模式迅猛发展，这就使得众多生产商家极欲“变脸上市”，争取自己的一席之地。但是，品牌经营真的如此易为吗？生产批发型的企业真正到了日落黄昏、风光不再的地步了吗？并非如此，但品牌经营更易塑造形象，更具知名度，更能深入人心却已是不争的事实。

那么，从生产批发到品牌经营转型的过程是否也有捷径可走呢？捷径有否或许不知道，但方法却是有的，或许可称之为成功的捷径。

首先，转型厂商要解决的便是产品设计和开发问题。传统的服装生产厂家以往只需成功抓住每年每季的潮流，生产出数种“火爆款式”，确保产品质量，低价批发，跟风作业即可大赚特赚，但好景难再，此类机会在今天潮流纷争的服装市场更是少之又少，而作为品牌连锁经营开设专卖店或发展加盟，产品必须是系列化、全方位的，必须使整个卖场的产品更为完善，如上衣、下装甚至配饰各占有多少比例，服装风格、路线等都要早有规划，产品的开发生产已由“量化”向“质化”的方向转变，那么，企业建立一个完善的开发设计中心就显得必不可少，方可从面料开发伊始直至设计、打版、成衣等逐步实施，所以，产品开发设计作为品牌经营的基础，更是重中之重。

其次，要把握市场及价格因素。作为生产批发型企业，在以往的业务活动中，不需直接面对顾客，所以亦无需制定产品市场定价，而作为品牌经营，已经变换为一种零售形态，企业必须直接面对市场，产品方向及零售价格就要小心把握，产品零售价格的确定又与批发价格的制定迥然不同，作为零售营销形态，定价时必须考虑到行政费用的支出、铺租、装修、宣传推广及设备等各类成本，而以往，这些都是批发客户去考虑的，所以，转型企业取得和分析已有已往的批发客户的资料显得尤为关键，其中包括他们的营销形态、自有街铺或是百货广场铺位的租金水准，价格定位，即以何种售价将产品卖给客人、折扣情况、有否讲价等，因为，作为品牌连锁经营，在大部分的市场范围内，必须统一定价，而非讲价政策，但往往定价销售时会导致业绩与批发商经营时不一致的情况出现。因大部分批发客户销售时可讲价，能否在产品定价销售时，做到业绩良好，就涉及以上所讲的市场及价格定位问题。

再者，要注重形象的塑造。以往，批发型企业可能很少会花时间去考虑这个问题，但作为品牌经营的企业却又不同。企业应在此时结合自身产品定位，为自己塑造出一整套独有的、深入民心的品牌形象 CIS 体系。还有，日常销售和营运管理，也是转型企业必须完善的。当然，想要成功发展出一个全新品牌，并良好地经营，单靠以上几个方面并不足够，还需要企业良好的实力，正确的发展策略，领导者果断的决策力等，特别值得一提的是经营任何一个服装品牌，不管以后是否发展加盟连锁，都必须先开设直营店，企业只有通过成熟经营直营店获得符合自身需求的各类资料，如店铺租金水平、产品、定价、销售方法及成本控制等等，并通过资料不断调整经营策略，直到直营店获得成功。此时，企业拥有一整套品牌经营的成熟经验，才可向更大的市场空间拓展，如发展直营连锁、加盟连锁等，企业的发展壮大便指日可待了。

思考与练习

姓名________ 班级________ 学号________

1. 名词解释

品牌

品牌策划

品牌命名策划

品牌定位策划

品牌延伸策划

2. 单项选择

(1) ( )是一种视觉语言,它通过一定的图案、颜色来向消费者传递某种信息,以达到识别品牌、促进销售的目的。

A. 品牌名称 B. 品牌标志 C. 品牌图案 D. 品牌形象

(2) ( )是指对品牌进行设计,构造品牌形象,以使其能再目标消费者心目中占有一个独特的竞争优势的位置。

A. 品牌定位 B. 品牌设计 C. 品牌策划 D. 品牌提升

(3) 所谓( ),是在对产品和目标消费者进行研究的基础上,在产品特点中寻找最符合消费者需要的,竞争对手欠缺的最为独特的部分,并以此部分作为品牌的定位。

A. 空档定位 B. 情感定位 C. USP 定位 D. 比附定位

3. 多项选择

(1) 品牌资产包括( )。

A. 品牌知名度 B. 品牌忠诚度 C. 认知质量 D. 品牌联想

(2) 按照品牌的特性分,可以分为( )。

A. 功能性品牌 B. 效果性品牌 C. 数字型品牌 D. 情感性品牌

(3) 品牌的传播模式是一个系统化过程,包括( )。

A. 品牌特征 B. 媒介传播 C. 消费者认知 D. 品牌资产

(4) 品牌延伸包括( )。

A. 纵向延伸 B. 横向延伸 C. 多重品牌延伸 D. 单一品牌延伸

4. 填空题

(1) 品牌策划可以分为( )、品牌使用者策划、( )、品牌建设策划和(　　　　　　)。

(2) 多重品牌指的是企业在(　　　　　　)中设立两个或多个品牌，这种发展策略原创于(　　　　　　)。

(3) 企业树立品牌一般都采用(　　　　　　)，少用品名品牌和品标品牌，尤其是(　　　　)。因为(　　　　　　)凭借其形象丰满，更有利于品牌的传播，加深消费者对品牌的印象。

(4) 企业可以通过品牌建立良好的(　　　　　　)、(　　　　　　)和(　　　　)，品牌增加了产品的价值，从而有利于产品制定较高的价值。

(5) 所谓品牌的核心价值是指品牌承诺消费者的(　　　　　　)、(　　　　)及(　　　　)利益。

5. 简答题

(1) 简述品牌策划的流程。

(2) 简述品牌延伸的策略。

6. 实训题

请搜集一到两个品牌创建或品牌提升方面的经典案例与同学分享。

训练目标：品牌概念的理解、品牌策划的能力。

项目八 企业形象策划

本项目内容结构图

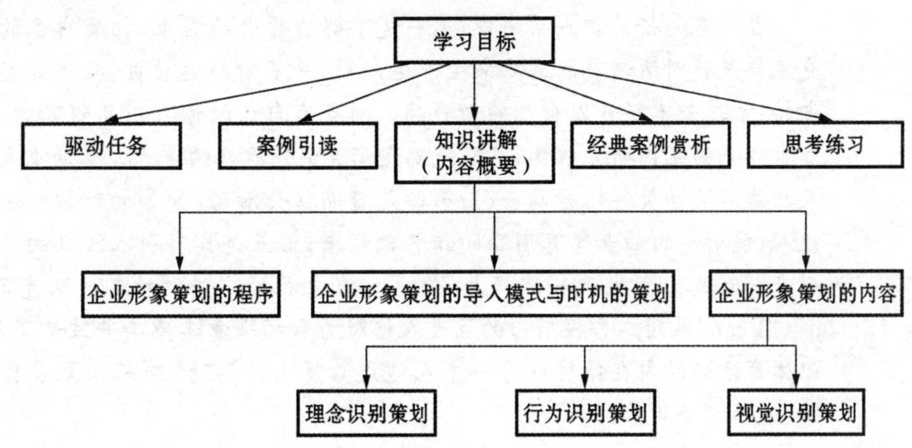

学习目标

- **知识目标**

1. 了解企业形象策划的概念与要素。
2. 掌握导入企业形象策划的模式和导入时机。
3. 掌握企业整体形象策划的内容与设计。

- **能力目标**

1. 通过本项目的学习，具备企业形象策划的能力。
2. 能撰写企业形象策划报告。

驱动任务

任务内容：近年来，高校之间对优秀生源的争夺越来越激烈，不过最终那些好生源还是被具有好声誉、好形象的大学吸引。如果你是一所高校的领导，你想要提升学校的形象，该如何策划？

任务要求：每位学生写出一份学校的CIS策划方案；分组讨论，评选出最佳方案。

案例引读

耐克公司的CIS战略

耐克公司从鲜为人知的品牌发展成为世界销售量最大的运动产品品牌，其产品畅销世界各地。不管世界如何变化，耐克始终坚持注重产品质量与技术革新，并采取有效的经营措施而保持不败的地位。耐克的发展史离不开其独特的CIS战略策划。

耐克经营理念是：坚持技术革新与进步；加强环保意识，赞助社会活动，提升自己的品格，与消费者建立感情纽带，等等。

在耐克的行为识别系统中，第一是了解消费者的需求，拓展自己的品牌。耐克主要是针对运动员的需要来生产运动鞋，并不断与运动员、教练员签约以互相支持；第二是不断开发自己的新产品。耐克有自己的体育用品研究所，研究项目非常齐全的室内研究机构；第三是确定耐克促销战略的重点。赞助重大体育比赛及与著名运动员签订赞助合同；第四是赞助社会活动，如加大对妇女运动项目的投入，使耐克的妇女体育用品的销售额猛增；第五是具有引人注目的广告。尽管耐克一直致力于生产一流产品，但也一直未放松广告的攻势。耐克的"Just do it"、"I can"系列广告投射出的巨大人格魅力和顽强意志感染并鼓舞了每一个人，以体育运动的内在精神和每一个人达成心灵上的沟通，进而让大家喜欢这个品牌、选择这个品牌。

耐克的视觉识别系统主要由其商标图形、商标名称和标准字构成。"NIKE"品牌名称的左下角有一个"√"，这个勾像一艘船一样载着"NIKE"这几个字母，虽然当初只支付了35美元即购买到该商标图形，但现在它却无处不在：耐克的产品上、办公用品上以及各种宣传资料上。

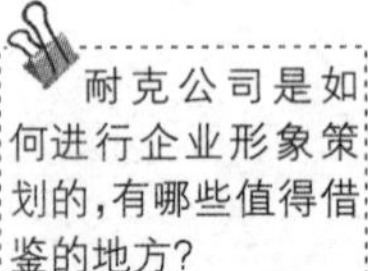
耐克公司是如何进行企业形象策划的，有哪些值得借鉴的地方？

知识讲解

一、企业形象策划的程序

（一）企业形象策划的要素

1. 企业形象策划的概念

企业形象策划即企业形象识别系统策划，是将企业经营理念与精神文化运用统一的整体传达系统（特别是视觉传达设计）传达给企业周边的关系或团体（包括企业内部与社会大众），并使其对企业产生一致的认同感与价值观，从而达到形成良好的企业形象的策划。

2. 企业形象策划的要素

企业形象策划不同于局部的营销策划，它是一个系统工程，也是一个整体系统，它由理念识别（MI）策划、行为识别（BI）策划、视觉识别（VI）策划3个子系统组成,这 3 个子系统有机结合在一起,相互作用,形成完整的企业识别系统。

企业形象策划中的三大基本要素各具特色,并且重点各不相同。理念识别策划是企业最高层次的思想系统和战略系统,它是企业的灵魂,是企业形象策划的核心和原动力,它通过行为识别策划、视觉识别策划表现出来。行为识别策划是企业内外各项运行活动的和行为方式,是动态的识别形式。它规范着企业内部的组织、管理活动与对外的经营过程和社会活动,实际上是企业的运作模式。视觉识别策划是体现企业经营理念和精神文化的外在视觉形象设计,是企业形象策划最外在的部分,是静态的识别符号,也是企业形象策划中与社会公众联系最为密切、影响层面最为广泛、能直接快捷地向外传递企业信息的部分。同时视觉识别策划本身具有美学价值,能艺术地提升企业形象。如果把企业形象策划比喻为人的形象策划,那么理念识别策划是人的思想策划,行为识别策划和视觉识别策划则分别是人的行为举止和外表形象。三者共同构成了企业形象策划的完整内涵。

(二) 企业形象策划的程序

1. 企业形象调研

企业形象调研是企业形象策划的第一步骤,企业形象策划工作始于企业形象调查。不仅如此,企业形象调研也是企业形象策划过程的一个重要步骤。为了增强导入企业形象行为的目的性,使企业形象的设计开发取得更好的成效,必须对企业的形象进行广泛而深入的调查。调查工作是否完善、充实,是决定企业形象策划成败的关键。

(1) 企业形象调研的程序。包括调查准备阶段、资料收集阶段、整理分析阶段、报告写作阶段和总结评估阶段。

> 企业形象调研的程序包括哪几个阶段。

调研工作是否完善、准确,是决定 CIS 成败的关键。因此凡是想要引进 CIS 的企业,应先组织优良的调查系统,再根据调查结果进行设计开发作业,确立施行方针。

调查报告可以归纳成下列两种报告:一种是资料明细报告,这是调查小组所做的第一次报告,说明各个调查的明细资料,当然也包括小组间的比较资料。另一种是以明确报告为基准的调查概略报告,概要列出调查种类及提出简单结论的资料。

(2) 企业形象调查的内容。包括企业外部环境调查、企业内部环境调查、企业形象调查。

① 调查的第一步是展开企业现状调查,调查最主要的内容大致有下列几个要点:

- 社会大众对公司的印象如何?
- 社会大众对公司形象的评估是否与公司的市场占有率相符合?
- 和其他同行业的活动比较起来,公司的企业形象中最重要的项目为何?
- 哪些地区对公司的评价好? 哪些地区的评价不好? 理由为何?
- 和公司保持往来的相关企业,最希望公司提供的服务为何? 对公司的活动有何意见?

- 公司的企业形象有何缺点？未来应塑造出何种形象？

公司目前的市场竞争力如何？

- 公司对外界发送的情报项目中，在信息传递方面最有利的是什么？
- 公司的高级主管对公司未来的发展有何计划？目的为何？

有关企业内部的调查工作，包括企业的经营理念、营运方针、产品开发策略、组织结构、员工调查、现有企业形象等，都需要逐一加以检讨、研判和分析，整理出企业经营的理想定位。企业内部调查的重点，主要是和高阶层主管人员的沟通，应以相互信赖和共同发掘问题为基础，对企业经营的现状、内部的组织、营运的方向等正面问题进行深入检讨，将开发设计导入正确的方向。

内部员工的认知也是调查作业的工作重点之一。因为员工的忠诚度、归属感、向心力等，足以决定企业经营的成败。员工对于内部作业环境、待遇福利、作业流程、管理体制等问题的反映与看法，也是开发新 CIS 最佳的参考资料。因此，进行企业实地调查的对象，必须包括和公司最为密切的员工。

对外方面，有关消费市场与特定对象的分析研究，尤其是竞争厂商情报的收集与分析，是开发作业前调查工作的重要方面。首先，必须寻找出消费者对于企业现有的产品与服务，具有何种程度的印象；然后再来依照市场需求与未来走向设定相应的战略，并兼顾竞争企业的经营战略和形象定位，分析研判其相关经营问题点，采取相应的措施，创造有利的经营环境。

② 企业形象调查。塑造良好的企业形象，是 CIS 作业的主要任务之一。但在展开作业前，必须了解对本公司而言，什么样的企业形象才是"良好"的？而形成信赖感和好感的具体因素又是什么？

我们可以将构成企业形象的因素归纳为下列 7 种：

- 市场形象：认真考虑消费者问题，对顾客的服务很周到，善于宣传广告，销售网相当完善，国际竞争力强。
- 外观形象：富信赖感强，稳定性高，有优良传统，企业规模大。
- 技术形象：研究开发能力很强，技术优良，对新产品的开发很热心。
- 未来形象：合乎时代潮流，积极性，未来性。
- 经营者形象：经营者很优秀，有魅力。
- 公司风气形象：具有健康清洁的形象，具有现代感，公司风气良好，员工和蔼可亲有礼貌。
- 综合形象：一流的企业，希望子女在此公司任职，想购买此公司的股票。

2. 企业形象策划方案制定

(1) CIS 策划案制定的程序。通过企业形象调查研究，了解企业形象环境，确定企业形象问题。企业为完善自身形象或进一步提高自己的形象地位，需要制定具体的行动方案。企业形象策划方案就是企业形象策划人员根据企业形象的现状和目标要求，分析现有条件，并设计最佳行动方案的过程。企业形象策划方案制定的程序如图 8-1 所示。

(2) CIS 策划方案的构成。CIS 策划方案由三大部分构成：

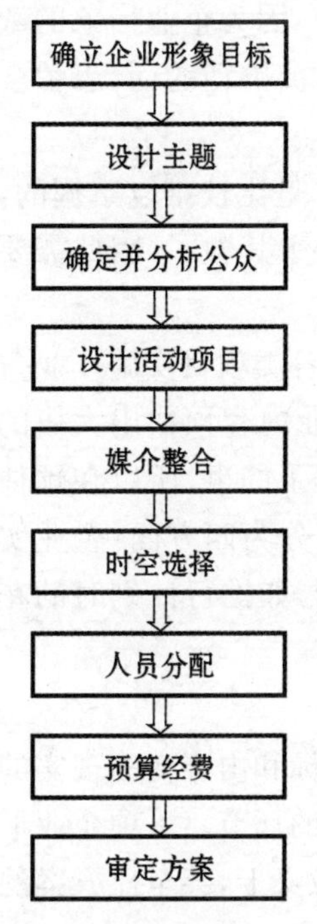

图 8-1　形象策划方案制定的程序

① 企业实态的检讨和分析，也就是事前调查阶段。

② 根据调查结果，展开企业形象策划的作业，CIS 的设计开发也属于这部分。

③ 实施管理作业。

企业经营者在推行 CIS 时，应按照上述的三大部分，循序渐进，确实执行，才能真正发挥 CIS 的效果。

在提出 CIS 企划案的构想之前，我们会先自问一个问题：引进 CIS 的真正目的是什么？是不是认为公司本身存在着某些问题，必须加以改善？换个角度讲，我们可以说已经看出 CIS 能解决公司所面临或即将面临的问题。

因此，策划方案的内容应该清楚地标示出“问题”和“解决办法”两大重点，并且对具体的实行步骤、方法和预期成果加以说明，如果能列出公司目前的问题，并加以详细的说明，相信就更能打动经营负责人的心。因此，一个完整的“引进 CIS 策划方案”，必须包括下列项目：(a)标题；(b)策划方案的目的；(c)引进 CIS 的理由和背景；(d)引进计划；(e)CIS 的计划方针；(f)具体的施行细则；(g)CIS 计划的推动、组织、协办者；(h)实施 CIS 计划所需的费用与时间。

这 8 个项目中有两大重点：提案的目的和引进 CIS 的理由与背景。尤其是引进 CIS 的理由，一定要说明清楚，因为它可能决定了公司对 CIS 系统的运作方向。

值得注意的是，不能只是针对公司目前的缺点，还要根据时代趋势、企业界和同业间的现状，提出周到的看法，并以远大的眼光来审视问题。

(3) CIS 策划方案执行工作大纲。CIS 的计划方针必然会牵涉到施行方法、活动时间、经费、推行单位、营运技术等问题，各方面的配合是否得当，便决定了 CIS 成效的好坏。以下是执行工作大纲的内容：

① 主题明确化。每一个策划方案都必须有其魅力标题，以拟定出企业具有代表性的魅力话题较为妥当。

② 拟定具体实施活动办法。经研讨分析后的结论，认为有必要导入 CIS 时，则需对主题、着眼点、背景等予以评估，因为在导入作业实施的每一阶段，每项工作都环环相扣，因此在全盘作业大纲分类后，须依需要性拟定各种不同活动方式来配合推动。

③ 编列导入时间预定表。CIS 导入作业不是短期的作业，同时在进行中也必须有许多事项的配合，因此要对作业阶段进行的项目与日程时间进行充分的掌握调配，才能确保作业的顺利进行。

④ 明确作业组织功能。用什么方式推选出适合的人员来执行导入作业，是不可忽视的事。组织职能必须明确化，例如，在内部设置 CIS 委员会来负责，对工作任务做有效的分配执行等。

另外，CIS导入作业的规划，不妨聘请外界专家协助参与，因为企业形象的塑造是希望能获得社会大众的认同与喜爱，如果全部由内部人员推动的话，恐怕会受限于企业本身的主观偏好，而造成闭门造车的缺失。

⑤ 编列经费。通常在企划阶段，对实施作业经费的多少是比较难以掌握的，但如果提案对成本没有一些具体的评估，实施的可行性就微乎其微了，因此需要先行研拟出概算的作业项目与经费。

一般而言，所需经费包括调查策划费用、视觉设计费用、各类项目实施作业费用、内外沟通作业费、评估与管理费，等等，可由上述各项作业内容预估出大概的金额。但通常在进行CIS作业时，项目的或增或减是避免不了的事，所以在预估经费时要保留一些弹性。整体来说，CIS的投资费用大致可分为四方面：企业实态调查及策划费用；设计开发费用；实施管理费用；其他费用，如推行计划时的花费，公司内部讯息传递的经费，等等。

3. 企业形象策划方案实施

企业形象活动方案的实施，是企业形象方案所规定的目标和内容变为现实的过程，是整个企业形象工作中最为复杂、最为多变、最为关键的环节。一项企业形象计划的实施，其重要性足以和制订方案本身相比，从某种意义上，甚至比方案的制订更为重要。

4. 企业形象策划评估

在提出企业形象活动实施效果的标准和要素后，企业形象评估人员该做的就是认真比较预期与实际实施效果之间的差距。在比较差距的过程中，重要的是寻找产生差距的原因。在提出评判的标准时，必须先找到一个基点，以这个基点的数量为准来衡量实际的情况。

通过比较，评估人员可以在大量原始记录和数据中，仔细搜索和考查发生差距的原因，撇去主观人为因素的影响，更多地从客观的角度去审查产生的原因。这样，从中提出的看法会更有助于今后企业形象活动的改进。

二、企业形象策划的导入模式与时机的策划

（一）企业形象策划的导入模式

1. 初建型企业形象策划的导入模式

初建型企业形象策划活动模式是在企业初创时期或新产品、新服务首次推出时期，为开创新局面进行的企业形象策划活动模式。目的在于提高美誉度，形成良好的第一印象，或使社会公众对企业及产品有一种新的兴趣，形成一种新的感觉，直接推动企业事业的发展。初建型导入模式采用的方法，一般包括开业广告、开业庆典、新产品试销、新服务介绍、新产品发布会、免费品尝、免费招待参观、开业折价酬宾、赠送宣传品、主动参加社区活动等。

2. 维系型企业形象策划的导入模式

维系型企业形象策划活动模式是指企业在稳定发展期间，用来巩固良好形象的公共关系活动模式。目的是通过不间断的、持续的公共关系活动，巩固、维持与

公众的良好关系和公共关系，使企业的良好印象始终保留在公众的记忆中。其做法是通过各种渠道和采用各种方式持续不断地向社会公众传递企业的各种信息，使公众在不知不觉中成为企业的顺意公众。

维系型企业形象策划活动模式是针对公众心理特征而精心设计的，具体可分为硬维系和软维系两种形式。

比较这两种形式的优缺点。

(1) 硬维系。**硬维系**是指那些维系目的明确，主客双方都能理解意图的维系活动，其特点是通过明显的优惠服务和感情联络来维系同公众的关系。有些国内外厂商利用一些节日、纪念日，向长期客户赠送一些小礼品，搞一些联谊活动，来加强感情联络，发展企业与客户之间的关系。硬维系一般用于已经建立了购买关系或业务往来的企业和个人。可利用各种传媒进行一般的宣传，如定期刊发有关企业情况的新闻、播出广告、提供企业的新闻图片、实行会员制、提供累计消费折扣等；也可以向长期客户赠送小礼物，邀请客户联谊，定期或不定期发布提醒性广告，经常在媒体露面，经常派发企业小型纪念品或礼品。

(2) 软维系。**软维系**是指那些活动目的虽然明确，但表现形式却比较超脱、隐蔽的公共关系活动，其目的是在不知不觉中让公众不忘记企业。一般是对广泛的公众开展公共关系活动，具体做法可以灵活多样，但要以低姿态宣传为主，如定期广告、企业报道、提供企业的新闻画片、散发印有企业名称的交通旅游图等。保持一定的媒体曝光率，使公众在不知不觉中了解企业的情况，加深对企业的印象。

3. 防御型企业形象策划导入模式

防御型企业形象策划活动模式是指企业为防止自身的形象失调而采取的一种公共关系活动方式。预防的目的是在企业与公众之间出现摩擦苗头的时候，及时调整企业的政策和行为，铲除摩擦苗头，始终将与公众的关系控制在期望的轨道上。

防御型企业形象活动模式的特点在于，确切地了解自身企业形象现状，敏锐地发现其失调的预兆和症状，针对失调采取对策，及时消除隐患，同时进一步促使其向有利于良好的公共关系建设方面转化。因此，防御型企业形象活动特别适用于企业发展过程中的战略决策，是战略型领导者最重视的公共关系活动之一。美国电报电话公司为不断完善形象，第一个采取了令世人瞩目的举措：电报电话的接线员全部改为年轻的女性，旨在充分发挥年轻女性在性别和年龄上的优势，完善服务形象，防患于未然。此举至今仍为各企业所效仿。

4. 重塑企业形象策划导入模式

重塑型企业形象策划活动模式是指企业在遇到问题与危机，公共关系严重失调，企业形象受到损害时，为了扭转公众对企业的不良印象或已经出现的不利局面而开展的公共关系活动。其目的是对严重受损的企业形象及时纠偏、矫正，挽回不良影响，转危为安，重新树立企业的良好形象。其特点是“及时”，即及时发现问题、及时纠正问题、及时改善不良形象。通常的处理方法为：查明原因，澄清事实，知错就改，恢复信任，重修形象。

(二) 企业形象策划导入时机的策划

企业形象策划作为现代企业的经营策略，虽然有它的共同性，但每个企业的思考：如何选择导入企业形象策划的时机？

实际情况不同，其导入企业形象策划的动机与目的不同，解决问题的切入点不同，因而在选择导入企业形象策划的时机上，也会各有区别。

1. 新产品上市时

一个新产品开发成功，需要在上市推广之前引入企业形象策划，对产品进行形象包装，提炼产品理念，引入品牌概念，创作全新的广告创意，运用企业形象策划手段制订周详的上市推广计划。将产品的广告、新闻、公关、促销、直销等手段整合传播，既收到促销效果，又迅速建立起自己的品牌，体现企业形象策划"开拓市场利剑"的作用。

2. 公司"二次创业"时

中小企业由于"一次创业"成功，已形成一定规模，面临企业再发展的形势。此时，创业初期的商号、标志、商标设计等出现过时、陈旧、零散、混乱等现象，需要统一规范，系统地对外集中传播，因此，导入企业形象策划，统一公司形象，建立集团形象，增强对子公司、关系企业的号召力，形成整体优势，已成为迫切任务。

3. 树立品牌战略时

大多数民营企业革新之初只重视产品营销、创市场效益，而对品牌意识十分淡薄。所以许多中小企业在产品之间、不同子公司之间，商标混乱、平庸、缺少文化含量，有的至今仍未形成主导品牌。面对世界经济一体化进程的加快，市场竞争已形成品牌竞争的主流，国内企业品牌意识普遍高涨。为创立品牌而导入企业形象策划设计，运用企业形象策划进行品牌传播、推广，已成为企业导入企业形象策划的目标和时机之一。

4. 公司周年

导入企业形象策划作为企业的一项基志庆时本经营策略应加以重视，而不少企业都会利用创业五周年、十周年等周年志庆这一契机。导入企业形象策划可以达到重塑公司形象，迈向新的目标，提升员工士气的效果，从而为企业经营激发更大的活力。

5. 公司多元化经营

随着企业的发展，主导产品会因为商标设计、名称等情报信息发生与原来的性质、经营内容不相符的情形，这时就需要企业形象策划建立既符合企业实际情况，又能契合未来发展的识别系统，统合新开发产品与企业本体的关系。

6. 公司集团化发展时

由于公司发展迅速，并向集团化方向发展，为了统合各公司的商号、品牌、形象、理念、价值观，导入企业形象策划已成为集团公司的重要任务。因此，建立集团公司的统一形象，整合品牌优势，增强对子公司的号召力，特别是强化集团理念文化，是增强集团凝聚力、向心力的有力举措。

7. 进军国际市场并与国际经济接轨时

原有的企业只盯住国内市场，因此商标以拼音字母等居多。随着企业产品进入国际市场和国际经济一体化趋势，原有的企业和产品标志系统不适应国际市场需要，因此，修正和建立新的企业标志、标准等识别系统，成为企业导入企业形象策划、建立品牌新形象的应对策略之一。

8. 克服困难,搞活经营时

企业面临经营不善的危机或陈旧落伍、业绩衰退时,除了内部的从事改革、制度革新之外,借助企业形象策划革新公司形象、统一视觉识别系统,将有助于摆脱经营危机。

9. 公司上市时

目前,越来越多的公司在战略重组中挂牌上市。借着公司成为上市公众公司的契机,对企业进行全新的形象包装,注入现代经营理念,以新的形象、前卫的理念出现在股民和社会公众之前,无疑是吸引资金、推动企业快速发展的必要手段。

三、企业形象策划的内容

(一) 理念识别企划(MI)

所谓 MI 就是得到社会普遍认同的体现企业个性特征的,促使并保持企业正常运作及长足发展而构建的反映整个企业明确经营意识的价值体系。

1. 企业理念识别的内容

一个企业的 MI 系统通常包括企业使命、经营哲学、行为基准和活动领域 4 项基本内容。

企业理念识别包括的基本内容。

企业使命(Company Mission),就是企业在特定社会环境中所要完成的特定任务或要实现的特定目标。

彼得·德鲁克关于企业使命的 5 个基本问题:

(1) 我们的业务是什么?

(2) 我们的顾客是谁?

(3) 本公司能为顾客提供什么价值?

(4) 我们未来的业务是什么?

(5) 我们的业务应该是什么?

经营哲学(Business Philosophy)即工商企业的经营思想或经营方针。主要包括企业的经营方向、经营理念、营销战略的特征等。

行为基准指企业员工的行为标准与规范。具体包括服务公约、劳动纪律、工作守则、行为规定、操作要求、考勤制度、管理条例等。

活动领域是指企业应在何种技术范围内或者在何种业务领域中开展活动。活动领域确定的原则有三:预见性、差异性、明确性。

2. 企业理念的定位与策划

(1) 企业理念的定位模式。CIS 企业形象战略追求企业形象差异性的效果,即独特企业形象的塑造。而企业差异性首先来自企业理念的个性化,企业的不同理念决定了企业不同的形象定位。其模式主要有以下几类。

① 目标导向型。用精练、概括的语言反映企业追求的精神境界和经营战略目标。它们的目标十分广泛。例如,宝山钢铁(集团)公司创造新的文明;美国劳斯公司为人类创造最佳环境。

② 团结创新型。用简洁、精练、概括的用语反映企业团结奋斗的优良传统以及拼搏、开拓、创新的团体精神和群体意识。它的主要目标是企业的内部公众。例如,上海大众汽车有限公司的“十年创业、十年树人、十年奉献”;日本住友银行的“保持传统更有创新”。

③ 产品质量、技术开发型。用简洁、精练、概括的用语突出强调企业名牌产品的质量,或强调尖端技术的开发意识,以此来代表企业精神,展示企业形象,有效传达企业对社会的贡献。例如,上海英雄股份有限公司的“至尊英雄,卓越风范,赶超一流”;日本卡西欧计算机公司的“开发就是经营”。

④ 市场营销型。它的目标是企业的外部公众,强调市场的覆盖和开拓,争创最佳的经济效益。例如,美国麦当劳公司的“顾客永远是最重要的,服务是无价的,公司是大家的”。

⑤ 优质服务型。它的主要目标是企业的外部公众,它着重强调的是:顾客是上帝。

(2) 企业理念的应用形式。

① 标语、口号。标语用于横幅、墙壁、标牌上,陈列于各处或四下张贴使员工随时可见,形成一种舆论气氛和精神氛围。口号是用生动有力、简洁明了的句子,呼之于口,便激动人心,一呼百应。标语和口号的表达方式可以是比喻式、故事式、品名式和人名式等。以下列举几家知名企业有代表性的标语、口号:

美国电话电报公司:普及的服务。

美国德尔塔航空公司:亲如一家。

台湾资通电脑:积极热诚、前瞻未来。

北京西单购物中心:热心、爱心、耐心、诚心。

广州白云山制药厂:爱厂、兴利、求实、进取。

② 广告。企业理念一般比较稳定,而广告语可以根据不同时期、不同地域、不同环境加以灵活改变。例如,摩托罗拉的广告语“飞跃无限”;孔府家酒“叫人想家”;雀巢咖啡“味道好极了”等。

③ 企业歌曲。优秀的企业歌曲能够激起人们团结、奋进、向上的激情,聪明的企业家用音乐这一艺术形式向职工进行巧妙的灌输,向社会各界广泛宣传。美国IBM公司每个月唱《前进IBM》,日本声宝公司每天早晨齐唱《声宝企业颂》,松下公司每天要唱《松下之歌》,北京同仁堂集团、北京长城饭店也有自己企业的歌曲。

理念识别是导入CIS的原动力,是企业的精神所在。

(二) 行为识别企划(BI)

BI是指在MI基础上所形成的,用以规范企业内部行为,并达到对外行为统一化(活动统一化)的一系列行为规范和准则。

1. 企业行为识别的内容

MI的传播主要通过两条渠道:一是静态的视觉识别系统;二是动态的行为识别系统。

BI是非视觉化动态的识别形式。对内负责组织管理，包括：工作环境、生产设备、研究发展、生产福利及员工教育（礼貌仪表、服务态度、上进精神）等。对外负责开展各种活动，包括：市场调查、促销活动、公共关系、产品开发，流通对策、金融对策、公益性活动、文化性活动等。

J·G·雪南先生说："CIS并非单纯的设计，而是组织全体——商品、服务、员工、管理者、工作态度和状况、倾向以及民众性等各方面的完整性知觉。"实施CIS时，需要企业全体员工的协助进行。员工是将企业形象传递给外界的重要媒体，如果员工的素质有问题，将为公司带来很大的伤害。例如：员工的态度、举止不当；营业员对顾客态度不佳；秘书接电话不礼貌；有公司标志的车辆不遵守交通规则；和客人约谈无法准时赴约等，以上情况发生将对公司形象造成损害。

如何理解J·G·雪南先生的这句话？

任何营运状况正常的企业，都有两种不同的力量，其一是离心力，其二是向心力。离心力指使企业向外扩展的作用力，如销售、服务活动范围的扩大，商品的多样化等，离心力的作用是向外的。向心力则是一种向内部集中，借以强化共同体的团结力。由此可见，离心力和向心力的作用方向相反，但对企业来说，这两种作用力必须相辅相成，合二为一。

2. 企业行为识别的传播与推广

（1）内部的传播与交流。贯彻CIS理念，建立行为识别制度，关键的一环是CIS意识的传播，即所谓内部的传播与交流。所以，无论大小企业，不管是内部通讯、公告栏、板报、标语，还是广播、简报、企业报，都会有一个正规的传播媒介。除此之外，非正规的员工之间的私下小道消息传播也是不可忽略的。从某种意义上说，这种私下小道消息传播比正规形式的宣传对员工意识的作用更大，如何对其进行控制和引导，也是行为识别系统建设的一个重要内容。

美国施乐公司原董事长马库罗曾认为："以设计来统一企业的形象，必须由最高经营阶层至基层员工彻底实施，内部统一之后，方能对外诉求。"所以，在企业向外传播CIS计划之前，首先要对企业内部的员工做一次完整的说明，使他们了解企业导入CIS的主旨。只有先搞好内部传播，才能充分调动广大员工的积极性、创造性，使他们支持并参与到实施CIS计划的行动中去，为塑造企业形象而努力工作。

对内部员工传播教育的主要方式有：CIS说明书、幻灯片、公司汇报、CIS消息、员工手册、海报、讲习会等公关活动。

（2）外部的推广与途径。BI向外推广的途径与方法主要有以下几种：

① 策划"新闻事件"。企业在CIS导入与推行过程中，结合CI工程的总体计划主动联系媒体机构，策划一次以宣传企业形象为目的的有轰动效应的"新闻事件"，往往是一种理想的活动识别手段。活动识别就是借助种种有计划、有效的活动，广泛传播企业统一理念、价值观、精神风貌、品牌特色。"新闻事件"作为一种手段，具有集中、广泛的传播效果。

② 广告活动。以塑造企业形象为直接目的的广告称为企业形象广告，旨在向社会宣传企业特征，表明企业对社会所负的责任和为社会做了些什么。如企业理念广告重在向社会传播企业的经营哲学、价值观念、传统风格和企业精神，使企

业形象连同它的观念和口号深入到大众心中，对内产生凝聚力，对外产生感召力；社会责任广告重在显示企业对社会公共事务和公益事业的热情和关心，或以广告形式响应社会生活中某个重大热点主题，表示企业对社会生活的参与，或以企业名义率先发起某运动或提供某种有益的观念，这类广告使企业形象充满人情味和亲和感；企业礼仪广告在企业周年纪念或其他企业开张、创业周年纪念或重大节日之机，向公众和合作者表示感谢和祝贺，旨在联络和沟通感情，往往能收到好的效果。

③ 社区交往。按企业形象由近及远的传达规律，企业首先要与当地居民搞好关系。如何提高企业在其所在社区的形象呢？一般做法有：优先录用当地居民；积极参加防止公害、保护当地自然景观、文化等活动；参与地方开发；欢迎各种社团参观和了解企业的一般作业状况；积极参与当地重大经济决策或建设项目；设立消费者窗口和服务地方社会的部门；关心社区老人、儿童等。

④ 大型活动策划。一些企业通过策划大型活动来传达企业理念，宣传企业实力。在策划大型活动时，企业首先应注意确立企业的市场目标，针对目标顾客的需要定位开展相关活动。

（三）视觉识别企划（VI）

1. 企业视觉识别系统的内涵

VI 是指将企业理念与价值观通过静态的、具体化的视觉传播形式，有组织、有计划地传达给社会，树立统一的企业识别形象的活动。

理解 VI 应明确的几个问题：

(1) 企业视觉识别应以 MI 为基础。

(2) 企业视觉识别系统设计不是单纯的美术设计。

(3) VI 并非简单的视觉表现手段。

VI 的关键和基础性工作是将企业信息进行概括、提炼、抽象，将其转化为企业视觉设计符号；其次，VI 必须带有鲜明的个性特征；再次，成功的 VI 还在于选择合适的设计题材和造型要素，形成有生命力的设计系统，制定严格的管理措施和科学的媒体策略，并做有效、长期的传播。

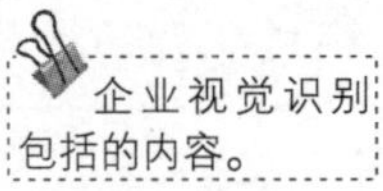

2. 企业视觉识别的内容

视觉识别包括基本要素和应用要素两个方面。

在 CIS 设计系统中，视觉识别设计（VI）是最外在、最直接、最具有传播力和感染力的部分。VI 设计是将企业标志的基本要素，以强势方针及管理系统有效地展开，形成企业固有的视觉形象，是透国视觉符号的设计来传达精神与经营理念，有效地推广企业及其产品的知名度和形象。因此，企业识别系统是以视觉识别系统为基础将企业识别的基本精神充分地体现出来，使企业产品名牌化，同时对推进产品进入市场起着直接的作用。VI 设计从视觉上表现了企业的经营理念和精神文化，从而形成独特的企业形象，其本身也具有形象的价值。

VI 设计各视觉要素的组合系统因企业的规模、产品内容而有不同的组合形式，通常最基本的是企业名称的标准字与标志等要素组成一组一组的单元，以配合各种不同的应用项目，各种视觉设计要素在各应用项目上的组合关系一经确定，就应严格地固定下来，以期达到通过统一性、系统化来加强视觉诉求力的作用。

(1) 基本要素系统设计。VI 设计的基本要素系统严格规定了标志图形标识、中英文字体形、标准色彩、企业象征图案及其组合形式，从根本上规范了企业的视觉基本要素，基本要素系统是企业形象的核心部分。企业基本要素系统包括：企业名称、企业标志、企业标准字、标准色彩、象征图案、组合应用和企业标语口号等。

① 企业名称。企业名称与企业形象有着紧密的联系，是 CIS 设计的前提条件，企业名称的确定，必须要反映出企业的经营思想，体现企业理念；要有独特性，发音响亮并易识易读，注意谐音的含义，以避免引起不佳的联想。名字的文字要简洁明了，同时还要注意国际性，适应外国人的发音，以避免外语中的错误联想。在表现或暗示企业形象及商品的企业名称时，应与商标，尤其是与其代表的品牌相一致，也可将在市场上较有知名度的商品作为企业名称。企业名称的确定不仅要考虑传统性，还要具有时代的特色。

② 企业标志。企业标志是特定企业的象征与识别符号，是 CIS 设计系统的核心基础。企业标志是通过简洁的造型、生动的形象来传达企业的理念，包含内容、产品特性等信息。标志的设计不仅要具有强烈的视觉冲击力，而且要表达出独特的个性和时代感，必须广泛地适应各种媒体、各种材料及各种用品的制作，其表现形式可分为：图形表现(包括再现图形、象征图形、几何图形)、文字表现(包括中外文字和阿拉伯数字的组合)和综合表现(包括图形与文字的结合应用)3 个方面。企业标志要以固定不变的标准原型在 CIS 设计形态中应用，必须绘制出标准的比例图，并表达出标志的轮廓、线条、距离等精密的数值。其制图可采用方格标示法、比例标示法及多圆弧角度标示法，以便标志在放大或缩小时能精确地描绘和准确复制。

③ 企业的标准字体。企业的标准字体包括中文、英文或其他文字字体，标准字体是根据企业名称、企业牌名和企业地址等来进行设计的。标准字体的选用要有明确的说明性，直接传达企业、品牌的名称并强化企业形象和品牌诉求力。可根据使用方面的不同，采用企业的全称或简称来确定，字体的设计要求字形正确、富于美感并易于识读，在字体的线条粗细处理和笔画结构上要尽量清晰简化和富有装饰感。在设计时要考虑字体与标志在组合时的协调统一，对字距和造型要作周密的规划，注意字体的系统性和延展性，以适应于各种媒体和不同材料的制作，适应于各种物品大小尺寸的应用。企业的标准字体的笔画、结构和字形的设计也要体现企业精神、经营理念和产品特性，其标准制图方法是将标准字配置在适宜的方格或斜格之中，并标明字体的高、宽尺寸和角度等位置关系。

④ 标准色彩。企业的标准色彩是用来象征企业并应用在视觉识别设计中所有媒体上的特定色彩。透过色彩具有的知觉刺激于心理反应，可表现出企业的经营理念和产品特质，体现出企业属性和情感。标准色在视觉识别符号中具有强烈的识别效应。企业标准色的确定要根据企业的行业属性，突出企业与同行的差别，并创造出与众不同的色彩效果，标准色的选用是以国际标准色为标准的，企业

的标准色使用不宜过多，通常不超过 3 种颜色。

⑤ 象征图案。企业象征图案是为了配合基本要素在各种媒体上广泛应用而设计的，在内涵上要体现企业精神，发挥衬托和强化企业形象的作用。通过象征图案的丰富造型，来补充标志符号建立的企业形象，使其意义更完整、更易识别、更具表现的广度与深度。象征图案在表现形式上采用简单抽象并与标志图形既有对比又保持协调的关系，也可由标志或组成标志的造型内涵来进行设计。在与基本要素组合使用时，要有强弱变化的律动感和明确的主次关系，并根据不同媒体的需求作各种展开应用的规划组合设计，以保证企业识别的统一性和规范性，强化整个系统的视觉冲击力，产生出视觉的诱导效果。

⑥ 组合应用。组合应用即是对企业标志、标准字、标准色等基本要素组合起来进行运用。为使企业建立统一的视觉识别体系，并适应于各种不同媒体和场合上的应用，应设计出一套规范化、系统化、统一化并综合各种基本要素的组合模式，其中包括各种要素组合时的位置、距离、方向、大小等组合规范，当组合模式的编排确定之后，为方便制作和使用，确保企业视觉识别的统一性和系统化，要绘制出组合的结构图。

⑦ 标语口号。企业提出的标语口号是企业理念的概括，是企业根据自身的营销活动或理念而研究出来的一种文字宣传标语。企业标语口号的确定要求文字简洁、朗朗上口。准确而响亮的企业标语口号对企业内部能激发职员为企业目标而努力，对外则能表达出企业发展的目标和方向，提高企业在公众心目中的印象，其主要作用是对企业形象和企业产品形象的补充，使社会大众在瞬间的视听中了解企业思想，并留下对企业及其产品难以忘却的印象。

⑧ 企业吉祥物。企业吉祥物是以平易可爱的人物或拟人化形象来唤起社会大众的注意和好感。

⑨ 专用字体。专用字体即是对企业新使用的主要文字、数字、产品名称结合对外宣传文字等，进行统一的设计。主要包括为企业产品而设计的标识字和为企业对内、对外活动而设计的标识字，以及为报刊广告、招贴广告、影视广告等设计的刊头、标题字体。

(2) 应用要素系统设计。应用要素系统设计即是对基本要素系统在各种媒体上的应用所做出的具体而明确的规定。当企业视觉识别最基本要素如标志、标准字、标准色等被确定后，就要从事这些要素的精细化作业，开发各应用项目。VI 各视觉设计要素的组合系统因企业规模、产品内容而有不同的组合形式。最基本的是将企业名称的标准字与标志等组成不同的单元，以配合各种不同的应用项目。当各种视觉设计要素在各应用项目上的组合关系确定后，就应严格地固定下来，以期达到通过同一性、系统化来加强视觉诉求力的作用。应用要素系统大致有如下内容：

① 办公事务用品。办公事务用品的设计与制作应充分体现出强烈的统一性和规范化，表现出企业的精神。其设计方案应严格规定办公用品形式排列顺序，以形成办公事务用品的严肃、完整、精确和统一规范的格式，给人一种全新的感受

并表现出企业的风格，同时也展示出现代办公的高度集中和现代企业文化向各领域渗透传播的趋势。包括信封、信纸、便笺、名片、徽章、工作证、请柬、文件夹、介绍信、账票、备忘录、资料袋、公文表格等。

② 企业外部建筑环境。企业外部建筑环境设计是企业形象在公共场合的视觉再现，是一种公开化、有特色的群体设计。在设计上借助企业周围的环境，突出和强调企业识别标志，并贯彻于周围环境当中，充分体现企业形象统一的标准化、正规化和企业形象的坚定性，以便使观者在眼花缭乱的视觉中获得好感。主要包括：建筑造型、旗帜、门面、招牌、公共识标牌、路标指示牌、广告塔等。

③ 企业内部建筑环境。企业的内部建筑环境是指企业的办公室、销售厅、会议室、休息室、厂房内部环境形象。设计时是把企业识别标志贯彻于企业室内环境之中，从根本上塑造、渲染、传播企业识别形象，并充分体现企业形象的统一性。主要包括：企业内部各部门标示、企业形象牌、吊旗、吊牌、pop 广告、货架标牌等。

④ 交通工具。交通工具是一种流动性、公开化的企业形象传播方式，其多次的流动会给人瞬间的记忆，有意无意地建立起企业的形象。设计时应具体考虑它们的移动和快速流动的特点，要运用标准字和标准色来统一各种交通工具外观的设计效果。企业标识标志和字体应醒目，色彩要强烈才能引起人们注意，并最大限度地发挥其流动广告的视觉效果。主要包括轿车、中巴、大巴、货车、工具车等。

⑤ 服装服饰。企业整洁高雅的服装服饰统一设计，可以提高企业员工对企业的归属感、荣誉感和主人翁意识，改变员工的精神面貌，促进工作效率的提高，并导致员工纪律的严明和对企业的责任心，设计时应严格区分工作范围、性质和特点，设计出符合不同岗位的着装。主要有经理制服、管理人员制服、员工制服、礼仪制服、文化衬衫、领带、工作帽、胸卡等。

⑥ 广告媒体。企业选择各种不同媒体的广告形式对外宣传，是一种长远、整体、宣传性极强的传播方式，可在短期内以最快的速度，在最广泛的范围中将企业信息传达出去，是现代企业传达信息的主要手段。主要有电视广告、报纸广告、杂志广告、路牌广告、招贴广告等。

⑦ 产品包装。产品是企业的经济来源，产品包装起着保护、销售、传播企业和产品形象的作用。成功的包装是最好、最便利的宣传、介绍企业和树立良好企业形象的途径。产品包装主要包括纸盒包装、纸袋包装、木箱包装、玻璃包装、塑料包装、金属包装、陶瓷包装、包装纸等。

⑧ 赠送礼品。企业礼品主要是为了使企业形象或企业精神更形象化和富有人情味而用来联系感情、沟通交流、协调关系的，是以企业标识标志为导向、传播企业形象为目的，将企业形象组合表现在日常生活用品上的。企业礼品同时也是一种行之有效的广告形式，主要有 T 恤衫、领带、领带夹、打火机、钥匙牌、雨伞、纪念章、礼品袋等。

⑨ 陈列展示。陈列展示是企业营销活动中运用广告媒体，以突出企业形象而对企业产品或销售方式开展的传播活动。在设计时要突出陈列展示的整体感、顺序感和新颖感，以表现出企业的精神风貌。主要包括有橱窗展示、展览展示、货

架商品展示、陈列商品展示等。

⑩ 印刷出版物。企业的印刷出版物品代表着企业的形象，直接与企业的关系者和社会大众见面。在设计时为取得良好的视觉效果，应充分体现出强烈的统一性和规范化，表现出企业的精神，编排要一致，采用固定印刷字体和排版格式，形成一种特定的版式风格，造成一种统一的视觉形象来强化公众的印象。主要包括企业简介、商品说明书、产品简介、企业简报、年历等。

经典案例赏析

“太阳神”的升起和陨落

太阳神集团是我国首家导入CIS的企业。太阳神集团的前身是广东省东莞市黄岗保健饮料厂，原产品品牌叫万事达，20世纪80年代产值仅520万元。1998年，在总经理怀汉新的倡导下导入CIS，将企业名称更改为太阳神集团，并设计了公司徽标，以鲜红的圆形作为太阳的象征，代表健康、向上的经营宗旨，表达了光明、希望、温暖的企业理念；下面黑色的三角形，整体位置向上，象征APOLLO(希腊神话中主宰光明的保护神)，又像人字造型，从而传达了企业充满生机、蒸蒸日上的精神和以人为本的理念。随后耗资80万元在沙漠拍摄的企业形象广告，以“我们的爱天长地久”为主题，魁梧、壮硕的男人形象及雄浑、粗犷的男高音与天地浑然一体的画面，既给人一种心灵的震撼，又能让人接受太阳神集团的一片爱心。太阳神集团导入CIS以后，经营业绩扶摇直上，1990年产值上升到4 000万元，1991年攀升到8亿元，1992年达12亿元，1993年是太阳神历史上最辉煌的一年，营业额达到创纪录的13亿元，几乎每天都有300万元的营业额，同时保持零库存和零负债。

1. 太阳神集团是如何导入CIS的?你认为还有什么地方可以进一步完善的?
2. 太阳神集团最终走向没落的原因是什么?

正当太阳神如日中天的时候，危机却已经向志得意满的怀汉新靠近了。从20世纪90年代初期开始，保健品行业发生了本质性的变化，随着中国保健品市场的迅速增长和太阳神的示范效应，越来越多的竞争对手都疯狂地涌入这一市场，消费者也因为可选择余地的增大，胃口也渐渐变得挑剔起来。然而在变化的形势面前，太阳神集团却采取了“以不变应万变”的策略，即继续加强CIS的建设，忽视新产品的研发。太阳神集团认为既然过去的经验能够成功，那么沿袭这些经验当然也能确保未来的成功，实在看不出来有什么改变的必要。正是这种错误思想的主导，使得太阳神仅靠生物口服液和猴头菇口服液两个产品“包打天下”，结果从1994年开始，太阳神在红火了6年之后，销售量直线下滑，大好江山最终拱手让人。

思考与练习

姓名________ 班级________ 学号________

1. 名词解释

企业形象策划

理念识别

行为识别

视觉识别

2. 单项选择题

(1) (　　)是企业形象的核心内容。

A. 企业理念　B. 企业制度　C. 企业信誉　D. 员工素质

(2) 以下哪种人一般不是企业 CIS 导入的发起人。(　　)。

A. 广告公关部门　B. 销售部门　C. 企业员工　D. 专业公司

(3) 以下哪些不属于正式沟通(　　)。

A. 文件传达　B. 同事交谈

C. 召开会议　D. 上下级的定期交流

(4) 企业形象的无形要素包括企业理念、企业制度等是(　　)的重要组成部分。

A. 企业文化　B. 企业识别　C. 社会形象　D. 员工素质

(5) 以下哪一项不属于 CI 手册的基本设计系统。(　　)。

A. 企业标志　B. 标准字　C. 包装　D. 标准色

3. 判断题

(1) 理念是以企业的经营意志和社会、市场背景等为基础,在科学预测的基础上的事业领域。(　　)

(2) 适时地更换或推展商标,可以起到显示企业进步与产品质量提高的作用。(　　)

(3) 非价格竞争手段施行的结果,消费者对企业的产品产生差异感。(　　)

4. 简答题

(1) 什么是企业形象?联系实际谈谈企业形象策划的重要性。

（2）简述企业形象策划的程序。

（3）简述企业理念识别的内容。

（4）简述企业视觉识别的内容。

5. 讨论

收集麦当劳相关信息，分小组讨论，针对麦当劳的 MI、BI、VI 现状提出改进方案。

6. 实训题

近年来，大学之间对优秀生源的争夺越来越激烈，不过最终那些好生源还是被具有好声誉、好形象的大学所吸引。如果你是一所形象较差的大学的领导，你将如何提升你所在大学的形象，该如何策划？写出完整的形象策划方案。

训练目标：形象策划能力、创意创新能力、文案写作能力。

项目九 整合营销策划

本项目内容结构图

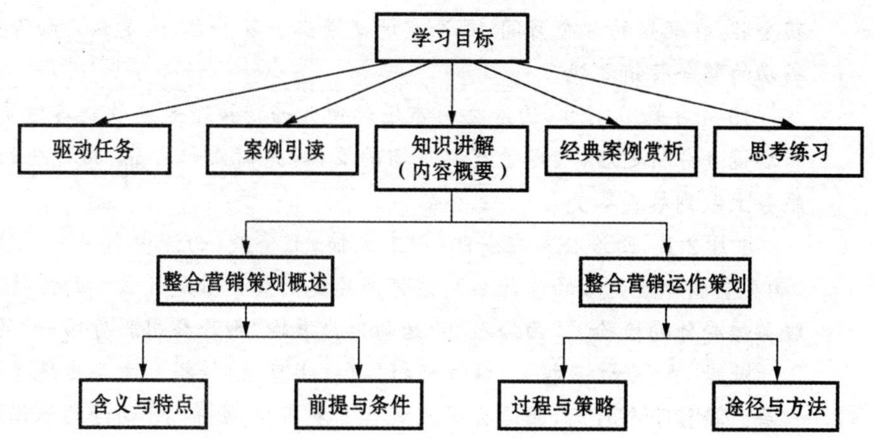

学习目标

- 知识目标

1. 掌握整合营销策划的含义与特点。
2. 掌握整合营销策划的条件与前提。
3. 掌握整合营销策划的过程与策略。

- 能力目标

1. 具有双向沟通的策划能力。
2. 初步具备整合营销广告策略的策划能力。
3. 初步具备整合营销具体运作的策划能力。

驱动任务

任务内容：撰写某某汽车销售公司整合营销策划方案

请学生们通过调查访问或网上查阅资料，深入了解某个汽车销售公司的整合营销策划方案，根据该企业整合营销策划的要点：①产品整合（个别产品、包装、新产品);②品牌整合(定位、策略、形象、文化);③价格整合(制定、修订、变动);④分销整合(渠道、直销、物流);⑤促销整合(广告、公关、SP、推销),选取某一方面内容或问题撰写策划方案。

任务要求:按照以上问题,把学生分成若干小组,调查某一家汽车销售公司。在调查分析与结论的基础上,撰写策划方案,小组讨论及全班交流。

案例引读

西泠公司:整合营销之战

1994年9月,在杭州西湖爆发了一场空调大战,在这场大战中,西泠公司大获全胜,在短短的3个月间,西泠空调就销出1万多台,这是因为西泠空调采取了成功的整合营销之战。

1994年春节刚过,西泠公司市场部便开始紧锣密鼓地收集各方资料,通过对市场调查分析之后,确定了空调市场的策略:先树立起可靠、品种全的形象,再在服务上做到尽善尽美。

4月2日,西泠公司在浙江《周末文摘》上登载《西泠电器94-001服务公告》:“购买空调你最关心的是什么?销售产品我们最关心是什么?西泠将有一系列的服务接受你的检验。”“西泠人”开始向用户灌输“西泠公司服务第一”的观念。

此后,在《浙江日报》、《钱江晚报》、《杭州日报》等报刊上都出现了同样的整版广告。持续1个月后,西泠公司正式召开发布会,公布了“西泠的承诺”:西泠也许做不到十全十美,但可以做到无微不至。为证明自己的诚意,西泠公司公布了自己的热线电话号码并宣布,用户如有需要,可拨电话,西泠人将上门提供咨询和服务。西泠公司的第二个步骤是在当地的各种媒体上开始宣传,让西泠的牌子深入人心,并且,向公众作出了更为明确的表示,承诺最优质的服务。各媒体上出现这样的广告:做不到100赔你100元。西泠公司向消费者作出三大承诺:5月1日至7月31日,杭州解百、百大、新天龙、杭州大厦等十大商场购买分体式空调,次日起72小时内上门免费安装,出现故障24小时内调换,如有违反每迟一天赔偿用户100元。凡产品有质量问题、安装问题,除上门维修外,再每次赔偿用户100元。凡安装、维修人员有受礼、吃喝现象,一经查实,不但退还礼物,还奖励用户100元。这一下消费者得到了安全的保障,对西泠空调不再仅是一个初步的印象,而是更为细致的了解,并对它给予了信任感和好感。

天气持续高温,使空调一下子成了热销产品。6月25日,空调市场猛然启动,至6月30日达高峰,使西泠公司一天就销出分体式空调近1400台。巨大的销售量给服务带来了空前压力。尽管西泠为售后服务准备了300多人10多辆车,仍无法保证自己的承诺得到保障。

西泠公司面对这种情况并没有为了一时小利而强撑下去,掩盖自己的不足,而是用了另一种诚实的更高明的策略。谁也没有想到,正在空调畅销的高峰,西泠公司却对外宣布:7月6日至7月8日停售3天。在《告消费者书》中公司这样说:“尽管我们已经采取各种措施,仍不能保证你的利益及我们的承诺得到最高尊重”,为此,“杭州各西泠空调特约经销商店停止销售各类西泠空调 3 天”。西泠公司这个声明不但没有得罪消费者,反而更加博得消费者的推崇。即使西泠公司暂不售货,恐怕消费者也会主动等待,因为这已经形成了一种信任。西泠公司的这个策略树立了西泠长期经营所需要的典范形象。

(摘自张梁《市场魔术师—— 营销突破的 21 模式》,当代世界出版社,2000 年)

请分析下西泠公司采用了哪些具体的营销手段。

知识讲解

一、营销策划概述

(一) 整合营销策划的含义与特点

整合营销策划,是指企业对将要在实现与消费者沟通中的传播行为进行超前规划和设计,以提供一套统一的有关企业传播的未来方案,这套方案是把公关、促销、广告、直销等集于一身的具体行动措施。具体说,整合营销策划的含义与特点如下:

(1) 整合营销策划,首先是一种思想、一种理念的策划,其次才是一种方法、一种方案的策划。因为整合营销策划,实际上是传统营销理念的一种逆向思维。之所以这样说,是因为传统营销理论是通过一系列的营销策划活动,运用各种营销策划工具,以达到预定的营销结果。其行为着眼于过程。而整合营销则着眼于营销活动的结果,以要达成的营销目标为前提,通过对全局的考虑,合理安排各种营销活动和各种营销工具的使用,使整个营销活动处于有组织、有秩序的状态,发挥整体营销力量,达到最好的效果。事实上,整合营销策划活动就如同一位高明的棋手,走一步,看十步,使营销活动的发展不再像以往那样处于一种走一步看一步的状态,而是使营销活动按照自己的意图逐步、有目的地实现,使营销活动由自发走向自觉正是整合营销活动最大的一个功能和作用。

(2) 整合营销策划的对象是消费者需求。换句话说,整合营销策划的出发点是对消费者需求的正确把握。整合是需要方向的,要做到各个营销环节的整合,必须要有一个凝聚点,使各项工作的进行都围绕一个中心,这个凝聚点就是消费者的需求。只有正确把握消费者需求,才能确保各项营销工作的有效性,此时资源的合理分配及整合才有意义,否则只会更快地加速企业的失败。目前有些企业还愿意把自己放在高于消费者的位置。即使是一位小小的销售人员,也认为自己是被消费者需求的对象,只要凭着自己的如簧巧舌,顾客就会掏钱。所以他们一直承袭着配销时代的傲慢,认为自己处于主动地位。而事实上恰恰相反。随着科学技术的不断发展,产品高度同质化,流通领域势均力敌,竞争优势难以确立,有效的传播越来越少,所以消费者有更多的选择余地。他们的需求几乎可以随心所欲,他们“垂慕”某一种产品的机会越来越少。除非你能打心底里为消费者着想,以产品、服务能满足他们的需求为荣,定位在让消费者更方便、更满意的基础上。

而这些正是全新的整合营销策划的出发点与落脚点。

(3) 整合营销策划"核心点子"是对资源的有效利用。在传统营销理论的指导下，企业在广告、公关、促销、人员推销等几方面都是分别开展，这样有很多资源是重复使用，甚至不同部门的观点都不统一，造成品牌形象在消费者心目中的混乱，实际效果很差。整合营销策划就在于对企业的资源进行合理的分配，并按照统一的目标和策略将营销各个环节有机地结合起来，使企业的运作具备整体效果，而不是各自为战。

(4) 整合营销策划的关键在于目标、策略和战术的高度统一。整合营销策划就是围绕正确的目标，制订清晰的策略和运用灵活的战术手段，合理、有效地分配及利用企业资源的过程。在这个过程中，关键要看资源的应用是否符合企业的目标，是否体现了企业的策略，从而确定在哪些方面进行整合，而不是只要运用了所有的战术手段就是营销整合，其实只有部分手段也可以进行有效的整合。

(5) 整合营销策划的方法是以消费者为核心，一切站在消费者的立场上来考虑问题，用"4C 策略"取代传统的"4P 策略"：① 用"需求"取代"产品"，摒弃传统的产品开发概念；② 用"成本"取代"价格"放弃传统的定价方式；③用"便利"取代"地点"，摒弃传统销售地点的思考方式；④用"沟通"取代"促销"，抛弃传统的线性传播方式。

(6) 整合营销策划的表现方式是"统一"。无论是促销整合还是传播整合，整个过程都必须做到目标、策略、形象统一，使企业的资源朝向一个共同的方向。这样，将使资源的运用更加合理，使组织的搭配更加专业及富有效率，从而使营销推广真正具有整体效应。

(7) 整合营销策划具有阶段性。每个阶段由于企业资源、市场状况的不同，相应的营销策略也不同，因此整合营销策划的具体形式也必将有所区别。

(二) 整合营销策划的条件与前提

整合营销策划类似于现代战争，它围绕基本目标，将策略与战术一体化，打一场总体战，如同现代化战争中将空军(广告)、战略导弹(有冲击力的社会公关活动)、地面部队(现场促销与直销)、基本武器(产品与包装)等一切消费者能够感受到的武器整合为一体，使企业的价值形象与信息以最快的时间传达给消费者。整合营销策划的条件主要有：

(1) 同一个中心。整合营销策划是以消费者的需求为中心，消费者是整合营销 360°同心圆的圆心，整合的基础在于消费者资料库的建立，明确了这个中心，整合营销才有中心。

> 请同学们用头脑风暴的方式列出营销传播技术与工具，并简要说明其特点。

(2) 同一种口径。整合营销策划就是将所有营销传播技术和工具加以紧密结合，以维持并清楚传达单一共享的形象、定位、主题和信息，让消费者始终听到的是一种声音，看到的是一种符号。

(3) 不同的时间、空间。整合营销策划是主体化、多层面的传播，时间的差异、地域的差距都不应该成为整合的障碍。微软公司 Windows95 在全球同一时间上市，就是一个经典的案例。

(4) 不同的感觉点。整合营销策划直接渗透到消费者生活和工作的方方面面，是通过视、听觉、味觉、嗅觉、触觉和心里感觉等多种感觉渠道来接触消费者的，把握和整合这些感觉点是整合传播的关键。

(5) 共同的沟通。整合营销策划强调的是双向互动的沟通，侧重的是事件营销中的消费者参与，这种互动更利于目标信息的传达。

请搜集几个事件营销的案例与同学分享。

(6) 趋同的行动。整合营销的目的是为了进一步影响受众的行为，不只是让受众知晓或对某种品牌有好感，而是要真正地激发消费者的行动，或者可以说，整合传播的目的是为了和消费者“结婚”。

除了以上 6 个“同”的条件以外，还必须拥有 3 个前提：

(1) 一个消费者的资料库。整合营销策划的前提是消费者资料库的建立，如果没有这个基础，整合传播就是无源之水、无本之木，也就会像没有抽样框和具体样本的抽样一样，是不客观、不可信的。

(2) 一个传播手段的工具箱。整合营销策划对媒介的考量已经不只是看其收视率和收听率的高低了，而是把广告、促销、公关、直销、CI、包装、POP、展览、网上宣传等诸多传播工具放到一个平台上来审视，权衡其各自的优势和弱点，整合一套针对性强、渗透面广的组合工具。

(3) 一把整合沟通的钥匙。这就是策略性整合的大创意。一般是以事件营销为切入点，以点带面，激活整合资源，造势扩散推广。这个创意必须是原创的、震撼的、持久的、易行的。创造一个品牌的秘诀就在于在每一个消费者的接触点上，有力地把创意付诸实行——以一种消费者乐于认同的特质去和他们沟通；具有冲击力并能诉说品牌故事的特殊视觉效果；前所未有的、能将产品特性描述得戏剧性十足的文案；足以激起购买行动的新奇点子……

二、整合营销运作策划

(一) 整合营销运作的过程与策略

1. 过程

整合传播起于消费者或相关的资料库，我们可以透过资料库来进行市场区隔和分析消费者的消费习惯，再根据消费者的实际购买行为或习惯来制订销售、行销和传播策略。一旦说服消费者的基本策略确定以后，就制订细节的特殊战术(如广告、公关、促销、直销、网络直传、展览等组合)。在战术实施之后，我们还必须对消费者的反应和有关购买的新资讯进行评估分析，再反应到资料库中，以便再次开始整合营销传播模式的循环。

2. 双向沟通策略

整合营销策划谋求建立的双向沟通是一种良性的互动关系，目的在于使消费者成为固定的品牌忠诚者，变“情人关系”为“夫妻关系”。

双向沟通策划的基础是企业拥有一个完整的消费者资料库(消费者档案)。企业对自己推销的每一件产品都要进行跟踪，在长期的营销积累中完成升级换代。建立资料库之后，还必须不断地分析流入和持续加强的信息，分析消费者关心的热点并积极进行市场应对。其方式的策划，如建立产品保修卡制，只要消费

一个完整的消费者资料库需要记录哪些方面的消费者资料?

者将写有自己姓名的资料寄回企业，即可得到终身保修的服务承诺。又如，对潜在消费者的挖掘，依赖于对公众信息资料的运用。随着个人信息的社会化，企业有可能获得越来越多的消费者的个人信息，更有效地锁定消费者。

随着互联网的建立和完善，双向传播渐成现实。以双向沟通为目的整合营销传播前景十分广阔。整合营销策划的目的是建立产品品牌与消费者之间的双向沟通，使消费者“一旦拥有，别无所求”。

3. 整合营销的广告策略

选一个特定的产品，并对其整合营销的广告策略进行分析，看其是否按照步骤进行策划，并分析其优缺点。

整合营销策划的广告策略是由“一个声音”的广告内容和永不间断的广告投放两个要素构成。整合营销的广告策略必须注意以下几个步骤：

(1) 要仔细研究产品。首先要研究产品，明确这种产品能满足消费者的哪方面需要。有何独特卖点。

(2) 锁定目标消费者。确定什么样的消费者才是销售目标，做到“有的放矢”。

(3) 比较竞争品牌。比较竞争品牌的优势及其市场形象。

(4) 树立自己品牌的个性。研究树立什么样的品牌才会受到消费者的青睐。

(5) 明确消费者的购买诱因。消费者购买该品牌的诱因是什么？为什么会进行该品牌的尝试。

(6) 强化说服力。必须加强广告说服力，通过内容和形式的完美结合说服消费者。

(7) 旗帜鲜明的广告口号。这是引起消费者注意的捷径。

(8) 对各种形式的广告进行整合。对电视广告、广播广告、平面广告、DM广告、POP广告进行多元化整合，以达到对消费者最大限度的影响。

(9) 研究消费者的接触形式，确定投放方式。要研究消费者是如何接触到自己的广告，如何增多消费者的接触次数，确定广告投放方式，以达到品牌认知的目的。

(10) 对广告效果进行评估。

(二) 整合营销运作的途径与方法

1. 准确发现目标消费者的需要

根据调查，大部分卖不出去的产品首先是因为销售定位错误，定位不仅仅是给产品确定一个口号或者标签，而是对产品的消费者利益进行认真分析，找出消费者真实的需要。

2. 向消费者作独特的利益承诺

在确定消费者需要后，需要给产品做出一个独特有吸引力的消费利益承诺。如家电产品提出“三年保修，一年包换”，虽然这是基本规定，但提不提在消费者心理上的影响却大不一样。

3. 给产品取个有助传播的好名字

将对消费者利益的承诺变成一个简单醒目的好名字，无疑会大大提高营销沟通的效率。例如红桃K补血剂，功效清楚，对产品传播起到了很好的效果。又如

"Windows95"原先的名字叫做"芝加哥 94"。芝加哥仅是美国一个城市的名字，其"地方性"内涵，无疑是全球发售的一个障碍，改成"视窗"，则一扫"地方"色彩。

4. 推出惊人事实，吸引社会注意

捷达轿车 1996 年推出 60 万公里无大修的宣传，一下子就将捷达轿车的优势传播出去，到 1998 年年底，捷达轿车在深圳、珠海两地出租车市场占有率跃升到 85%，而在 1995 年，它们的市场占有率只有 10%。又如，乐百氏纯净水的广告，推出了一个让消费者震惊的事实，就是该水的过滤需要经过 27 层，这个信息容易被消费者接受，也对产品产生了良好的宣传效应。

5. 发现、创造并大胆使用独特的传播媒介

现代营销研究发现，人们喜欢看一些新的东西。因此，媒介进行大胆创新，才能使自己的信息与众不同，达到最佳传播效果。例如，德国大众汽车公司在发布新的奥迪轿车广告时，选择在当地电视台新闻时间，采用突然中断新闻的方式告诉全国人民，此刻，一条新的重要新闻即将发布，即奥迪将又一款新车问世。又如，在英国，微软公司于"Windows95"上市的当天，以 60 万美元买下了这一天《泰晤士报》原来发行量两倍——50 万份——的报纸，免费赠送给读者，创下了该报 100 多年来首次免费赠报的先例。该报是英国历史最悠久的报纸，此举引起世界各大通讯社的报道，为"Windows95"又免费做了不少广告。

6. 对消费者接触进行有效管理，建立促销机构

研究表明，要成功推出一个品牌，就必须在每一个消费者接触点上，将公司希望表达的信息与创意以有力的形式进行报道。例如，微软"Windows95"在台北上市时，就采取了接触管理，推出了大量贴近消费者的别开生面、气势不凡的公关活动，如记者招待会、新闻发布会、记者研讨会、研讨营销、产品展示、有奖问答、免费上机操作以及"全民电脑"等活动。

7. 突出主题，吸引读者参加创意

例如，捷达轿车在推出捷达王宣传的时候，宣传主题是"100 亿人民币的精心杰作"。这个主题的含义是：捷达王的优势，是发动机达到国际先进水平的优势。它以一种简单的方式告诉消费者，这种轿车是由中德双方投资 100 亿人民币生产出来的，因此价值非凡，买这样的轿车物有所值。这一主张没有说轿车，而是用一种感性利益描述轿车生产的投入，来与目标对象沟通，因此，引起很多理性消费者的关注。

8. 运用接触管理，针对不同人群，进行独特宣传

整合营销传播的另一个创新，是要求对主要购物人群，进行有针对性的沟通。例如，在美国一个防晒油的宣传中，企业分别制定了针对以下人群的宣传：①厂商、经销商，其动机是获取更多的利润；②医药人员，帮助他们的顾客预防皮癌；③救生员、体育教师、网球教练、美容师等，协助顾客安全地享受阳光；④潜在使用者的父母，帮助他们的子女安全地享受阳光；⑤12～18 岁少男少女，希望安全地在阳光下待久一点，使他们在异性眼里看起来更动人。在上述接触设计中，第五类人群是重点群，为保证重点接触对象获得足够的接触，整合营销传播推出了消费

者行为特征研究方法，即通过调查座谈，分析每一个可能接触他们的方法，并通过记录他们每日的活动（从早上起床到晚上入睡，去了哪里和做了些什么），寻找接触点。如对这群对象接触的场所以及跟太阳浴有关的娱乐节目，都进行了调查。根据调查结果，考虑以家庭海报、学校海报、MTV、广播、电视报纸、杂志广告、记者招待会、空中文字广告、T恤、泳帽、太阳眼镜、小册子等作为接触媒体。

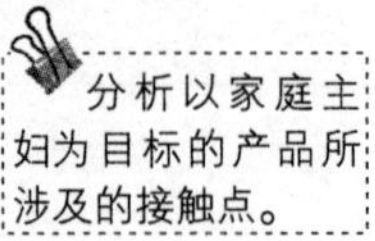

分析以家庭主妇为目标的产品所涉及的接触点。

经典案例赏析

HP数码相机推广案例

整合营销谈何容易！"电视广告＋平面广告＋户外广告＋在线广告＋广播广告＋事件＋商场体验中心＋产品宣传公交车＋影院展示＋新闻发布会……"HP数码相机推广案用一组创意组合拳加上超强超韧的执行力，使之成为整合营销的成功经典。

一、爱也整合，恨也整合

作为业界谈论行销传播趋势的主流话题，整合营销传播被描绘成企业出击市场的一枚核武器。然而整合营销毕竟是一种决胜超高技术含量的武功境界，对于执行者而言往往难以圆满，常常出现"想得美却做不好"的尴尬局面。

难怪北京奥美集团董事长庄淑芬在谈到整合营销时，曾经用了这样一个词："谈何容易"。

2005年初，由实力传播集团(Zenith Optimedia Group)旗下的突破传播(Optimedia)北京团队策划执行的HP数码相机整合营销推广案不仅获得了实力传播全球惠普专业团队品牌媒介奖(Brand Media Awards)第四季度最佳媒介策划奖，而且入围首届实力传播全球卓越ROI(投资回报)奖。对于在5个一线城市开展的超大规模的整合营销方案的成功实施来说，赢在哪里？

二、让多种媒体组合齐步走

也许这个简单的罗列可以看出这一次整合的力度。在仅两个月的时间内，包括客户及实力传播集团6个不同的业务部门的20多人的超大团队，涉及"电视广告＋平面广告＋户外广告＋在线广告＋广播广告＋事件＋商场体验中心＋产品宣传公交车＋影院展示＋新闻发布会"等的复杂整合传播方案，目标是通过运用ATL(Above-The-Line，线上)、BTL(Below-The-Line，线下)、事件、公关、新闻发布会和交互活动，最大限度地创造了丰富多彩的直观体验，引起人们的产品关注，激励他们购买产品。

如此复杂的整合传播活动的成功实施绝对离不开频繁沟通、精诚合作和协力共进。指挥着一队"营销乐器"并奏出和谐悦耳的整合传播交响乐的是实力传播集团突破传播的媒介总监王璇和她背后的媒介策划人员及实力传播的整合行销队伍。面对《成功营销》杂志记者提问，她给出的答案是——强力执行。

"就这个策划案来说，优势就是客户方预算充足，而且对于我们的创意也是支持和认可的。"王璇说，"我们面临的压力是梳理众多的头绪，让众多的接触点同时发出同一种声音；另一个压力是，这项整合传播活动是 HP 全球方案的其中一站，已经在美国、韩国、澳大利亚等地成功举办过，中国市场如何才能做得更好？”

从客户的角度来说，这是 HP 在中国首次推出一款数码相机，使其数码解决方案更臻完美。HP 成为国内第一个提供完整数码影像解决方案的品牌——从影像摄取（数码相机）、影像处理（电脑）到影像输出（打印机）。此次营销传播活动的目的就是要鼓励人们采用更多方式使用影像技术，鼓励人们拍摄、分享和打印照片，同时，扩大 HP 作为在数字成像领域的领先厂商的影响力和知名度。基于 HP 的 ACP 模型（A＝知名度、C＝购买意向、P＝偏好度），此次整合营销活动的主题确定为提高知名度，以及让目标受众体验 HP 数码相机和 Photosmart（照片打印机）。

三、活动出击与广告造势

整合营销的要素，是协同运作、创造和加强关系、保持一致性。然而说起来容易做起来难。“只有从整体着手，放眼全局，运用多个不同的渠道，巧妙地与消费者互动，才能达到理想的推广效果。”王璇说：“我们将创新思考主要集中在平面广告、户外广告和非媒体广告等方面，特别是户外的广告和活动。推广活动在夏季开展，我们利用品牌创意广告，例如瀑布和拼图等，去重现夏季度假美景。产品体验活动在北京和上海的人流集中的购物街开展，吸引了很多青少年男女的关注，纷纷在绚丽的广告前合影留念。”

为了让消费者真正认识 HP 全线的数码产品，并加深对产品的印象，实力传播集团旗下的整合行销部门经过实地考察和研究，在北京的东方广场和上海港汇广场精心策划实施了精彩的路演活动，活动现场设置了两个区域：影像体验区和家庭影院区，成功吸引到众多目标消费者到路演现场，亲自体验 HP 的数码产品带来的娱乐享受。

在体验区内，实力整合行销还设置了礼品制作区，在这里消费者可以用 HP 的数码影像产品亲自制作个性化的 T-shirt、相架、DVD 等，充分体验 HP 数码产品的神奇和魅力。DIY 的概念非常有吸引力，这个区域常常被挤得水泄不通。

而同期多种形式的户外广告支持也成为这次消费者体验活动成功的关键。

在北京东方新天地广场，有 HP 彩虹图案将东单和王府井两个大门包起来，远远就能看到，非常抢眼，可以将附近的目标人群吸引到活动现场。

北京东方广场里显眼的位置上有 HP 的灯箱、挂旗等醒目的广告，配合场内的路演活动。

上海的地铁“通往惠普数码影像天地的专列”的车身广告，地铁里有“下一站，惠普数码影像天地”的灯箱广告，吸引消费者眼球，把他们带到活动现场。

两地的路演现场还有易拉宝等活动说明介绍，北京还有大屏幕定时播放 HP 的电视广告，让消费者多角度、最大限度地了解认识 HP。

上海地区还开出了一辆惠普 BUS，车身是 HP 的广告，车上设置了齐全的 HP 数码产品，供消费者体验。流动产品体验中心的形式比较新奇，所以也吸引了相当多的消费者。

除此以外，特殊渠道的配合和后续活动支持也成为整合营销的亮点。“根据对消费者行为的研究，我们寻找到时尚、年轻的消费者喜欢去的两个场所——电影院和KTV。利用这种特殊的渠道，将营销传播活动进行进一步的延伸。HP实际上是在这两类娱乐场所实施大型市场活动的先行者。”王璇说，“电影院和KTV的消费人群主要集中在18～35岁，喜欢接受新鲜事物，文化程度较高，具有一定的消费能力。这个人群，正是HP想要沟通的对象。”于是2004年8月和12月，在实力传播的整合行销部门的策划下，HP分别在北京、上海、广州的高档电影院以及北京、上海、广州、杭州的高档KTV场所——钱柜(Partyworld)里面开展了一系列的活动。

四、用创新驱动执行

多点出击的效果是显而易见的。在此次整合活动的流量统计中，共有39多万人次经过两个设有路演场地的购物中心，其中更有14 700人体验了HP产品。超过98%的受访者能准确回忆起HP的推广活动，活动期间的电话咨询和店铺的访问量大大增加，而最终达成的实际销售比预期目标高出两倍。

同时，据Millward Brown传媒集团在中国进行消费者品牌推广之后的战绩调查中，HP在知名度方面，“数码相机技术领先厂商”的广告形象提升了10倍；“数字照片打印技术领先厂商”的广告形象提升了49%(平均值)；HP数码相机的知名度平均提升了78%；而户外广告的知名度提升了11%。此外，从出版物和网站收到意想不到的反馈——超过100家主流出版物和各种网站提供了反馈信息。

这一场大仗打下来，让王璇感慨良多：“首先是沟通的重要。整合营销给执行者的第一份考卷就是沟通。与客户的沟通、与团队及公司其他部门的沟通、与媒体的沟通、与实施制作布展公司的沟通、与有关审批部门的沟通等，尤其是要若干个接触点同时启动，那沟通的功夫绝对要下足。”

整合的真正意义上的实现，对于中国这一庞大而复杂的市场，尤为困难。但王璇认为，面对整合营销之难，用创新来驱动执行反而是最有实效的力量。“不要先想困难，要想怎么样才是达到最佳效果的创意组合，然后再思考如何能够有效地执行。”

思考与练习

姓名________ 班级________ 学号________

1. 名词解释

整合营销策划

双向沟通策略

接触管理

2. 单项选择

(1) 整合是需要方向的，要做到各个营销环节的整合，必须要有一个凝聚点，使各项工作的进行都围绕一个中心，这个凝聚点就是(　　)。

A. 消费者的需求　B. 企业目标　C. 市场定位　D. 盈利目标

(2) 整合传播可以透过(　　)来进行市场区隔和分析消费者的消费习惯，再根据消费者的实际购买行为或习惯来制订销售、行销和传播策略。

A. 市场调查　B. 资料库　C. 企业战略　D. 市场细分

(3) 整合营销策划的目的是建立(　　)之间的双向沟通，使消费者"一旦拥有，别无所求"。

A. 产品品牌与消费者　B. 企业与消费者

C. 销售人员与消费者　D. 产品品牌与销售量

3. 多项选择

(1) 整合营销策划的关键在于(　　)的高度统一。

A. 目标　B. 策略　C. 利益　D. 战术

(2) 整合营销策划的3个前提是(　　)。

A. 消费者资料库　B. 传播手段工具箱

C. 精准的营销目标　D. 整合沟通的钥匙

(3) 整合营销策划手段的工具有(　　)。

A. 广告　B. 促销　C. 公关　D. 展览

E. 网上宣传　F. 市场调查

(4) 整合营销策划，是指企业对将要在实现与消费者沟通中的传播行为进行超前规划和设计，以提供一套统一的有关企业传播的未来方案，这套方案是把(　　)等集于一身的具体行动措施。

A. 公关　B. 促销　C. 广告　D. 直销

裁切线

4. 填空题

(1) 整合营销则着眼于(　　　　　　)的结果,以要达成的(　　　　　　)为前提,通过对(　　　　　　)的考虑,合理安排(　　　　　　)的使用,使整个营销活动处于有组织、有秩序的状态,发挥整体营销力量,达到最好的效果。

(2) 整合营销策划"核心点子"是对(　　　　　　)的有效利用,并按照统一的(　　　　　　)将营销各个环节有机地结合起来,使企业的运作具备整体效果,而不是各自为战。

(3) 整合营销策划的方法是以(　　　　　　)为核心,一切站在消费者的立场上来考虑问题,用(　　　　　　)取代传统的(　　　　　　)。

(4) 整合营销策划的广告策略是由"一个声音"的(　　　　　　)和永不间断的(　　　　　　)两个要素构成。

(5) 为保证重点接触对象获得足够的接触,整合营销传播推出了(　　　　　　)特征研究方法,即通过(　　　　　　),分析每一个可能接触他们的方法,并通过记录他们的活动,寻找(　　　　　　)。

5. 简答题

(1) 简述整合营销策划的含义与特点。

(2) 简述整合营销策划的条件与前提。

(3) 简述整合营销策划的过程与策略。

(4) 企业整合营销的广告策略需要注意哪些方面?

6. 实训题

联想电脑每年都会在暑期针对学生进行大规模的促销活动,请您根据所学的知识,利用多种媒体为该公司设计一个全方位的整合营销广告策划方案。

训练目标:广告策划能力,促销活动开展能力,整合营销传播能力。

项目十 关系营销策划

本项目内容结构图

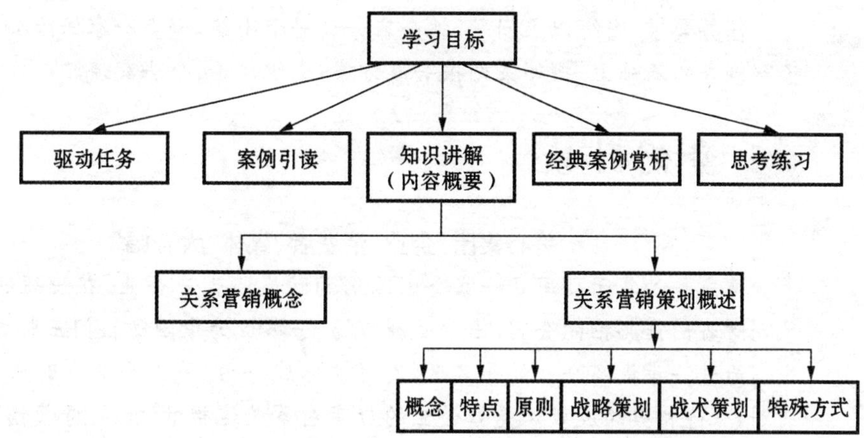

学习目标

- **知识目标**

1. 掌握关系营销策划的本质与特点。
2. 掌握关系营销策划的原则与步骤。
3. 掌握关系营销策划的手段与技巧。

- **能力目标**

1. 初步具备关系营销战略策划的能力。
2. 初步具备关系营销战术策划的能力。
3. 初步具备关系营销个人联系的能力。

驱动任务

任务内容：某某保险公司关系营销策划。

通过对某某保险公司关系营销的调查，进一步加深理解关系营销策划的本质、特点、原则、步骤与方法以及运作技巧，培养及锻炼学生的关系营销策划的初步能力。

在调查访问及设计提纲中，可以围绕如下问题：

(1) 公司与消费者关系营销。

(2) 公司与员工关系营销。

(3) 公司与竞争者关系营销。

(4) 公司与媒介关系营销。

(5) 公司与事业单位关系营销。

(6) 公司与社区关系营销。

(7) 公司与政府关系营销。

(8) 撰写上述某一方面问题的关系营销策划方案。

任务要求：围绕以上问题，把全班分成若干小组，调查一家保险公司。在分析了解调查的基础上，撰写策划报告或方案，小组讨论，全班交流。

案例引读

美心集团：企业、消费者、媒体“大合唱”

重庆美心集团公司是一家全国闻名的防盗门生产企业，在短短的数年内，将系列防盗门产品推向全国，出口欧洲市场，一举成为中国防盗门王牌之一。

为进一步提高企业的知名度，发挥整体战斗力，美心企业及时进行关系营销策划，取得相当的成效。美心企业的应变对策是这样的，他们将营销重点转向美心形象工程，围绕消费者对美心企业的认识、偏好、信赖等核心问题做好文章，以期企业整体经营战斗力与销售业绩的突破。

美心企业首先打破现在各防盗门生产企业“王婆卖瓜，自卖自夸”的旧框框，将营销活动策划为目标受众生活的一部分。针对防盗门消费者对日常生活和财产需要安全保障的心理，让活动成为他们愿意参与的“事件”，同时也让“事件”成为媒体的热点，来个企业、消费者和媒体“大合唱”。

美心企业先与各地电视台合作，开展“邻里应不应该互助互保”大讲座，举办“防盗知识大赛”等节目，借以提高社会互助互爱的文明风尚，树立美心企业的良好公众形象，拉近了美心企业与消费者的距离。接着利用全国各地城市在改造过程中，许多家庭乔迁新居，策划“告别老邻居，结识新邻居”的“事件”，与各大房产公司联合举办“美心社区文艺联谊会和演唱会”，房地产公司也乐意借此机会吸引买房的客户，大家各取所需，全力合作。

在全国各城市的不同小区，印有美心广告内容的请柬通过房地产下属的物业公司被散发到住户和他们的亲朋好友手中。大家扶老携幼，前来参加“美心”的聚会。能歌善舞的美心宣传队，将“美心”一个个真实故事编成小品，穿插在歌舞之中。通过巧妙的文艺手法，宣传了美心企业的产品和服务，增加了消费者对美心产品的了解和信心。最后，美心企业开始直接面对其产品的消费者，主办美心热线，为购买美心产品的消费者提供跟踪服务。

公司配合关系营销，专门为客户设立了以专卖店为区域服务中心的热线电话，各专卖店配备免费上门安装服务车。与此同时，细心的消费者在购买之后都会发现，“美心”的门樘上除贴有精美的使用说明、维护方法和服务电话外，还特别提醒用户：“进出别忘锁门，防盗还需谨慎。”

这种时刻把用户的安危放在心上的宣传方式，目的是体现出“服务从售前开始”的负责态度，避免在大量投入事件行销经费后，达不到助销目标，造成资源浪费。

美心企业将促销的目的与公共关系结合起来，极大地刺激了消费者购买企业产品的欲望。在1998年全国防盗门积压如山、一筹莫展时，美心产品却一枝独秀，供不应求。全国各地的客户带着现款、汇票到美心等候提货。在竞争对手不堪市场高压、纷纷转向之际，美心集团的第二期群楼正拔地而起，生产车间加班加点赶做订单。

美心企业的关系营销策划还包括大量有重点地赞助各种重大体育赛事，如国际排球大赛、甲A足球联赛、篮球联赛等，以刺激国内外经销商购买企业的产品。通过精心的创意和策划，美心产品在国内外的美誉度大幅提高了。

美心企业在开展关系营销之前，没有忘记对其目标市场进行定位，而这一点恰恰是许多企业容易忽视的一点。对目标市场定好位置，才能更有针对性地知道应采取何种策略。在整个关系营销过程中，不忘贯穿情感诉求，拉近人与人的距离，也使消费者对美心“动之以情”，而美心企业则树立了一个良好的品牌形象。

请同学讨论下目标市场定位在关系营销策划中的作用。

美心企业通过大型的活动来推动其以往所做的关系营销，又将其所要建立“关系”的群体扩展到了整个社会人群，因为他们都有可能成为美心的潜在消费者。

美心企业的关系营销主要是为推广其产品所做的一种营销方式，其结果是销售额的增加以及品牌价值的上升。从中，我们可以看到营销关系策划魅力无穷。

（摘自张梁《市场魔术师——营销突破的21种模式》，当代世界出版社，2000年）

知识讲解

一、关系营销概念

(一) 关系营销的作用、涵义及实质

越来越多的企业意识到，与客户建立和维系一种长期的战略伙伴关系是使交易双方企业获得“双赢”的最大保障。因此在此基础上，关系营销应运而生。

关系营销是美国营销学者巴巴拉·杰克逊于1985年首先提出的，菲利普·科特勒在其《营销管理》第六版中也有论述，从20世纪80年代起迅速风靡全世界。它是现代西方营销理论与实践在传统的“交易型营销”基础上的一个发展和

进步。

关系营销是针对与交易营销的相关性提出的，提出的原因是单靠交易营销建立的品牌忠诚度不稳定，回头客太少；而现实营销中企业的生意不断，有些企业则是一次性交易。究其根源是企业与顾客的关系不同。为了提高回头客的比例，提出了关系营销。

1. 关系营销的作用

(1) 收益高。向现有顾客继续销售而得的收益，比花钱去吸引新顾客的收益要高。

(2) 可以保持更多客户。随着顾客日趋大客户化和数目不断减少，每一个客户显得越来越重要。

(3) 扩大顾客范围。企业对现有客户的交叉销售的机会日益增多，维持老的，开发新的。

(4) 提高市场效力。企业间形成战略伙伴关系更有利于应对全球性的市场竞争。

(5) 吸引大型设备和复杂产品的购买者。购买大型设备、复杂产品的客户，对他们来说，销售只是开始，后续有大量的工作要做，必须掌握关系营销。

2. 关系营销的涵义

关系营销是买卖双方间“创造更亲密的工作关系与相互依赖关系的艺术”。企业与顾客、分销商、经销商、供应方等建立、保持并加强关系，通过互利交换及共同履行诺言，使有关各方实现企业与购买者之间更亲密的工作关系和相互依赖伙伴关系，建立和发展双方的连续性效益，提高品牌忠诚度和巩固市场的方法和技巧。

3. 关系营销的实质

关系营销的实质是在买卖关系的基础上建立非交易关系，以保证交易关系能持续不断地确立和发生。关系营销的关键是顾客满意。

4. 关系营销的准则

(1) 共存共荣——双方获利。

(2) 互相尊重——和谐一致，富有人情味。

(3) 诚恳守信——坦诚相待。

(4) 目标明确——合作关系建立前有明确目标。

(5) 长期合作——不基于短期优势，基于长期机会。

(6) 了解对方——深入了解对方的文化背景。

(7) 最佳合作——双方为最佳合作状态而努力。

(8) 经常沟通——及时解决问题，消除误会。

(9) 共同决策——不强加于人，双方自愿。

(10) 长期延续——关系长期延续。

（二）关系营销的建立

1. 关系营销建立的方式

（1）关系深入型。成交后，继续关心顾客，了解他们存在的问题和机会，并随时以各种方式为其提供服务。前提是交易关系已经发生；目的是培养交易之外的各种关系，这只适用于现有顾客。

（2）关系领先型。在企业与顾客建立交易关系之前，先建立非交易关系，为以后的交易打下基础。范围广，只要是目标市场上的顾客均可。如尿布生产厂家金百利公司，花1亿美元建立了一个包括75%的美国怀孕妇女的资料库，并寄去孕期保护、育儿知识等资料，为婴儿出生购买其产品做准备。

2. 关系营销建立的手段

美国也叫“LGD”即午餐（LUNCH）高尔夫球（GOLF）晚餐（DINNER）营销法。凡一切有利于加强双方关系的方法皆可。

请用头脑风暴的方式讨论目前中国企业采用何种手段进行关系营销，并分析其优劣。

（三）关系营销的实施步骤

（1）筛选出值得和必须建立关系的顾客。

（2）对筛选出的顾客指派专人负责，明确职责范围：每一客户由关系经理负责；关系经理职责分明；派一名总经理管理关系经理。

（3）分别制订长期的和年度的工作计划，经常与关系对象进行联络和沟通。

（4）进行反馈和追踪。测定长期需求，了解顾客兴趣。

请列举一个公司，分析下该公司筛选客户的技术与方法。

二、关系营销策划概述

（一）关系营销策划的概念

关系营销策划是把营销活动看成是一个企业与客户，即客户、供应商、分销商、竞争者、政府机构、社区及其他公众发生互动的过程，其核心是建立并发展与这些公众的良好关系。在这一过程中，营销人员对客户所做的分析、判断、构思、设计、安排、部署等工作，便是关系营销策划。

关系营销策划的实质是，在买卖关系的基础上建立非交易关系，以保证交易关系能持续不断地确立和发生，其关键是客户满意。把客户看做是有着多重利益关系、多重需求，存在潜在价值的人。企业始终关注客户目前与将来的需要，让客户永远成为企业的客户、朋友与合作伙伴。

人们常说西方人做生意的途径是：生意-关系-生意；东方人做生意的途径是：关系-生意-关系。请同学们试着讨论下这两种方式的优劣。

（二）关系营销策划的特点

1. 长期性

在传统营销模式下，企业不注重与客户的长期联系，即实行通常所说的：“一锤子买卖”。关系营销的核心就在于发展与客户长期、稳定的关系。企业实施关系营销不仅将注意力集中于发展和维持与客户的关系，而且扩大了营销的视野，它涉及的关系包含了企业与其所有利益相关者间所发生的所有关系。

2. 整体性

关系营销不仅仅是企业营销部门的工作，它涉及企业的各个部门。企业实施关系营销要求建立专门的部门，用以跟踪客户、分销商、供应商及营销系统中其他参与者的态度，加强信息沟通，了解关系的动态变化，及时采取措施消除关系中的不稳定因素和刁不利于关系各方利益共同增长的因素。企业关系营销部门以及经理要关注企业在制定、实施关系营销战略时的整体协调性，避免部门间的权力冲突。因此，在开展关系营销时必须强调企业内部的相互协调，加强信息沟通。

3. 层次性

(1) 一级企业关系营销，也称财务层次。企业维持客户关系的主要手段是利用价格刺激增加目标市场客户的财务利益。以优惠价格、有奖营销、折扣、回扣等手段刺激客户购买本企业的产品均属这一层次的关系营销。

(2) 二级企业关系营销，也称社交层次。就是在增加目标客户财务利益的同时，也增加他们的社会利益。在这种情况下，营销在建立关系方面优于价格刺激，因而二级企业关系营销把人与人之间的营销和企业与人之间的营销结合了起来。二级企业关系营销的主要形式是建立客户组织，包括客户档案和正式的、非正式的俱乐部以及客户协会等。例如，有些企业与老客户保持特殊的关系举办各种形式的联谊活动，召开座谈会、茶话会，赠送贺卡和礼品，甚至上门拜访等。在社交联谊过程中企业不断研究和了解客户的需害要与愿望，关心他们的利益，表示友好合作态度，同时也不时地发布信息，让客户了解并信任自己，逐步成为忠诚的客户。

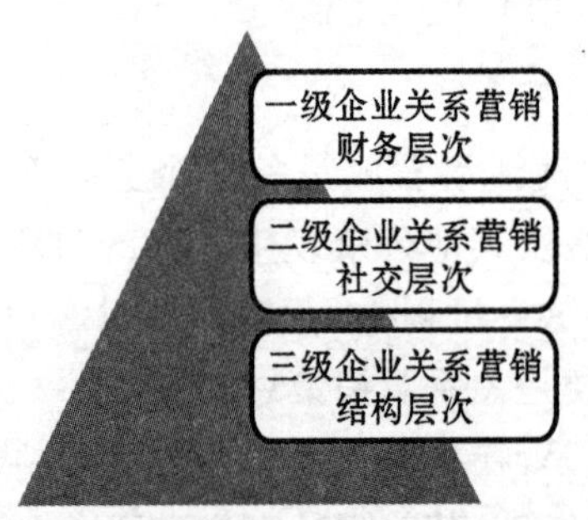

图 10-1 关系营销层次图

(3) 三级企业关系营销，又称结构层次。这是企业关系营销中的最高层次。指企业通过输出资本、技术、特殊的产品和服务等方式，与客户形成某种内在结构的联系，使竞争对手在一段时期内难以模仿和取代，从而建立起牢固的购销关系。结构性联系要求在营销中与客户建立稳定、便利的联系方式，要更加关心客户的内心。

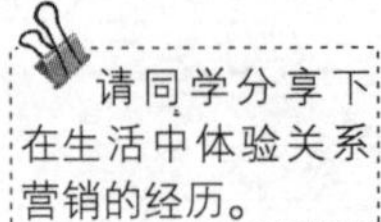

相关链接

北京王府饭店规定，凡入住王府饭店 20 次以上的客人，就可列入“王府常客”单，并可享受下列特殊待遇 ：拥有一套烫金名字的个人信封、信纸、火柴，一件量身定制的专用浴衣，浴衣上用金线绣着客人的名字，客人离店时收起，下次来店入住时，客房部又取出为客人挂好。只要可能，饭店尽量安排客人中意的同一间客房。

（三）关系营销策划的原则

1. 主动沟通原则

在关系营销中，各主体都应该主动与其他关系方接触和联系，相互沟通信息，为关系方服务和为关系方解决困难及问题。关系营销强调社会组织通过恰当的媒介与公众进行协调沟通，建立和谐、稳定、融洽的关系。

2. 承诺信任原则

在关系营销中，各关系方相互之间都应做出一系列书面或口头的承诺，并以自己的行为履行诺言，以此赢得关系方的信任。

3. 互惠原则

在关系营销中，通过营销企业与关系方的交往，双方必须得到相应的经济利益。因为各营销关系方通常都是经济利益的主体，在市场上地位平等，依据经济规律，在公开、公正、公平的条件下进行等价交换，有偿让渡，使关系方都能得到实惠。

（四）关系营销战略策划

1. 关系营销战略目标策划。

关系营销战略目标策划，是为策划确定一个总体性目标。只有制定了宏观上的战略目标，才能做到专业活动的策划服从于总体目标；只有在此基础上的具体操作策划，才能体现出总体设想和专业活动的要求。

关系营销的战略目标有：

(1) 提高知名度。

(2) 建立和改善形象。

(3) 宣传新产品。

(4) 扩大市场。

(5) 促进销路。

(6) 博取特定对象（如商会或股民）的好感。

2. 关系营销战略策划的程序

(1) 使命的确定或者目标的阐述。

(2) 战略考察，包括对关系市场的调查和对客户市场及竞争状况的分析。

(3) 对企业的内部剖析。

(4) 制定战略，对于在市场何处展开竞争以及如何展开竞争做出决策，并针对外部市场和内部市场分别制订出计划。

(5) 实施战略，以服务、质量、管理作为后盾实施关系战略。

3. 关系营销战略策划的方法

(1) 从市场角度来设计关系营销战略，可选择目标市场战略、市场渗透战略和市场开发战略。

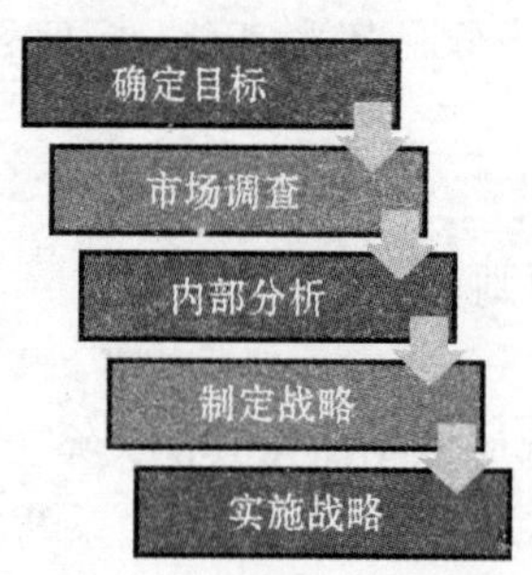

图 10-2 关系营销战略策划程序

目标市场战略是企业把营销的重点集中在目标市场上的一种关系营销战略。这里的目标市场可以是整体性市场，也可以是集中性市场，即争取在较小的细分市场中占有较大的份额。具体选择哪种视公司的具体情况及其他活动的配合而定。

市场渗透战略是一种巩固原有市场并采取稳扎稳打的方式逐渐开辟新市场的战略。它主要是充分发挥自己的特长，不断提高原有产品在市场上的营销增长率和市场占有率，向市场的广度和深度进军。一则尽可能挖掘原有老客户的购买潜力；二则在稳定原有市场占有率的基础上，开辟新的市场。一般跨地区、跨国家经营的产品可考虑采用这种关系策略。市场开发战略的实质是向市场广度进军，是指企业在原有的市场基础上，巩固其产品的市场占有率，同时将未改变的原有产品打入新市场的战略。这种战略往往作为现有的产品与待拓市场的组合方式。例如，日本电器公司把日本国内已饱和的电器产品转移到中国，开辟中国这一新市场，就是成功运用此战略的一例。

(2) 从内容角度设计关系营销战略，可以选择企业营销战略和产品营销战略。

请同学们分析下哪些企业在什么样的情况下更适合进行企业营销战略型的关系营销方法。

企业营销战略是以提高企业知名度、树立企业形象、宣传企业信誉为主要内容的营销战略。这与一般所说的企业 CI 战略较为相似，一般不直接宣传其产品，而是通过对企业规模、业绩、历史、实力及精神等特点的介绍来宣传企业，提高企业的知名度和美誉度。雀巢咖啡的品牌价值达 133 亿美元，百威啤酒的品牌值值 109 亿美元，可口可乐的牌子竟然值 690 亿美元！在这些巨大价值的背后，正是企业形象的巨大震撼力。

产品营销战略是以推销产品为目的，向客户提供产品信息，劝说客户购买其产品的营销战略。它又可分为品牌战略、差别战略和系列战略。品牌战略宣传同一品牌，差别战略则侧重宣传产品特点，强调产品差别，而系列战略则是将产品组合成系列来宣传。美国里奥贝纳国际公司董事长菲力龙说："世界越来越小，品牌一致性相当重要，以免客户从一个市场到另一个市场时会搞乱。"这说的正是品牌战略的重要性。

(3) 从实践角度设计关系营销战略，可选择长期营销战略、中期营销战略及短期营销战略。

长期营销战略是指为期两年以上所实施的营销活动。其着眼点不是眼前，而是未来。如对体育活动的赞助及对其他社会福利事业、慈善事业的赞助等。

请查阅资料，了解下赞助NBA赛事的各大品牌，并选择其中一家了解分析下其赞助的目的与过程。

中期营销战略是指为期一年所实施的营销活动。例如广告策划，在计划时间内反复针对目标市场传递广告信息，持续加深客户对产品或企业的印象，保持客户的重复购买。一般来说，这一战略常用于时间性、季节性不强的产品。

短期营销战略是一年内按季度、月份所实施的营销战略。例如展览会、记者会、新闻发布会等。

(五) 关系营销战术策划

1. 建立客户关系管理机构及个人联系方式

(1) 建立客户关系管理机构。建立专门从事客户关系管理的机构，选派业务能力强的人任该部门经理，下设若干关系主管。经理负责确定关系主管的职责、工作内容、行为规范和评价标准，考核工作绩效。关系主管负责一个或若干个主要客户，是客户所有信息的集中点，是协调企业各部门做好客户服务的沟通者。关系主管要经过专业训练，具有专业水准，对客户负责，其职责是制订长期和年度的客户关系营销计划，制定沟通策略，定期提交报告，落实企业向客户提供的各项利益，处理可能发生的问题，维持同客户的良好业务关系。建立高效的管理机构是关系营销策划取得成效的组织保证。

(2) 建立个人联系方式。建立个人联系方式即通过关系营销主管与客户的密切交流增进友谊，强化关系的种种方式。比如，经常邀请客户参加各种娱乐活动，使双方关系逐步密切；记住主要客户及家人的生日，并在生日当天赠送鲜花或礼品以示祝贺；设法为爱养花的客户弄来优良花种和花肥，等等。

在与客户交流之前，你认为需提前做好哪些方面的准备工作。

建立个人联系方式开展关系营销的缺陷是，易于造成企业过分依赖长期接触客户的营销人员，增加管理的难度。

现实中许多企业避免这样的缺陷发生，你知道他们是如何进行控制的嘛？

2. 制作关系营销规划

(1) 频繁营销规划。频繁营销规划也称为老客户营销规划，指设计规划向经常购买或大量购买的客户提供奖励，奖励的形式有折扣、赠送商品、奖品等。通过长期的、相互影响的、增加价值的关系，确定、保持和增加来自最佳客户的产出。美国航空公司是首批实施频繁营销规划的公司之一，20 世纪 80 年代推出了提供免费里程的规划，一位客户可以不付任何费用参加公司的 AA 项目，乘飞机达到一定里程后换取一张头等舱位机票或享受免费航行和其他好处。又如，许多旅馆规定，客户住宿达到一定天数或金额后，可以享受上等住房或免费住宿；信用卡公司向持卡人提供折扣，等等。

相关链接

设计频繁营销规划要注意：

(1) 竞争者容易模仿。频繁营销规划只具有先动优势，尤其是竞争者反应迟钝时。如果竞争者加以仿效，就会成为所有实施者的负担。

(2) 客户容易转移。

(3) 可能会降低服务水平，忽视客户的其他要求。

(2) 俱乐部营销规划。俱乐部营销规划指建立客户俱乐部，吸收购买一定数量产品或支付会费的客户为会员。例如，哈雷·戴维森公司建立了哈雷所有者俱乐部，拥有 30 万会员，向会员提供一本杂志(介绍摩托车知识并报道国内外的骑乘赛事)、一本旅游手册、紧急修理服务、特别设计的保险项目、价格优惠的旅馆，经常举办骑乘培训班和周末骑车大赛，向度假会员廉价出租哈雷·戴维森摩托车。第一次购买哈雷·戴维森摩托车的客户可以免费获得一年期的会员资格，在一年内免费享受 35 美元的零件更新。该公司占领了美国重型摩托车市场的 48%，市场需求大于供给，客户保留率达 95%。

(六) 关系营销策划的特殊方式

1. 客户化营销

客户化营销也称为订制营销，是根据每个客户的不同需求制造产品并开展相应的营销活动。其优越性是通过提供特色产品、优异质量和增值服务满足客户需求，提高客忠诚度。例如，日本有些服装店采用高新技术为客户订制服装，由电子测量仪量体，电脑显示客户穿上不同颜色、不同风格服装的形象并将客户选定的款式传送到生产车间，激光仪控制裁剪和缝制，客户稍等片刻就可穿上定做的新衣。日本东芝公司在 20 世纪 80 年代末策划了“按客户需要生产系列产品”的方案，计算机工厂的同一条装配线上生产出 9 种不同型号的文字处理机和 20 种不同型号的计算机，每种型号多则 20 台，少则 10 台，公司几百亿美元的营销额大多来自小批量、多型号的系列产品。

2. 客户数据库营销

客户数据库营销指建立、维持和使用客户数据库以进行交流和交易的过程。策划数据库营销应有极强的针对性，是一种借助先进技术实现的“一对一”营销，可看作客户化营销的特殊形式。数据库中的数据如表 10-1 所示。

表 10-1　客户数据库

信息分类	具体内容
现实客户和潜在客户的一般信息	姓名、地址、电话、传真、电子邮件、个性特点和一般行为方式
交易信息	订单、退货、投诉、服务咨询等
促销信息	即企业开展了哪些活动？做了哪些事？回答了哪些问题？最终效果如何？
产品信息	客户购买何种产品、购买频率和购买量等

数据库维护是数据库营销的关键要素，必须经常检查数据库的有效性并及时更新。美国通用电器公司成功地策划了数据库营销。它建有资料详尽的数据库，可以清楚地知道哪些客户应该更换电器，并时常赠送一些礼品以吸引他们继续购

买公司的产品。

3. 退出管理策划

“退出”指客户不再购买企业的产品或服务，终止与企业的业务关系。

退出管理策划主要是分析客户退出的原因，相应地改进产品和服务以减少客户退出。退出管理策划可按照以下步骤进行：

(1) 测定客户流失率。

(2) 找出客户流失的原因。按照退出的原因将退出者分为：价格退出者，指客户为了较低价格而转移购买；产品退出者，指客户找到了更好的产品而转移购买；服务退出者，指客户因不满意企业的服务而转移购买；市场退出者，指客户因离开该地区而退出；技术退出者，指客户转向购买技术更先进的替代产品；政治退出者，指客户因不满意企业的社会行为或认为企业未承担社会责任而退出购买，如抵制不关心公益事业的企业、抵制污染环境的企业等。企业可绘制客户流失率分布图，显示不同原因的退出比例。

(3) 测算流失客户造成的企业利润损失。例如，某运输公司原有 6 600 个客户，本年度由于服务质量差流失了 5%，也就是 330 个客户，平均每流失一个客户，营业收入就损失 10 000 元. 公司一共损失 3 300 000 元的营业收入，若利润率为 10%，即损失了 330 000 元的利润。

(4) 确定降低流失率所需的费用。如果这笔费用低于所损失的利润，就值得支出。例如，该运输公司为保留客户而花费的成本只要低于 330 000 元就应支出。

(5) 采取留住客户的措施。造成客户退出的某些原因可能与公司无关，如客户离开该地区等，但由于公司或竞争者的原因而造成的客户退出，则应引起警惕，采取相应的措施，扭转局面。

总之，在关系营销战术策划中，企业应经常性地测试各种关系营销策略的效果、营销规划的长处与缺陷、执行过程中的成绩与问题等，持续不断地改进规划，在高度竞争的市场中建立和加强客户忠诚度。

经典案例赏析

马狮百货集团(Marks&Spencer)是英国最大且盈利能力最强的跨国零售集团之一，以每平方英尺销售额计算，伦敦的马狮公司商店每年都比世界上任何零售商嫌取更多的利润。马狮百货在世界各地有 200 多家连锁店，“圣米高”牌子的货品在 30 多个国家出售，出口货品数量在英国零售商中居首位。《今日管理》(*Management Today*)的总编罗伯特·海勒(Robert Hellen)曾评论说：“从没有企业能像马狮百货那样，令顾客、供应商及竞争对手都心悦诚服。在英国和美国都难找到一种商品牌子像‘圣米高’如此家喻户晓，备受推崇。”这句话正是对马狮在关系营销上取得成功的一个生动写照。

一、围绕"满足顾客真正需要"建立企业与顾客的稳固关系

有人把关系营销的基本原理简单理解为："与顾客建立良好的关系，有利的交易自会随之而来"。实际上为建立关系而建立关系，并不是真正意义上的关系营销。关系营销倡导建立企业与顾客之间长期的、稳固的相互信任关系，实际上是企业长期不断地满足顾客需要，实现顾客满意的结果。马狮很早就充分认识到这一点。早在20世纪30年代，马狮的顾客以劳动阶层为主，马狮认为顾客真正需要的并不是"零售服务"，而是一些他们有能力购买且品质优越的货品，于是马狮把其宗旨定为"为目标顾客提供他们有能力购买的高品质商品"。

准确地把握顾客的真正需要是建立与顾客良好关系的第一步，而能否长期有效满足顾客的需要则是这种关系建立和存在的基础。马狮认为顾客真正需要的是质量高而价格不贵的日用生活品，而当时这样的货品在市场上并不存在。于是马狮建立起自己的设计队伍，与供应商密切配合，一起设计或重新设计各种产品。为了保证提供给顾客的是高品质货品，马狮实行依规格采购方法，即先把要求的标准详细订下来，然后让制造商一一依循制造。由于马狮能够严格坚持这种依规格采购的方法，使得其货品具备了优良的品质并能一直保持下去。

马狮要给顾客提供的不仅是高品质的货品，而且是人人力所能及的货品，要让顾客因购买了"物有所值"甚至是"物超所值"的货品而感到满意。因而马狮实行的是以顾客能接受的价格来确定生产成本的方法，而不是相反。为此，马狮把大量的资金投入到货品的技术设计和开发，而不是广告宣传，通过实现某种形式的规模经济来降低生产成本，同时不断推行行政改革，提高行政效率以降低整个企业的经营成本。

此外，马狮采用"不问因由"的退款政策，只要顾客对货品感到不满意，不管什么原因都可以退换或退款。这样做的目的是要让顾客觉得从马狮购买的货品都是可以信赖的，而且对其物有所值不抱有丝毫的怀疑。

由于马狮把握住顾客的真正需要，并定下满足顾客需要的严格标准且又能切实实现这些标准，自然受到顾客青睐，不知不觉中就形成了与顾客的长期信任关系，保持企业长久的良好业绩。

二、从"同谋共事"出发建立企业与供应商的合作关系

企业，尤其是零售企业，要想有效实现对顾客需求的满足，自然离不开供应商的协调配合。一般来说，零售商与制造商的关系多建立在短期的相互利益上，马狮则以本身的利益、供应商利益及消费者利益为出发点，建立起长期紧密合作的关系。马狮把其与供应商的关系视为"同谋共事"的伙伴关系。

尽管马狮非常清楚"顾客到底需要什么"，但他们也明白，如果供应商不能生产出质优价廉的产品，便无法满足顾客需要，所以马狮非常重视同供应商的关系。前面提到，马狮为了提供"顾客真正需要"的货品而给供应商制订了严格详细的制造和采购标准，为了有效实现这些标准，马狮也尽可能地为供应商提

供帮助。如果马狮从某个供应商处采购的货品比批发商处更便宜,其节约的资金部分,马狮将转让给供应商,作为改善货品品质的投入。这样一来,在货品价格不变的情况下,使得零售商提高产品标准的要求与供应商实际提高产品品质取得了一致,最终形成顾客获得"物超所值"购货品,增加了顾客的满意度和企业货品对顾客的吸引力。同时,货品品质的提高增加了销售,马狮与其供应商共同获益,进一步密切了合作关系。从马狮与其供应商的合作时间上便可知这是一种何等重要和稳定的关系。与马狮最早建立合作关系的供应商与其合作的时间超过100年,供应马狮货品超过50年的供应商也有60家以上,超过30年的则不少于100家。

三、以"真心关怀"为内容建立企业与员工的良好关系

企业与顾客建立长期信任关系时是作为一个整体出现的,企业具体来说是由若干员工和管理者组成的,企业内部的关系怎样,直接关系到企业功能的发挥和宗旨的实现。企业内部管理者与员工之间相互信赖和支持的关系是企业作为一个整体与外部顾客建立长期信任关系的基础,离开了前者,后者的建立是不具有操作性的。

马狮向来把员工作为最重要的资产,同时也深信,这些资产是成功压倒竞争对手的关键因素,因此,马狮把建立与员工的相互信赖关系,激发员工的工作热情和潜力作为管理的重要任务。在人事管理上,马狮不仅为不同阶层的员工提供周详和组织严谨的训练,而且为每个员工提供平等优厚的福利待遇,并且做到真心关怀每一个员工。

马狮的一位高级负责人曾说:"我们关心我们的员工,不只是提供福利而已"。这句话概括了马狮为员工提供福利所持的信念的精髓:关心员工是目标,福利和其他措施都只是其中一些手段,最终目的是与员工建立良好的关系,而不是以物质打动他们。这种关心通过各级经理、人事经理和高级管理人员真心实意的关怀而得到体现。例如,一位员工的父亲突然在美国去世,第二天公司已代他安排好赴美的机票,并送给他足够的费用;一个未婚的营业员生下了一个孩子,她同时要照顾母亲,为此,她两年未能上班,公司却一直发薪给她。

马狮把这种细致关心员工化成公司的哲学思想,而不因管理层的更替有所变化,由全体管理层人员专心致志地持久奉行。这种对员工真实细致的关心必然导致员工对工作的关心和热情,使得马狮得以实现全面而彻底的品质保证制度,而这正是马狮与顾客建立长期稳固信任关系的基石。

四、马狮给我们的启示

(1) 实施关系营销是一项系统工程,必须全面、正确理解关系营销所包含的内容,要实现企业与顾客建立长期稳固关系的最终目标,离不开建立与关联企业及员工良好关系的支持。

(2) 企业与顾客的关系是关系营销中的核心,建立这种关系的基础是满足顾客的真正需要,实现顾客满意,离开了这一点,关系营销就成了无源之水、无本

之木。

(3) 要与关联企业建立长期合作关系，必须从互惠互利出发，并与关联企业在所追求的目标认识上取得一致。

(4) 高福利并不一定实现企业与员工的良好关系，真心关怀每个员工才能有效激发他们的工作热情和责任心，从而为实现企业的外部目标提供保证。

思考与练习

姓名________ 班级________ 学号________

1. 名词解释

关系营销

关系营销策划的原则

关系营销战术策划

关系营销战略策划

2. 单项选择

(1) 关系营销的最高层次是(　　)。

A. 财务层次　　B. 社交层次　　C. 结构层次　　D. 自我实现

(2) 主要以提高企业知名度,树立企业形象、宣传企业信誉为主的营销战略是(　　)。

A. 产品营销战略　　B. 品牌营销战略

C. 企业营销战略　　D. 客户营销战略

(3) (　　)也被称为订制营销。

A. 数据库营销　　B. 客户化营销　　C. 频繁营销　　D. 俱乐部营销

3. 多项选择

(1) 从市场角度来设计关系营销战略,可选择(　　)。

A. 目标市场战略　　B. 市场转换策略　　C. 市场渗透战略　　D. 市场开发战略

(2) 产品营销战略可分为(　　)。

A. 品牌战略　　B. 竞争战略　　C. 系列战略　　D. 差别战略

(3) 关系营销的战略目标有(　　)。

A. 提高知名度　　B. 建立和改善形象

C. 宣传新产品　　D. 扩大市场

E. 促进销路　　F. 博取特定对象(如商会或股民)的好感

(4) 关系营销策划的原则包括(　　)。

A. 主动沟通　　B. 承诺信任　　C. 互惠互利　　D. 共同决策

4. 填空题

(1) 关系营销策划的实质是(　　　　　　　),以保证(　　　　　　　)能持续不断地确立和发生,其关键是(　　　　　　　)

(2) (　　　　　　)是数据库营销的关键要素,必须经常检查数据库的有效性并及时更新。

(3)（　　　　　）也称为订制营销，是根据（　　　　　）制造产品并开展相应的营销活动。

(4)（　　　　　）也称为老客户营销规划，指设计规划向经常购买或大量购买的客户提供奖励。

(5) 建立个人联系方式开展关系营销的缺陷是，（　　　　　），增加管理的难度。

5. 简答题

(1) 简述关系营销策划的特点。

(2) 关系营销战略策划的目标有哪些？

(3) 简述关系营销战术策划。

(4) 什么是退出管理策划，包括哪几个方面？

6. 实训题

请同学们根据自己的了解与观察画出自己所在学校的组织结构图，并分析下这些组织之间的关系，以及他们是如何实施协调与控制的。

训练目标：构建有利于企业的各种关系的能力，改善与协调关系的能力。

项目十一 网络营销策划

本项目内容结构图

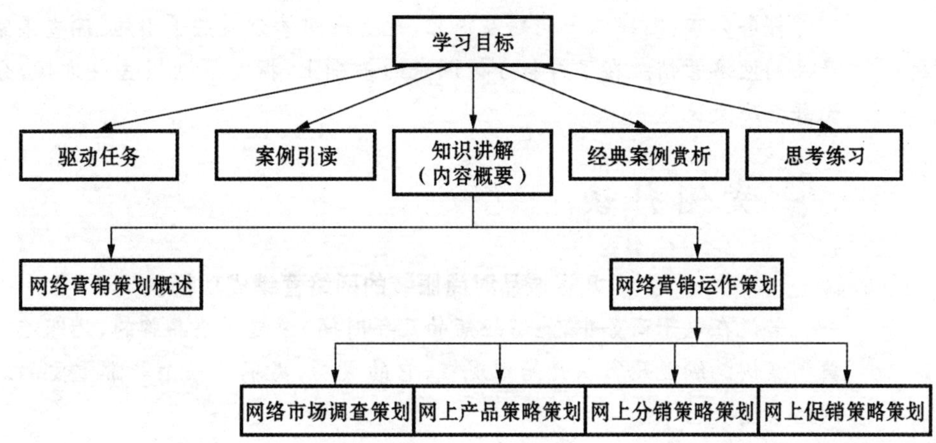

学习目标

- **知识目标**

1. 了解网络营销策划的含义与基础。
2. 理解网络营销层次策划的内容。
3. 了解营销网站的构建及步骤。

- **能力目标**

1. 初步具备网络产品策划的策划能力。
2. 初步具备网络分销策略的策划能力。
3. 初步具备网络促销策略的策划能力。

驱动任务

任务内容：某公司产品网络营销策划方案

通过对某公司或产品网络营销的调查，要求学生深入理解网络营销策划的基础和层次，构件营销网站的重要性与步骤。掌握网络营销的内容及要求，培养学

生进行网络营销策划的初步能力。在调查问卷或大纲设计中,可以围绕以下问题:

(1) 组建企业网络营销体系的技术与层次。

(2) 建立企业营销网站的要求与步骤。

(3) 企业网络市场调研策略。

(4) 企业网络产品策略。

(5) 企业网络分销策略。

(6) 企业网络广告策略。

(7) 企业网络公关策略。

(8) 企业网络促销活动及策略。

任务要求:围绕以上问题及内容,把全班同学分成若干小组,调查某家企业或产品的网络营销。在了解与分析调查的基础上,撰写策划报告或方案,分小组讨论并全班交流。

案例引读

凡客诚品时尚服装的网络营销成功秘诀

若说在电子商务中,能够短短的几年时间,做起一个品牌的,凡客绝对是一个典型案例。纵观凡客从开始到现在,它的成功,离不开一个非常重要的环节——网络营销。

何谓网络营销呢?文字上的解释是以国际互联网为基础,利用数字化的信息和网络媒体的交互性来辅助营销目标实现的一种新型的市场营销方式。呵,听起来挺复杂的,其实说白了,也就是利用互联网的营销活动来达到产品的销售。而凡客,到底是用了哪些营销方式,让其网站效果如此明显呢?

一、做好售前售后,提高二次购买几率

在凡客的整个销售过程中,对于用户体验非常注重,而会员的营销机制,这几乎是国内的电商网均有做的一个营销方案。但是凡客在会员这方面,更懂得于维护用户。先是从物流上,同时在北京、上海、广州自建配送体系,以确保北京、上海、广州、深圳这4个网购销费力度大的城市2天内能够送达,而其他的城市则由第三方配送合作伙伴来完成。再者,之前有全场免运费的政策,而如今则是购满59元免运费,这对于现在的网络消费能力来说,是挺容易达到的。还有,在其退换货机制中,提高到“30天无条件换货”,这对于现在的网购来说,是一个非常有吸引力的亮点,毕竟现在大多数的网购则是“7天无条件换货”,一下子增多了那么多天,着实难得。在销售的整个流程中,除了页面设计、购物流程,还有物流、售后服务等一系列模块,凡客所做到的,是让会员有更好的消费体验,在二次的购买率提高的同时,亦增加了口碑上的营销。

二、在销售技巧上,注重于客户的习惯分析

常用到的销售政策有“打折优惠”、“买满就送”等。凡客不仅是定期有特惠产品活动，而且有“满多少的积分加上少数的金额换购”，这提高了网站的访问量以及网友的活跃度。而原来的“免邮资”对于网购者而言是一个吸引点，现在则需达到59元才免邮资，但在凡客里的产品达59元的量很多，若是小商品，则会因包邮而购满59元。对于商家来说，这样虽然利盈点低了些，但是对于用户而言，这样子的体验，恰是网购者习惯性会想得到更便宜的心理。在质量上有一定的保障，虽然50多元的产品与地摊上十几元的产品样式差不了多少，但是凡客在质量上把关相对比较严。对于现在的网购客而言，他们不仅希望在价上有优惠，更是希望在质上得到保障。

三、网络广告投放，品牌营销销量上更有保障

服饰的品牌，在现在更多的中国人眼中，更多是那种费用上较高或是中等，达几百、几千元的衣服，而凡客所开展的品牌营销，对准的目标群体更侧重于中低档的用户，定位为便宜的时尚品牌。从很多数据上可以看到，凡客在互联网广告的投入上，近一两年来，均占第一位。它不仅是在新浪、网易等国内知名的门户网站投放广告，而且用高额销售佣金让更多的个人站长成为凡客的兼职推销人员，从佣金上的比例上，凡客的16%比起之前PPG的10%就更足以吸引更多的网站选择与凡客合作。而最为成功的广告例子还数凡客所引发“凡客体”的那两则广告，这对于凡客的广告体制来说，又是一个新的高点，品牌上得到更大的注重，更符合于现在青年人的口味，有效应后，追加的视频广告同样也不错。无论怎么说，在网络上，无论是点击广告还是线下广告、视频广告，这一系列都达到一个效果——让人记住了“凡客”这个品牌。

在现在的网络中，网络营销不是一味强调销量的提升，而是能够在销量增长的同时能维护好用户群，给用户更好的体验，达到品牌、销量双积累。

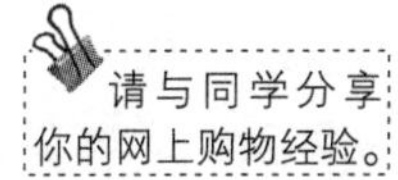

（摘自：电子商务周刊 http://www.ok.net.cn/blog/? post=878 2010年）

知识讲解

一、网络营销策划概述

（一）网络营销简介

1. 网络营销的产生

网络营销是随着计算机通信技术的发展，尤其是互联网的发展而发展起来的。互联网技术的发展给企业和社会带来了变革性的影响。产品制造商、批发商、零售商、消费者、银行、服务部门、进出口商及政府管理部门进入互联网虚拟空间后，形成了一个名副其实的虚拟市场。此外，消费者的消费主动性增强，不再是被动地等待推销，而是主动地通过各种可能的途径获取与商品有关的信息并进行比较分析。个性化消费逐渐成为消费的主流，消费者希望以个人心理愿望为基础，购买个性化的产品计划及服务，甚至要求企业提供个性化定制服务。因此，互联网技术的发展，虚拟市场的形成以及消费者需求观念的改变是网络

请同学尝试分析网络营销如何实现"互动、精准、定向"?

营销产生的重要原因。

2. 网络营销的概念

关于网络营销的概念和名称有很多,在国外有许多名称,如 Cyber marketing、Internet marketing、Network marketing、E-markteting 等等。不同的学者对网络营销有不同的理解,有些人把网络营销等同于网上销售,有些人认为网络营销是在网上发布供求信息、向潜在顾客发送电子邮件等。这些只是 反映了网络营销的某个方面,而不是网络营销的全部。

相关链接

网络营销概念的同义词包括:网上营销、互联网营销、在线营销、网路行销、口碑营销、网络事件营销、社会化媒体营销、微博营销等。这些词汇说的都是同一个意思,笼统地说,网络营销就是以互联网为主要手段开展的营销活动。

从营销的角度出发,本书将**网络营销**定义为:以互联网技术为依托,通过对思想、产品和服务的构思、定价、促销和分销的计划执行过程,以达到个人和组织的目标交换。

3. 网络营销的特点

网络营销,作为一种全新的营销理念和策略,有其自身的特点。

(1) 网络营销是传统营销的继承和发展。网络营销仍然属于市场营销的范畴,是建立在传统营销理论基础之上的。传统营销理论中的"4P 理论"和"4C 理论"都适用于网络营销,从这一点上看,网络营销是传统营销的继承。但是,网络营销也有自己的特点,并超越了传统的"4P 理论"和"4C 理论",使顾客可以参与其产品设计,根据产品对用户的价值灵活定价,创造了以信息技术为基础的新型直接渠道模式,并从传统的推式促销转向与顾客互动沟通等。可以说,网络营销的许多特点和优势正逐渐成为传统营销的发展方向。

(2) 网络营销以互联网技术为依托。与传统营销相比,网络营销是基于互联网的,它采用了许多传统营销方式中所没有的技术手段,比如电子邮件营销、邮件列表、群发软件等。通过互联网能够跨越时间和空间限制进行信息交换,企业能在更多的时间和更大的空间中进行营销,以达到尽可能多地占有市场份额的目的。互联网本身的技术特点和网络特性决定了网络营销具有广阔性、实时性和互动性。

(3) 网络营销意味着企业经营模式的转变。企业开展网络营销,在企业的组织结构设置、人员配置、职能分布、业务流程及经营机制等方面都必须转变。例如,企业不再需要店铺和一大批营业员,它只需要一个机房、几台服务器和少数营销人员及网站维护人员;网站不存在商店的装璜和货架的摆放,只需要网页界面的调整来适应用户的需要。

(4) 网络营销不仅仅是网上销售。正如营销从来就不仅仅是销售一样,网络营销也并不仅仅是到网上卖东西,而是将传统的营销手段应用到网络中去,减少营销成本，开拓新的市场。

请同学们思考下，网络营销可以减少哪些方面的成本?

（二）网络营销的常用方式

网络营销的职能的实现需要通过一种或多种网络营销手段如图 11-1 所示。

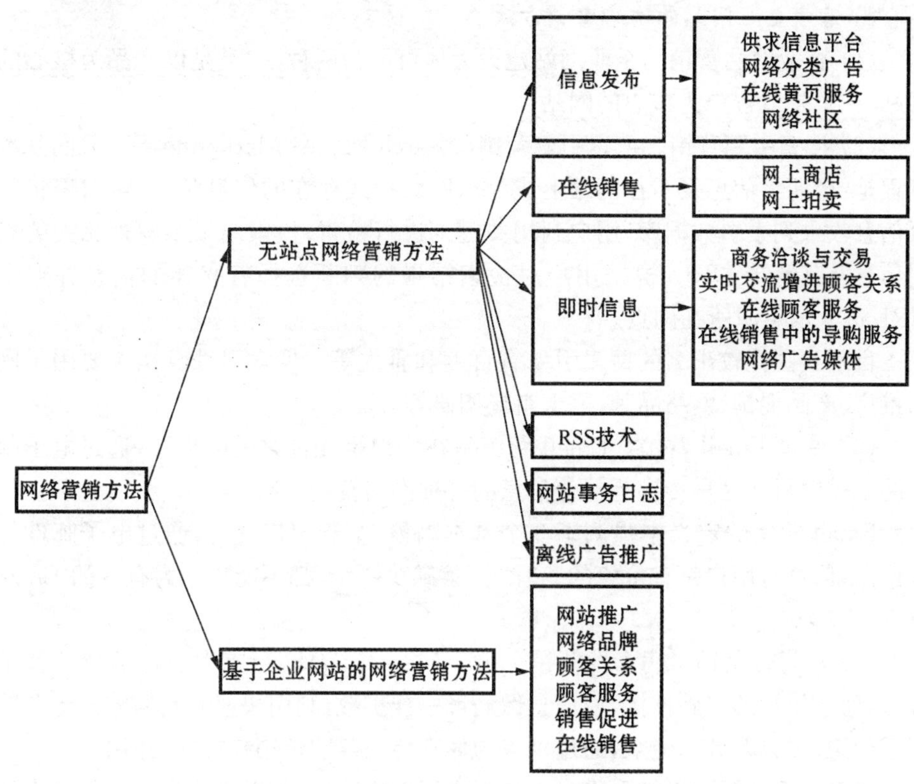

图 11-1　网络营销职能图

1. 无站点网络营销方法

只要具备了接入互联网的基本条件，就具备了企业开展网络营销的基本条件。除了可以通过电子邮件等方式与客户交流之外，也可以开展初步的网络营销活动，如发布供求信息，发布网络广告（如分类广告、电子书广告、Email 营销），或者利用网上商店、网上拍卖等形式开展在线销售等。这些方法对于拥有企业网站的企业开展网络营销同样有效。

相关链接

RSS 是英文 Really Simple Syndication（简易新闻聚合联盟）或 Rich Site Summary（网站内容摘要）的缩写。尽管叫法不同，但都是指同一种 Syndication 技术。借助于 RSS 技术，网络用户可以在客户端利用支持 RSS 的新闻聚合软件（如 Feed Demon、Sharp Reader、Newz Crawler、看天下等）阅读新闻。

如想使用 RSS 获取信息，首先要安装一个 RSS 阅读器，然后将提供 RSS 服务的网站加入到 RSS 阅读器的频道，阅读者就可以像接收电子邮件那样将用户订阅的 RSS 信息源摘要信息（包括文章标题及超链接、摘要、作者、发布时间等）

接收到计算机上,并从中选择自己感兴趣的内容,点击标题即可查看全文。大部分 RSS 阅读器本身也预设了部分 RSS 频道,如新浪新闻、百度新闻等。

2. 基于企业网站的网络营销方法

> 请同学们分别寻找以这两种方式建设的网站,并说说这两种网站的不同之处。

(1) 企业网站营销。企业网站建设大体可分为两种,一类是**以产品为核心**的网站;一类是**以客户为核心**的网站。

(2) 搜索引擎营销。搜索引擎营销(Search Engine Marketing,SEM)的基本过程是:企业将信息发布在网站上成为以网页形式存在的信息源;搜索引擎将网页信息收录到索引数据库;用户利用关键词进行检索;检索结果中罗列相关的索引信息及其链接 URL;根据用户对检索结果的判断选择有兴趣的信息并点击 URL 进入信息源所在网页。

目前我国比较出名的搜索引擎有百度和雅虎等。搜索引擎营销主要用于网站推广、产品促销、网络品牌、网上市场调研等方面。

(3) 许可 Email 营销。Email 营销是在用户事先许可的前提下,通过电子邮件的方式向目标客户传递有价值信息的一种网络营销于段。

Email 营销的定义中强调了 3 个基本因素:基于用户许可,通过电子邮件传递信息,信息对用户是有价值的。3 个因素缺少一个,都不能称之为有效的 Email 营销。

(4) 病毒性营销。病毒性营销(Viral Marketing)已经成为一种独特的营销方法,通过用户的口碑传播,使信息像病毒一样扩散,利用快速复制的方式传向数以千计、数以百万计的受众,通过别人为你宣传,实现"营销杠杆"的作用。

病毒性营销既可以被看作是一种网络营销方法,也可以被认为是一种网络营销思想,即通过提供对受众认为有价值的信息和服务,利用受众之间的主动传播来实现网络营销信息传递的目的。

(5) 博客营销。博客,即网络日志是一种新的个人互联网出版工具,它为每一个人提供了一个信息发布、知识交流的传播平台。博客使用者可以很方便地用文字、链接、影音、图片建立起自己个性化的网络世界。

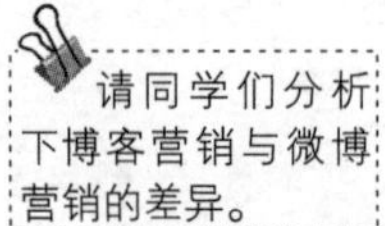
> 请同学们分析下博客营销与微博营销的差异。

博客的内容通常是公开的,可以理解为一种个人思想、观点和知识等在互联网上的共享。博客具有知识性、自主性、共享性等基本特征,现在博客不仅被用于发布个人的网络日志,也成为一种企业发布信息的工具,因而成为一种新型的网络营销工具。

案例引读

Stormhoek,一家小葡萄酒厂家,其产品是"freshness matters"牌葡萄酒。"新西兰有最好的酿造白葡萄酒的技术,但南非的葡萄比较好",Stormhoek 的葡萄酒据称就是这两者的结合。

该厂家的葡萄酒在英国的 asda,threshers,waitrose,majestic,sainsbury's 和

oddbins 等大小商场均有销售。

Stormhoek 是家小企业，没多少钱，因而也没有在英国投放任何广告。但 Stormhoek 对 Blog 很倚重。其网站就是一个 Blog。他们想尝试一种新方法，一种新的营销模式。看看与博客们的互动会怎样影响公司的内部交流和公司文化，进而影响公司的销售。

他们做了一个小试验：

去年，他们给博客们送去了大约 100 瓶葡萄酒。

只要博客满足以下两个条件就可以收到一瓶免费的葡萄酒：

(1) 住在英国、爱尔兰或法国，此前至少 3 个月内一直写博。读者多少不限，可以少到 3 个，只要是真正的博客。

(2) 已届法定饮酒年龄。

收到葡萄酒并不意味着你有写博义务——你可以写，也可以不写；可以说好话，也可以说坏话。

试验结果：

据 Stormhoek 自称，在 6 月的时候，用 google 搜索这家公司只有 500 个搜索结果，而 9 月 8 日则达到 20000 个搜索结果。而在这两个月中，他们自己估计有 30 万人通过 Blog 开始知道了这家公司。这里有个 Wiki，是博客们反馈的汇总。

这项活动产生的滞后效应还很难具体估量，但 Stormhoek 发现，在过去不到一年的时间里，他们的葡萄酒销量翻倍了，达到了"成千上万箱"的规模。

几点小启示：

传统的市场营销和广告模式是"我出钱满大街告诉你，瞧，这是我的产品，这就是你要的东东"；博客营销是"嘿，这是你我都感兴趣的东东，我们一起来关注它，谈论它吧"。

网络并不专属于数码产品及相关产品，它也属于传统行业。

手头紧的小公司可以善用 Blogging，Stormhoek 的营销成本只是百来瓶自己生产的葡萄酒。

传统的市场营销和广告直接影响的是销售，在博客营销中，销售不是直接目标，但它可能是被最终影响的一个目标。

(三) 网络营销策划概念

1. 概念

网络营销策划是指企业以电子信息技术为基础，以计算机网络为媒介和手段，对将来要发生的营销活动及行为进行超前决策(包括网络营销调研、网络产品开发、网络分销、网络促销、网络服务等)。

2. 网络营销策划的基础

(1) 技术基础——计算机的广泛应用和网络技术的发展。20 世纪 70 年代，计算机的广泛应用和先进通信技术的使用导致了 EDI(电子数据信息交换)在贸易领域的应用和发展，这便是电子商务的前身。80 年代，网络技术的迅速发展给电子商务注入了新的活力。人们开始通过网络进行诸如产品交换、订购等活动。到 90 年代初，Internet，特别是基于 www 方式的 Internet 技术以其难以想象的速度迅猛发展，导致了今天如此丰富而令人狂热的电子商务热潮。

电子商务包括相对早一些的 EDI 和相对新一些的 Internet 商务，如在线商店等有直接商业行为的 Web 业务，它们构成了今天电子商务的主体。与过去的 EDI 相比，目前的电子商务正被赋予新的概念，即"一切交易活动向网络化发展，所以一切交易都是电子业务"。有人称它为"第二代电子商务"。这种新的电子商务概念包含了所有基于 Internet 与商业有关的事务，这就是"网络营销"。

因此，现代科学技术，尤其是计算机技术及其网络、通信和多媒体技术的应用与发展是网络营销策划的技术基础。

(2) 社会基础——消费观念的变革。在市场经济发展的今天，卖方市场正在向买方市场过渡，以消费者为主导的营销时代已经到来。在这个时代，消费者面对形形色色的商品、品牌、价格、服务等的选择，其消费观念开始发生变化。这表现在以下几个方面：第一，个性化消费成为消费的主流；第二，消费的主动性提高；第三，追求消费过程中的便利和享受；第四，价格仍是影响消费者的重要因素。

消费者是市场营销策略需考虑的重点对象，而消费观念的变化势必会对营销理论和模式产生重要的影响。

(3) 现实基础—— 市场竞争日趋激烈。为了在日益激烈的市场竞争中占据优势，商家们使出了浑身的招数来想方设法地吸引消费者，现在很难说还有什么独特新颖、出奇制胜的手段了。一些营销措施即使能在一段时间内吸引到一些消费者，也不一定能使企业的赢利增加。市场竞争已不再是依靠表层的营销手段的竞争，更深层次的竞争已经开始。经营者迫切地寻找变革，以尽可能地降低商品在从生产到销售的整个供应链上所占用的成本和费用比例，缩短运作周期。

网络营销利用计算机网络作为营销环境，不仅可以节省大量的店面资金，减少库存商品的资金占用，减少在整个商品供应链上的费用，缩短运作的周期，而且经营规模、范围不受场地、地域的限制，有利于扩大市场和经营规模，从根本上增强企业的竞争优势。

3. 网络营销策划层次

目前中国企业的网络营销策划大致可分为 3 层，见图 11-2。

(1) 信息应用层策划。这是最简单、最基本的一层。在这个层次上，企业主要通过利用 Internet 来发布信息，并充分利用网络优势，与外界进行双向沟通。在这个应用层中，不需要企业对信息技术有太高的要求，只是最基本的使用。比如：通过发 E-mail 与消费者进行沟通、交流，定期给客户发各种产品信息邮件、产品推荐邮件、电子刊物等，加强与顾客的联系；建立企业主页，将一些有关企业及其产品和服务的介绍放在上面，

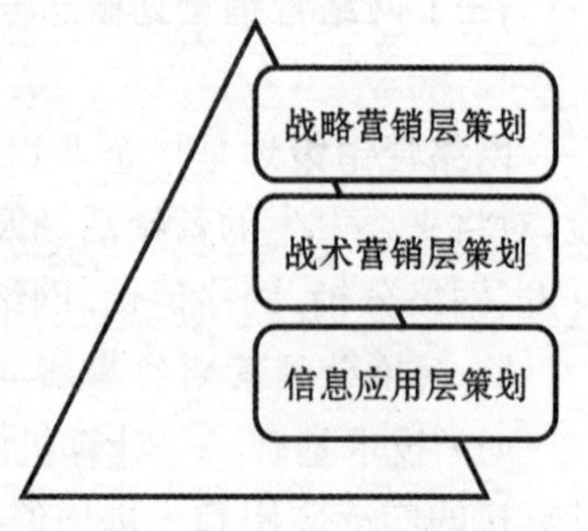

图 11-2 网络营销策划层次图

辅之精美的图文，供访问者浏览；通过专用数据专线上网。

(2) 战术营销层策划。企业主要进行下列工作：

① 网络营销调研。利用 Internet 在线调研可以轻松地完成大量的、复杂的调研工作，能够充分满足各种统计数据的要求，提高营销调研的质量。由于它使用电子问卷，从而大大减少了数据输入工作，缩短了调研时间。

② 网上销售。这是目前网络营销最具诱惑力的地方之一。数以千计的企业在网上安营扎寨，销售产品种类繁多。而实际中，这个企业也许仅仅就是一台电脑，没有厂房，没有员工，没有办公大楼。他们是网上的"虚拟巨商"，却又是如此的真实。网上销售与传统的商业销售的实物流程相分离，是一种信息时代的营销手段。

③ 营销战术系统。主要包括一些用于管理库存的子系统，用于宣传产品、链接网站的子系统及用于答复用户意见、反馈信息的子系统。决策者们利用网上的这一系统分析工具，进行着各种各样的决策活动。

(3) 战略营销层策划。这个层次是建立在战术营销层基础上，将整个企业营销组织、营销计划、营销理念等完全融入网络，依靠网络制定方针，开展战略部署，实现战略转移，缔结战略同盟等战略决策。

(四) 策划营销网站

营销网站是企业网络营销体系的心脏，要想获得成功，必须精心策划。

1. 构建实用有效的营销网站

策划企业网站的思路与做法主要是：

(1) 站点应提供必要的资源和工具。页面可以提供现存的数据库。有 Internet 的指南、图像库和文件库等有价值的工具和资源供查询者使用。工具和资源所涉及的主题要取决于潜在访问者的兴趣。比如，运动鞋店为访问者提供介绍运动知识的数据库，并提供与著名球员和球队的网页的超文本链接。如果这个问题解决得好，就可以吸引顾客反复访问自己的站点。

(2) 站点提供的信息一定要有新鲜感。站点既是橱窗又是广告，同时还是公关和主要促销活动的场所。网上冲浪者停留在你的站点的重要原因，常常是为了满足好奇心理。满足好奇心理，是网站吸引网民的重要手段。

(3) 站点设计要有个性。因为网上的站点实在太多，没有个性的站点往往在网民的冲浪过程中一带而过，很难留住网民。

(4) 站点的内容要经常更新。站点应保证其页面内容经常处于变化之中。让顾客每次访问时都有新鲜的感觉。要使访问者见到的网页能反映公司每天的变化，呆板和重复的网页是多数顾客所讨厌的，这也是我国很多企业的常见毛病—— 很多企业都有了自己的网址，半年之后再去访问还是老面孔，提供的信息大都已经过时了。

(5) 开展站点活动。在站点上开展各种竞赛、有奖活动，或者提供一些知识解答，请有关专家回答公众关心的热点问题，都可以提高公众对本企业站点的兴趣，这些活动可以通过电子邮件的方式进行也可以在线进行。

(6) 使站点实现超值服务。实现站点超值服务也是吸引网上公众的重要方式之一。超值服务的范围很广，应用较普遍的服务内容有：免费软件下载、虚拟图书馆、天气预报、金融信息、旅游指导、电影等。各个站点的超值服务五花八门，目的只有一个——吸引公众上网。

(7) 设计自己与同业的链接。顾客买东西往往是要货比三家，特别是网上购物更为认真。想通过信息不对称来赚取超额利润相对较难，因为顾客通过查询软件很容易做到信息对称，而且会造成企业形象上的不良后果。在站点上提供同业链接，方便了顾客，效果反而更好。

(8) 在传统媒体上宣传自己的站点。在信息传播中，传统媒体依然是不可替代的重要的信息传播渠道，企业应在一切可能的传统场合，向公众告知自己的站点地址，宣传自己的超值站点服务。

(9) 及时、认真地回复电子邮件。由于电子商务是一个虚拟的过程，大多数人并不习惯，往往在访问后出于好奇而留下电子邮件，就像商场的顾客看一下商品，问一下价钱一样，企业一定要给予及时的答复，这是发信人下次上网访问你的站点的前提。这方面的常见问题是：有的商家信件不多时集中起来一起回，或者信件太多时回复特别慢或者根本不回。

2. 建立网络营销站点的三大准备步骤

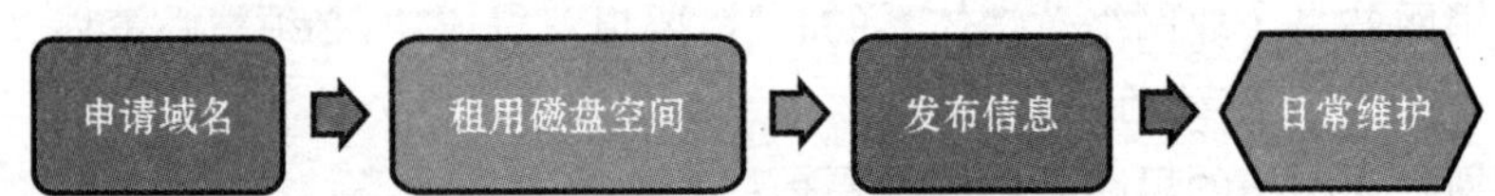

图 11-3　网络营销站点建立准备图

网络营销的实现要经历三个阶段：首先是简单的网站建设，可以利用网站发布企业信息，并接受网上订货；其次是将网站完整化、全面化，使企业不仅能实现第一阶段的功能，而且能够对网上订货作出相应的处理，例如交易信息的结算、统计分析和综合处理；最后阶段是实现完全的电子商务功能，即将企业内部网、企业外部网、Internet 有机地结合在一起，将全部商业活动完整地移植到网络世界中。

目前绝大部分企业所面临的和要解决的，还只是电子商务的第一阶段，即建立网站、发布信息及简单的网上订货机制。这一阶段实现的步骤主要由 3 步构成：

(1) 第一步：申请域名。域名像商标一样也有国别之分，我国用户通常情况下都选择注册两种域名，即国内域名和国际域名。

(2) 第二步：租用磁盘空间，选用配套服务。此步骤是让用户能够有足够的空间来放置自己的信息，并有充足的配套服务可供使用。如是否培训，是否提供电子信箱、网页及拨号等。

(3) 第三步：发布信息。将要发布的信息做成网页放在租用的空间上，或将供查询的数据放入网上数据库。

这 3 步工作均已完成时，网站也就建立起来了。但是这并不意味着工作的结束。建立网站是一个长期性的工作，需要经常地维护和更新。另外，企业网络营销是否得当，还基于网站营销策略与方法的策划。

二、网络营销运作策划

（一）网络市场调查策划

1. 概念

网上市场调查就是在互联网这一营销环境中，搜集、整理和分析信息，达到了解顾客需要、市场机会、竞争对于、行业潮流、分销渠道以及战略合作伙伴的目的。企业要想真正通过互联网创造价值，必须先要了解顾客。企业需要了解顾客是谁，他们需要什么，什么时候需要以及为什么需要等。而企业对网络顾客的了解都是建立在网络市场调查和分析的基础之上的。

2. 网络市场调查方法

网络调查主要有两种方式：一种是直接市场调查，即利用电子邮件问卷等方式搜集第一手资料；另一种是利用互联网的海量信息资源搜集第二手资料，即网上间接市场调查。

(1) 网上直接市场调查是指利用互联网技术通过网上问卷等形式调查网络消费者行为及其意向的一种市场调查类型。主要包括用自己的网站调查；用别人的网站调查；E-mail 型调查；讨论组型调查等。

(2) 网上间接市场调查主要是利用互联网搜集与企业营销相关的市场、竞争者、消费者以及宏观环境等方面的信息。网上间接市场调查渠道主要包括网站、BBS、论坛、E-mail 等。间接信息主要来自于企业内部信息和企业外部信息。企业内部信息主要包括企业自己通过 E-mail、会议、培训等方式搜集、整理的销售记录、顾客资料等信息。

企业外部的市场信息源很多，主要是国内外有关的公共机构以及专业化市场调查公司。这些机构或组织提供的信息主要包括媒体对企业本身、竞争者、产业上下游的报道，或者顾客、供应厂商、竞争者的网页内容、新闻稿、商情信息、专利说明书，以及研究机构的论文、技术报告和产业分析等。

3. 网上市场调查的主要内容

网上市场调查的主要内容包括市场需求研究、市场供给分析、消费者行为的研究（消费者自身因素、环境因素、企业市场营销因素）、营销因素研究（产品、价格、促销、分销渠道）、竞争对手研究（如市场上的主要竞争对手的市场占有率、产品技术、新产品水平及其发展情况、分销渠道、产品价格策略、广告策略、销售推广策略、竞争者的服务水平等）。

调查的途径包括：选择关键词和搜索引擎、搜索竞争者的网站、搜索第三方网站。

4. 网络市场调查的程序

一个有效的网络市场调查除了需要按一定的程序执行外，在执行程序的过程中通常要考虑以下问题：

(1) 信息来源。如果收集第一手信息，则需调查哪些对象？因为网上调查对象的选择比较困难，如何确保网上问卷能让调查对象看到并回答？如何提高被调查者的积极性？如果收集第二手信息，应该访问哪些网站？

(2) 调查方式。是使用在线问卷、邮件列表还是其他方式？如果是问卷调查，是自己设置还是请专业公司制作？是一种方式还是多种方式综合使用？能否结合网下进行调查？

(3) 调查时间。调查活动打算持续多长时间或达到多少样本量？

(4) 结果反馈。使用什么样的统计工具？需制作哪些图表？最后结果是否立即公布？如何对收集的信息进行深层次研究或对网络营销方案重新修订。

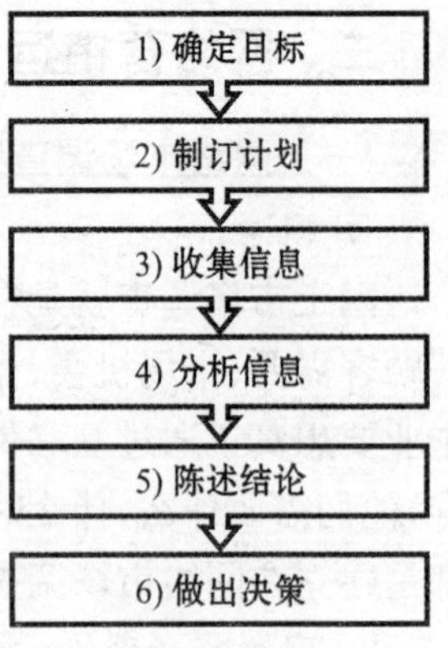

图 11-4 网络营销调查程序

5. 网络营销调查策略

(1) 通过电子邮件或来客登记簿询问访问者因特网能在营销人员和顾客之间搭起一座友谊的桥梁，起关键作用的是电子邮件和来客登记簿。电子邮件可以附有 HTML 表单，顾客能在表单界面上点击相关主题并且填写附有收件人电子邮件地址的有关信息，然后回发给公司。来客登记簿是让顾客填写并回发给公司的表单。如果公司营销人员愿意的话，所有的顾客都能获得有关公司情况的内容。营销人员通过电子邮件和来客登记簿能获得有关访问者的详细信息。如果有相当人数的访问者回应，营销人员就能统计分析出公司的销售情况。

(2) 如果你想确定地区平均收入，只需询问邮编。营销状况在不同地区是有差别的，因此营销策略也应因地而异。营销人员应了解某一地区的平均收入情况，以便采取适当的营销策略。在因特网上，营销人员确定访问者的邮编后，就能查询到访问者所在的地区，从而对该地区的平均收入情况作出估计。

(3) 给予访问者奖品或者免费商品. 如果访问者被告知能获得一份奖品或者免费商品，他们肯定会告诉你该把这些东西寄到何处。你可以很容易地得知他们的姓名、住址和电子邮件地址。这种策略被证明是有效可行的。它能减少因访问者担心个人站点被侵犯而发出不准确信息的数量，从而使营销人员提高调研的工作效率。

(4) 要求访问者注册从而进入访问者个人主页。如果你用大量有价值的信息和免费使用软件来诱惑访问者，他们可能会很愿意告诉你有关个人的详细情况。Industry Net (www. industry. net)是专门登载工业贸易信息的站点，这个站点提供大量的免费信息；允许访问者下载软件，同时鼓励访问者提供包含个人姓名、职位、所在公司、所在行业的有关信息。这种策略同样适用于因特网上的其他直销站点。

(5) 向访问者承诺物质奖励。因特网上有为数不多的站点能给访问者购买商品打折或给予奖金，但这需要访问者填写一份包括个人习惯、兴趣、假期、特长、收入等个人情况的调查问卷。因为有物质奖励，许多访问者都会完成由这些站点提供的调查问卷。我们比较熟悉的能提供物质奖励的站点有 Goldmail(www.

goldmail. com)和 Cybergold (www. cybergold. com)。

(6) 用软件来检测访问者是否完成了调查问卷。访问者经常会无意或者有意地遗漏掉一些信息。营销人员能通过一些软件程序来确定他们是否正确地填写了调查问卷。如果访问者遗漏了调查问卷中的一些内容,调查问卷会重新发送给访问者要求补填,如果访问者按要求完成了调查问卷,他们会在个人计算机上收到证实完成的公告牌。但是,这种策略不能保证调查问卷上所反映信息的真实可靠性。营销人员在电话调查和商业展示会发出的调查问卷中面临着同样的问题。

(二) 网上产品策略策划

公司站点可以在不同的产品生命周期策划相应的营销策略。

请同学们思考下网上商品如何更好地呈现给消费者?增加消费者的体验性!

在产品或服务的开发阶段,可以发现客户的需求,了解竞争对手,利用公司站点进行市场调查,发布新产品信息并利用客户反馈来完善产品和服务。例如,中国太平洋航空公司使用网站来调查频繁的国际航线的乘客并确定他们对于航线、目的地、机场和飞行的喜好。

在产品或服务的成长阶段,利用公司站点可与新闻媒体和客户等沟通信息,在市场上提高公司及产品形象。例如,本田汽车使用网站提供有关其最新模型的详细信息。冲浪者不仅能下载有关最新的本田汽车的声像,而且通过点击鼠标定向的拖动就能从各个不同的视角领略汽车内外的造型。Guinness(英国产烈性黑啤的品牌)允许"冲浪者"从它的网站上下载最新的电视商品,用作屏幕保护。可以想象,这种与消费者的接近方式能在其心目中建立公司品牌形象的亲和力,因为通过屏幕保护画面可以提供连续不断的广告信息。

在产品或服务的成熟阶段,可以利用公司站点代替或部分代替传统的广告、印刷品等,保证产品的图文介绍的需要,并可以直接进行网上订购交易,降低销售成本。这方面,有许多成功的"网上直销"、"网上商店/超市"、"网上拍卖"的成功例子。

在产品或服务的后期衰退阶段,可以利用公司站点处理顾客的投诉、咨询和建议,降低与顾客沟通所需的成本,提高产品的服务水准,如利用电子邮件的自动回复系统提供 24 小时信息服务。许多软件开发商把他们的 Web 站点用做供顾客投诉和提供有关产品建议的汇集点。这种做法让顾客有地方出气,并与营销人员正面交流,或许更重要的是,快速地识别和解决普通发生的问题。

案例引读

移动虚拟购物兴起

我们普通人看到的是地铁墙壁,而乐购公司(Tesco)韩国连锁超市 Home Plus 看到的却是商店货架。在一个试验中,Home Plus 把商店的东西贴满了地铁站,每个商品都用唯一编码标识。上班族在去工作的路上可以使用智能手机应用程序为想要的商品拍照,然后结账。商店会在工作日结束的时候自动送货上门。

虚拟商店曾经在10000多个顾客中风靡一时，Home Plus报告称其网上销售额增长了130%。这个实验只是零售业中移动设备应用的创新方式之一。基于位置的智能手机广告被认为是能够影响新顾客的潜在有价值的方法。美国的一些公司也在使用室内定位技术引导购物者并为他们展示特价优惠。软件制造商正在探索用智能手机采用不同方式进行商品支付。

在Home Plus的虚拟商店中，每个商品的图片都有一个快速响应码[quick-response (QR) code]，方形图片的编码数据是产品名称及其价格。扫描编码时，该商品项将自动进入网络购物车。然后顾客在跳上列车去工作前用手机进行支付。

无论虚拟市场是否流行，一些专家认为购物形式的巨大变革已近在眼前。“毫无疑问，你的手机将是商店服务的图形用户界面，”麻省理工学院智能工程系统实验室(Intelligent Engineering Systems Laboratory)的研究带头人亚伯·桑切斯(Abel Sanchez)说。“对比一下早期网络与现代网络。在20世纪90年代初期，网络是像纸质图书一样的工具。现在，网络充满了交互；它是我们工作的方式。我认为超市将经历相似的变革。”

(三) 网上分销策略策划

可以说，网络营销策划最大的决策还是在渠道上面。仅从销售渠道层次的角度来看，网络营销的渠道可能会简化为网络这个单一的层次，厂商会更有兴趣对待直接可以网络销售的产品，而销售产品的范围将随促销技术手段的发展而不断拓宽。

企业要实行网络营销，可以策划建立1个系统和4个网络：1个系统是指订货系统，4个网络是指供货网络、生产网络、分销网络和服务网络。消费者通过企业的订货系统向企业发出订单，然后企业由供货网络输入原材料，经过企业的生产网络加工生产出产品，再由分销网络将产品送给消费者，消费者售后的一些问题由服务网络来解决。

1. 订货系统策划

消费者在选择了商品之后，可以利用企业的网上订货系统发出订单。有很多企业在订货系统中都实行会员制，要求消费者要先注册成为会员才可以购买其商品，企业这样做的目的是想了解消费者的个人信息，以便分析消费者的需求特征，以做好产品的改进和开发，但有很多消费者都嫌麻烦而放弃了购买，这样就失掉了很多顾客。较好的做法应该是让消费者在准备购买时填写一张订购单，在其中包含一些消费者的个人信息就可以了，一定要让消费者感觉很方便而不是麻烦。

2. 供货网络策划

企业可以通过网络与其供应商建立密切的联系，加强合作，以提高供货网络的效率。如美国的波音公司为加快新产品波音777的研制与开发，通过其内部的网络CAD系统将所有的零件供应商联系在一起，波音在设计波音777飞机系统时，其零件供应商就可以按照规格协助设计和开发相应配套的零件，结果波音777飞机的研制时间缩短了两年多，在激烈竞争的航空市场中占据了有利的竞争地位。

3. 生产网络策划

网络营销中企业的生产网络最主要的特点是柔性生产，也就是说生产网络要能根据消费者的要求随时作出调整，以生产消费者需要的个性化产品，定制化要和大规模生产联系起来。这要求企业配备"敏捷"的制造系统。

4. 分销网络策划

根据企业提供的产品和服务不同，分销渠道也不一样。如果企业提供的是无形产品，企业就可以直接在网上进行销售，而需要很少或不需要分销商。如果企业提供的是有形产品，企业就需要分销商或者是第三方物流公司来进行分销或送货。如我国的8848网上超市就是利用其母体公司联邦软件的配送体系来解决其配送网络问题。

5. 服务网络策划

如果企业提供的是无形服务，企业可以直接通过互联网实现服务功能；如果提供的是有形服务，需要对消费者进行现场服务，企业就需要建立服务网络，或委托专业性服务公司，为各地区的消费者提供及时的服务。海尔的产品之所以在消费者心目中有很高的地位，除了因为其产品质量过硬之外，主要是因为其服务是其他家电企业无法比拟的。对一个进行网络营销的企业同样如此，服务网络是其建立品牌形象、扩大差异化的主要途径之一。

（四）网上促销策略策划

在网络时代，由于消费者具有了方便快捷的处理信息的能力和条件，促销的功能和传播方式将发生惊人的变化。因此，网络促销策略策划显得尤为突出和重要。其手段主要是：

与同学分享一个你认为做的很成功的网络促销案例。

1. 利用网络广告

网络广告"互动式"的运作方式使其完全有别于报纸、杂志、电视这三类传统的广告媒体。它使传播者与接收者之间的关系发生了根本的转变，使原来压迫式的单向诉求变为双向互动的信息交流。正是这个转变，缩短了生产者与消费者之间的距离。网络广告再也不是单向的"强制"输送的形式，而是将商品的特点、性能、功能、规格、技术指标和价格，包括售后服务和质量承诺等都尽量多地放在网络上，由消费者在自愿或需要时进行查询。消费者将在一个信息网络中有关商品专题的主页上，首先看到一个产品信息的广告界面和信息内容的简要索引，再据此来决定自己是否要再进一步了解该信息。广告信息将呈现立体化和多方位化趋势，经过计算机多媒体技术的处理，变得丰富多彩、声情并茂、引人入胜。例如，香港旅协策划的"香港 —— 动感之都"互联网广告，因其内容翔实、灵活多变和图文并茂的高科技互动系统，平均每月浏览量高达1 200万人次，不仅荣获太平洋亚洲旅游协会颁发的1999年最佳旅游网址金奖，而且为1998年访港游客达1 000万人次和旅游收益达726亿港元及1999年首季访港游客总数较1998年同期增长13.4%作出了突出的贡献。

相关链接

经过近十年的发展，网络广告已经衍生出多种类型。大致包括：旗帜广告(Banner)、钮广告(Button)、弹出广告、游动广告、游戏广告、文字广告、视频广告等。

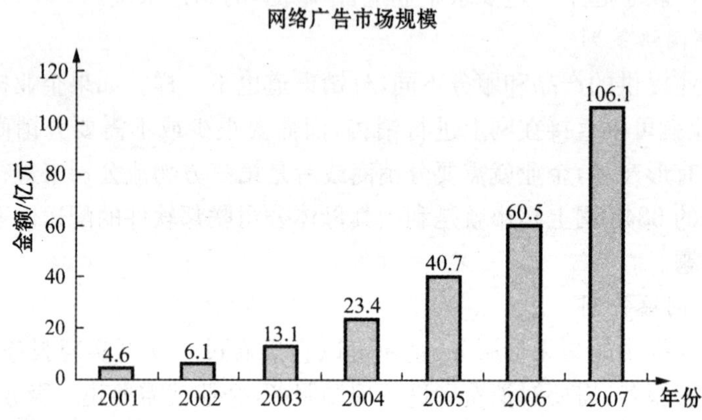

2. 进行网络公关

网络公关策划必须根据各类公众对网络运用的特点，利用网络宣传企业，服务公众，建立和巩固关系，解决有争议的问题，消除不良影响，为网络营销创造良好的生存和发展环境。

(1) 站点宣传。网络公关关系的主要任务之一是宣传企业网站，提高企业网站的知名度。企业网站是网上企业的总部，建立自己的网站不但可以起到广告宣传的作用，更是树立企业形象的最佳工具。特别是站点的主页更是网上企业的门面，它给冲浪者留下对企业的第一印象，设计良好的主页不仅显示了企业形象，还能吸引更多的网上冲浪者访问。

(2) 网上新闻发布。在网上发布新闻，主要有以下两种方法：①通过网络新闻服务线发布新闻。许多记者和公众都习惯通过在线网络新闻服务获取信息。企业利用网络新闻服务线发布新闻，可以确保企业新闻能够及时传播出去。虽然提供网络新闻服务线的服务商要收取一定的费用，但与召开新闻发布会相比，可为企业节约许多费用，如招待费、场地费、打印费等。②通过企业集资的站点发布新闻。大多数企业的站点都有新闻稿页面，企业可以在该页面直接面向公众动态地发布新闻。如果是重大新闻，还可以放在站点的主页上发布。

(3) 栏目赞助。由企业对网站的某些栏目提供赞助，访问者可以通过赞助页面直接链接到企业的页面，从而扩大企业页面的知名度。企业赞助对象一般是一些会议、公众信息、政府或非营利性活动的页面，如赞助一个电视剧展出页面，以吸引观众对自己的企业、产品或服务的注意。

(4) 参加或主持网上会议。各网络服务商的网络论坛经常举办一些专题讨论会，有些网上会议需要一些专家作为客串主持人，提出基本问题，引发讨论，并回答公众的提问。企业可选派一些专家充当网上会议的客串主持人，通过公众与客串专家的频繁接触，可以起到提高企业知名度的作用。

(5) 发送电子推销信。网络公关的一种常用形式就是给新闻记者或编辑发送电子推销信，在信中简述企业新闻的内容及对他的请求(请求他写文章或采访有关人员、参观等)。这就要求企业公关人员与新闻记者或编辑建立起稳固的关系，通过多种途径搜集有关新闻记者和编辑的 E-mail 地址。企业一有新闻题材，即可给新闻记者或编辑发送电子推销信，请求他们采取行动。

案例引读

多芬推出的"真美运动"堪称互动沟通的一个经典案例，此次营销活动不仅大大提升了多芬的销量，而且得到了广告界的高度认可。多芬在此活动中推出了一系列互动网站、互动活动和互动短片。系列活动推出两个月之后，多芬在美国的销量上升 600%；半年之后，在欧洲的销量上升了 700%。2006 年该活动又喜获在广告界颇负盛名的艾菲实效奖。认为互动营销的巧妙运用，在"真美运动"中发挥了不可替代的作用。

一、互动网站

多芬推出"真美运动"官方网站 www.campaignforrealbeauty.com，网站及时提供各种调查结果、白皮书、广告、报道等内容，供消费者自主选择。

二、互动活动

大众评选真美女性，是多芬重要的核心互动活动。多芬还同另一民间组织合作，邀请媒体和美容行业的意见领袖，举办了一场大型研讨会，辩论美丽的真义。

三、互动短片

多芬又大胆尝试互动式的网络短片，推出名为"演变"的视频广告。这个 1 分钟长的短片，用真实的镜头记录了一个普普通通的女性面孔如何在化妆室、灯光师、造型师和 Photoshop 软件的包装下，成为公路广告牌上美若天仙、众人注目的超级模特。广告最后的字幕一语中的"毫无疑问，我们的美感已经被扭曲了"向公众传递了"自然美"的概念。

3. 网络促销活动

其实，传统营销中的大部分促销活动，如打折、优惠、推行会员制等都可以用于网络营销。实际中营销者经常采用一些促销策略，如使用优惠卡，建立会员制，一对一行销，提供免费送货、无条件更换保证，降低价位等。采用优惠措施的商店更可能吸引顾客的惠顾。尤其采用那种随采购数量增多而不断扩展优惠额的措施，更可能拴住一些长久客户，而建立会员制的措施更是从多方面入手以留住顾客。通过向会员提供电子问卷，一方面可增加商店的价值感，更重要的是借客户填写会员资料可建立起一个完整的消费者资料库。之后，可随时发送电子邮件给会员，提供最新产品资讯和优惠、折扣等信息以促进消费，或促使其再次光临，形成一批长期的忠实客户。

网络促销也需要有创意，一个好的创意可以使公司的网站在短期内就为广大互联网用户所知。例如，1999 年 8 月美国猎网公司投资的全球中文竞买交易网站——猎网（www. clubciti. com. cn）——正式开通，立即推出了一系列促销活动。如将 100 台联想电脑和一辆价值 30 万元的欧宝汽车在网上竞买，起价均定为 1 元。此举立即引起广大网民的关注，许多人参加竞标，成为一时的热门话题。目前，网络上有许多产品营销项目，如机票、旅游、家电、证券、信息、食品等，正通过在线游戏、猜谜、设计竞赛等营销手段进行。这些方式不但可以吸引众多网友上网，制造卖点，而且还可以取得许多潜在客户的资料。

4. 与传统媒体相结合

不同的媒体有不同的特色及功能，网络行销不能完全取代传统的电视或平面媒体。真正成功的网络行销，是善用这个新的媒体与传统媒体结合所产生的惊人效力。应该让行销的压迫力留在电视上发挥，让报纸广告继续保持高曝光度的优势，把漂亮的产品图片印在杂志上，然后充分利用网络媒体，填补长期以来行销上的漏洞，建立与消费者之间真正贴心、朋友般的互动关系。现在比较常见的办法是借助电视及其他媒体预先建立起品牌形象，当品牌形象一旦建立，消费者愿意主动了解这个产品的特色时，网络营销便可以充分利用其低廉的成本，提供详尽的资料，充分发挥它的功能。宣传公司的网址和网络促销活动，也常是先通过传统媒体告知，具体活动再让消费者去网上寻找。例如，一直以亚洲地区为主要业务重心的国泰航空公司为了拓展通航美国的市场，举办了一个大型抽奖活动，并在杂志上刊登了一个赠送百万里程抽奖的广告。与众不同的是，这个广告除了几个字"赢得 1 000 000 免费旅程"外，没有任何关于抽奖办法的说明，只有一行小字"http://www. catheyusa. com"。进入该网站，即可看到这家公司所提供的各项信息，其中就有抽奖的办法，要填写的问卷及参加抽奖的表格。填入相关的资料及电子邮件地址，就完成了所有的手续。这就以平面印刷广告结合互联网新媒体的做法，真正掌握并运用了互联网的特征，让广告主与顾客产生了即时互动的关系。

经典案例赏析

通用电气公司网络营销策略分析

一、公司简介

美国通用电气公司在 1998 年《财富》全球 500 强企业中位居第十。其市值在 20 世纪末已经达到近 4 900 亿美元。英国《金融时报》1998 年评选它为世界声望最佳的公司，且得票数竟是如日中天的微软公司的两倍。2000 年 6 月，百年巨人美国通用电气公司以总分第一的排名荣登美国最著名的互联网和信息技术杂志《因特网周刊》"本年度电子商务企业"，因为美国通用电气公司在实施电子商务的头一年(1999年)就获得了10亿美元的网上销售收入。

2000年美国通用电气公司的电子商务战略有3个方面的内容:保证每一家美国通用电气公司企业集团有一个客户网络中心;将内部采购和供应商资源转移到网上;不断开发新技术和服务以增加在线销售。

从1999年上半年开始,美国通用电气公司在其原先的“全球化”、“服务”和“6个西格玛”三大发展战略之上又加上了“电子商务”,使之成为这家百年辉煌的公司在新世纪持续高速发展的一个新的同时也是最重要的动力。这一变化在整个西方企业界都产生了巨大的影响。美国通用电气公司之所以做这样的改变,原因很简单:美国通用电气公司董事长杰克·韦尔奇皈依电子商务了。

杰克·韦尔奇曾经因拒绝在办公室安装计算机而被人称为计算机盲。但是他的脑筋一旦开化,就深深地钟爱上电子商务,宣布电子商务是美国通用电气公司的一个重要发展战略,决定将整个美国通用电气公司投入到这场“工业革命以来最重大的产业革命”(韦尔奇语)之中。

杰克·韦尔奇20世纪80年代初上任以来,曾在美国通用电气公司内部推动了数次影响深远的变革。电子商务成为美国通用电气公司最重要的发展战略后,立刻在公司所辖的全球每个角落受到了最具韦尔奇特色的推动——充分甚至夸张地强调、不遗余力地推广、人人参与的要求及不断的反复,最终使所有人都接受、认同,并主动地去推广。进入新世纪后,美国通用电气公司的每个CEO都有3个最首要的任务,那就是互联网、互联网、互联网。

韦尔奇深知,他自己及他手下600名高级经理对互联网知之甚少。于是他命令大家找年轻人做自己的互联网辅导员。这些老师的年龄大多在30岁左右,而学生则大多已40～60岁。韦尔奇自己的辅导员37岁,她负责美国通用电气公司的网站www.ge.com。韦尔奇曾经以手写便条出名,而今也得意自己操作互联网的熟练程度:“我可以访问所有的网址。我访问聊天室看人们是如何评论美国通用电气公司的。”

美国通用电气公司在1996年开通了美国通用电气网站(www.ge.com)。该网站在设计中采用的营销宗旨是基于B2C运作模式,以6～8种主导电器为促销对象;以争取25%的新增家庭为主的顾客,同时兼顾其他以替换或添置个别产品的顾客。在经过几次总体结构调整后,现已成为在线销售、在线设计、在线咨询与服务的大型电子商务网站。以下对通用电气公司的网络营销策略进行具体的分析。

二、美国通用电气公司网站的基本结构

美国通用电气公司网站由众多独立网站组成,成为其结构特点之一。主站拥有众多栏目,目前有主导栏目区、在线购物区、离线购物区、广告区。服务区商务新闻区、技术新闻区、股市行情区、重点推介区、体育新闻区及几条信息检索入口窗等。

美国通用电气公司主导栏目区及内容如下:

1. 美国通用电气公司首页

2. 美国通用电气公司业务

(1)航空发动机 (2)电气设备

(3)航空服务 (4)资金服务

(5)商用设施投资 (6)商业信贷

(7)雇员再保险公司 (8)美国通用电气公司股票

(9)金融保险 (10)全球消费者资金

(11)全球信息中枢服务 (12)工业系统

(13)照明 (14)医疗系统

(15)抵押保险公司 (16)NBA(全美职业篮球赛)

(17)塑料业 (18)能源系统

3. 小企业服务方案

(1)小企业解决方案 (2)获取业务

(3)购买催赁交通工具 (4)购买/租赁设备

(5)购买新IT设备 (6)公司信用

(7)员工福利 (8)扩充/添置设备

(9)减少交通开支 (10)重新申请贷款

(11)短期流动资金

4. 工业解决方案

(1)车辆 (2)建筑与工程结构

(3)远程通信 (4)运输

(5)设备装备

5. 家庭解决方案

(1)照明 (2)家用电器

(3)家庭用电安全 (4)黏结剂和密封剂

6. 个人理财咨询

(1)年金收入 (2)汽车保险

(3)银行存贷 (4)美国通用电气公司信用

(5)直接股票投资 (6)美国通用电气公司汽车担保程序

(7)美国通用电气公司支付管理 (8)美国通用电气公司支付利息

(9)房屋抵押贷款　　(10)人寿保险

(11)长期医疗保险　　(12)互助基金

7. 公司信息

(1)信息室　　(2)年报

(3)投资方　　(4)美国通用电气公司在社区中

(5)人才招聘　　(6)与我们联系

8. 全球联系

美国通用电气公司还按主导服务项目分设了一批网站,如 www. ge. com(通用电气公司主站),www. gefn. com(金融投资类咨询服务网站),www. geappliance. com(家用电器网站),www. gesupply. com(供货服务业务网站),www. hersource. com(妇女保健咨询网站),www. nbcolympics. com(全美职业篮球及奥林匹克篮球赛网站),www. gesmallbusiness. com(通用电器小企业服务网站)等。

该结构为许多大型企业所采用,如宝洁公司。不同之处是,宝洁的产量只集中在美容、保健、护肤、个人清洁等几大类上,而且是按"品牌主打战略"营销的,即以"一种品牌,一个网站"的方针设计;而通用电气一般只用"GE"这个品牌,且其产品与服务类目跨度太大,所以子网站均采用"按功能定域名"而非"按品牌定域名"的思路。两种方案并无优劣之分,只是品牌型网站在关键字检索时需要另加注释。

三、美国通用电气公司网站定位

任何网站,其竞争力可体现在 3 个层面上,其一是信息层,其二是渠道层,其三是服务层。国内多数电子网站尚在信息层面上竞争,这并非是因为其不想构建稳定的顾客渠道,提供实质性的服务,而是因为他们多数没有产业实践的基础,难以从消费者或企业实际出发,构建出新颖的网上业务模式来。或者说,他们对产品、对顾客、对实际的商业模式缺乏深刻的认识,这是这些网站缺乏生机的主要原因。

美国通用电气公司网站无论在信息发布、渠道建设,还是服务模式上都堪称一流。首先,该网站并不是简单地定位在 B2B、B2C、B2G 等外部形式上,而是定位在客户群上。所以,该网站是按"个人"、"家庭"、"小企业"、"公司"、"产业解决方案"、"美国通用电气公司业务"及"全球服务"等纲目设计的。

基于这种理念,美国通用电气公司网站以信息捕获客户,以服务拓展渠道。从作业的形态上,则包含了 B2C、B2B、B2G 和 ASP 等模式。

B2C:照明、家电、黏接与密封剂、家庭安全、个人理财、GE 信用卡、房屋租赁、信贷等。

B2B:通用网络服务、小企业服务、购置/租赁设备、添置新 IT 设备、减低车辆费用开支、开拓业务、员工福利、自动化、通信、交通、GE 投资、商用设备等。

ASP:全球信息交换服务、企业采购解决方案、GE 网站解决方案、EDI 解决方案等。

其次,从所谓门户形态上,也很难说美国通用电气公司网站属于哪一种。作为企业网站,在产品营销方面,它做得非常专业,也非常排他,如其家用电器和电光源产品栏目板块,在营销创意和虚拟效果展示上堪称所有B2C网站之典范。

四、以亲情为营销的主题

“让生活更美好”一直是通用电气公司的网络营销主题。美国通用电气公司最早期的各类产品的主页就是以人间亲情和天伦之乐为主题,吸引顾客对该网站的兴趣,利用人间亲情以缩短公司与顾客的距离。网站暗示上网的顾客:本网站志在培养与顾客的至爱亲情,那么您对我们的产品和企业还会有什么安全感和信任感方面的疑虑呢?“亲情营销”给通用电气网站带来了众多的上网顾客,也带来了巨大的收益。美国通用电气公司几经改版和总体结构的调整,建立了在线销售、在线设计、在线咨询与服务等栏目。如2002年版通用电气公司的主页,该主页链接了“GE业务”、“小企业服务方案”、“工业解决方案”、“家庭解决方案”、“个人理财咨询”、“公司信息”和“全球联系”共7个栏目,这是按业务分类的7个分网站,主页的整体页面纵横划分精确、明晰、规范,同时建立了多种分类索引,方便顾客进入各个链接区。从网页的改版也体现了通用公司的网络营销策略的改变,从初期的吸引更多的顾客向更好地服务于顾客转化,网络结构的主题也从“亲情营销”转向“互动营销”。

五、通用电气公司的精确营销体系

精确营销体系的首要目标是找对顾客、找准顾客,再利用各种手段发展同顾客的关系。其次,该体系要在保持同顾客的关系的基础上,了解顾客现在使用的家用电器品种和满意程度,以及重购电器的意愿。有了这些,公司就可以介入,采用各种手段增强顾客购买电器的意愿。早在1981年,美国通用电气公司就开始了以“通用电器向消费者个人化,消费者向通用电器个人化”的尝试。公司在美国第一次将800数字电话公之于世,以求顾客对公司和产品的反馈意见。结果是成千上万的顾客利用这种免费电话来诉说不满,提出问题。通用电气公司马上意识到,这是让客户释放其被压抑的需求的好方法,立即设立了5个电话应答中心,分别为打来电话的顾客提供有关的使用、保养电器的一般知识,诊断他们遇到的问题,提供技术援助,开展区域购物,管理服务合同,以及设立零售商论坛,不仅建立了同大客户的关系.同时有20%的销售量通过这些渠道来完成。

20世纪90年代初,美国通用电气公司率先构建了遍及全球的电子邮件网。互联网普及后,公司利用新平台更丰富多彩、迅速便捷的特点,强化了公司与顾客间的交互联系,增强了其面向全球的营销功能。应答中心也从开始时的“技术支持基地”或反馈工具,演化成公司重要的客户管理机构。

1. 公司在线应答中心主页

美国通用电气公司利用这些网页在个体层面上促进了与客户的交谈,刺激合作,进行交际及对客户进行服务。

2. 通用电气家用类产品在线应答主页

在该主页上链接了每种家电产品、每种规格型号产品的明细、照片及通篇的说明书等。如灶具类产品中“户外烹调中心”有不同规格的单轮手推式不锈钢折叠架内置烧烤炉具，用户可下载其规格说明、使用手册及全套的保险单据，以及安装说明等；用户还可以通过800免费电话进行咨询或收传真件。另外，还有一系列的扩展服务项目，所有的通用电气产品都有此类超值服服务，绝对体现了韦尔奇的“非正式价值”。

美国通用电气公司的网络营销系统充分了解客户所希望的商品或服务的特殊性，并介绍相应的商品或服务。一旦一个人成为公司的客户，系统立刻与其建立信息交换，提供实时支持。同时，网站应答中心系统还能为企业产品的功能设计、产品销售和各地区市场营销等收集到第一手信息，为公司指导生产、创建知识、产品改造提供依据。

六、公司客户关系的3个层次

美国通用电气公司在网络营销系统中建立了客户关系的3个层次，进行3个层次上的客户关系工作以强化对客户的联系，增进公司对客户的价值。

1. 解决问题层面

在该作业层上，公司的网上应答代表必须去诊断问题，提出解决问题的办法或提供客户所需要的信息。如一个客户购买的某种型号的烤箱出了问题，但不能确切指出故障的根源时，公司代表就需要帮助该客户确定哪里需要维修，或者看看是否买一种新型的烤箱更省钱。为此，公司有“客户记录资料库”和“解决问题的资料库”，它能从全公司范围内获得专业知识，帮助企业代表对问题做出诊断并且解决其中大部分问题(成功率一般大于75%)。维修人员如不能立即解决的问题，可发送给产品专家去应答，在解决了客户的问题后，把解决办法加到资料库中，作为将来同样案例的参考。

2. 营销作业

为了建立长期客户关系，代表们通过咨询客户的电器拥有情况及重购电器的意图等信息，加强对该客户的关注，同时把信息转发给市场营销部门，让他们利用这个机会去跟踪客户，直接开展营销活动。

3. 研发信息反馈作业

代表们将用户意见经过企业网站发至各相关部门，以充分发挥信息杠杆的作用。通用电气公司有所谓“重要的可执行的消费者想法系统”，其功能是将客户的问题或表扬分类，再用特殊模型进行处理。这样，公司针对出现的问题给予立刻解决，或在将来的设计中改进这些问题，使产品更趋于完备。企业网站还对这些问题重新组织，使所有相关人员都能接收这些信息，从中汲取经验教训。公司还经常召开市场营销和产品设计圆桌会，会上代表们要站在用户的立场上，对所有投诉和意见反馈按产品进行分类、检讨，设计师们要据此拟订出改进方案。

从以上美国通用电气公司在网络营销系统中建立的3个层次客户关系来看，通用电气不仅仅把应答中心系统建成了快速解决问题的渠道，而且还将它变成了产品设计的信息源。它要求优秀的设计者都要访问应答中心，一年必须要听几次应答中心的电话，让应答代表们从创意到产品原型提出建议，充分利用资料库中的知识和代表们头脑中的知识为其产品改进服务，为客户提供“非正式价值”。

七、美国通用电气公司对客户的丰厚回报

基于长期努力，通用电气公司得到极其丰厚的回报：它已拥有了几乎占全美国1/3家庭的包括3500万姓名的庞大客户资料库。所有信息均由上述应答中心即客户连接点提供，包括了电话中心、销售中心、各地区维修人员、技术人员、交易商和市场研究人员等。这些人员或部门不仅为资料库提供资料，而且能进入各网站提取信息，获得各类技术支持，以支持市场营销项目、开发新产品等类似的活动。美国通用电气公司的www.ge.com站点开通以来，该资料库更扩展到了全球各地，在线联系中有浏览数量统计、在线意见反馈、在线调查、零售商与批发商信息联系、通用电气客户资源共享等，更使全球客户信息数量翻番。

通过提供客户与公司联系的便捷渠道和公司信息的及时反馈，通用电气不仅可加强与客户的关系，而且与网络营销中心的接触，可以在很大程度上提高客户对通用电气公司产品系列的关注和认知程度。同时，与客户相互交流而产生的知识，可以为销售、市场开发及新产品开发程序提供有价值的信息。

互联网的发展给美国通用电气公司带来哪些明显的变化?

这样，企业通过不断学习如何动态地管理与认知客户的过程，就会获得巨大的客户价值提升和忠诚度的提升；公司则集中精力对客户较满意的各主导产品进行改进，并不断发现新的销售机会。网络营销的目的在于：使客户达到高层次的满意，逐渐增加公司的年收入，扩大市场占有率，加强对本公司品牌的长期忠诚，降低保修费用。

（资料来源：http://www.hudong.com/）

思考与练习

姓名________ 班级________ 学号________

1. 名词解释

网络营销

网络营销策划

网络营销策划层次

网络市场调查

2. 单项选择

(1) 目前中国企业的网络营销策划大致分为(　　)层。

A. 3　　B. 4　　C. 5　　D. 6

(2) 只要具备了(　　)的基本条件,就具备了企业开展网络营销的基本条件。

A. 建立企业网站　　B. 接入互联网　　C. 有电子邮箱　　D. 有网络广告

(3) 网络公关的一种常用形式就是给新闻记者或编辑发送(　　)。

A. 请柬　　B. 电子推销信　　C. 博客链接　　D. 广告手册

3. 多项选择

(1) 博客具有(　　)的基本特征。

A. 知识性　　B. 自主性　　C. 即时性　　D. 共享性

(2) 搜索引擎营销主要用于(　　)等方面。

A. 网站推广　　B. 产品促销　　C. 网络品牌　　D. 网上市场调研

(3) 基于企业网站的网络营销方法有(　　)。

A. 网站推广　　B. 网络品牌　　C. 顾客关系　　D. 顾客服务

E. 销售促进　　F. 在线销售

(4) 在线销售包括(　　)。

A. 网上商店　　B. 网络社区　　C. 网上拍卖　　D. 网络广告

4. 填空题

(1) 网络营销策划是以(　　　　　　)为基础,以(　　　　　　)为媒介和手段,对将来要发生的营销活动及行为进行超前决策。

(2) 病毒性营销是通过用户的(　　　　　　),是信息像病毒一样扩散。

(3) 网络营销的常用方式有两种,一种是(　　　　　　),另一种是(　　　　　　)。

(4) (　　　　　　)是网上企业的总部,可以起到广告宣传的作用,更是树立企业形象的最佳工具。

(5) 企业网站建设大体可分为两种，一种是以(　　　　　　)为核心的网站；一种是以(　　　　　　)为核心的网站。

5. 简答题

(1) 网络营销策划的含义与基础是什么?

(2) 营销网站的构建及其步骤是怎样的?

(3) 网上调研策略策划有哪些?

(4) 怎样策划网络广告?

(5) 怎样策划网络公关?

6. 实训题

请同学分为甲乙两方，畅想未来的商务活动，随着科技、互联网的发展，对网络营销是否终有一天可以完全替代实体营销进行辩论。

训练目标：比较分析的能力、网络营销发展前景感知能力。

参考书目

[1] 车慈慧,彭庆环.市场营销策划实务[M].大连:大连理工大学出版社,2007.

[2] 张丁,卫东.营销策划:理论与技艺[M].北京:电子工业出版社,2007.

[3] 刘厚钧.营销策划实务[M].北京:电子工业出版社,2009.

[4] 张建华,李高伟.市场营销策划[M].北京:中国经济出版社,2008.

[5] 戴士弘.职业教育课程教学改革[M].北京:清华大学出版社,2007.

[6] 王春兰.市场营销原理分析与能力训练[M].上海:上海交通大学出版社,2010.

[7] 王妙,冯伟国.市场营销学实训——实践课业指导[M].上海:复旦大学出版社,2007.

[8] 孟韬,毕克贵.营销策划方法、技巧与文案[M].北京:机械工业出版社,2008.

[9] 周明.营销策划策略与方法[M].北京:北京大学出版社,2010.

[10] 唐·E舒尔茨,斯坦利·I.坦纳鲍姆,罗伯特·F·劳特伯恩著.整合营销沟通[M].上海:上海人民出版社,2006.

[11] 博报堂品牌咨询公司.品牌市场营销[M].北京:科学出版社,2006.

[12] 高有华.公关营销心理案例分析[M].镇江:江苏大学出版社,2010.

[13] 苏兰君.现代市场营销能力培养与训练[M].北京:北京邮电大学出版社,2005.

[14] 张宇丹.营销传播策略与经营[M].昆明:云南大学出版社,2006.

[15] 王天春.市场营销案例评析[M].大连:东北财经大学出版社,2009.

[16] 陈放.营销策划学[M].北京:蓝天出版社,2005.

[17] 杨明刚.营销策划创意与案例解读[M].上海:上海人民出版社,2008.

[18] 彭石主.营销策划能力基础[M].北京:北京邮电大学出版社,2008.

[19] 屈云波,张少辉.市场细分[M].北京:企业管理出版社,2009.

[20] 熊超群.品牌策划实务[M].广州:广东经济出版社,2003.

[21] 卫军英.关系创造价值[M].北京:中国传媒大学出版社,2006.